权威·前沿·原创

皮书系列为

“十二五”“十三五”“十四五”时期国家重点出版物出版专项规划项目

BLUE BOOK

智库成果出版与传播平台

中共中央党校（国家行政学院）国家高端智库皮书

社会体制蓝皮书
BLUE BOOK OF SOCIAL INSTITUTION

中国社会体制改革报告 *No.10*（2022）

REPORT ON SOCIAL INSTITUTIONAL REFORM IN CHINA No.10 (2022)

主　编 / 龚维斌
副主编 / 赵秋雁

社会科学文献出版社
SOCIAL SCIENCES ACADEMIC PRESS (CHINA)

图书在版编目（CIP）数据

中国社会体制改革报告. No. 10，2022 / 龚维斌主编
. --北京：社会科学文献出版社，2022. 11
（社会体制蓝皮书）
ISBN 978-7-5228-0505-4

Ⅰ. ①中… Ⅱ. ①龚… Ⅲ. ①体制改革-研究报告-中国-2022 Ⅳ. ①D62

中国版本图书馆 CIP 数据核字（2022）第 137639 号

社会体制蓝皮书
中国社会体制改革报告 No. 10（2022）

主　　编 / 龚维斌
副 主 编 / 赵秋雁

出 版 人 / 王利民
组稿编辑 / 陈　颖
责任编辑 / 桂　芳
责任印制 / 王京美

出　　版 / 社会科学文献出版社 · 皮书出版分社（010）59367127
　　　　　地址：北京市北三环中路甲 29 号院华龙大厦　邮编：100029
　　　　　网址：www. ssap. com. cn
发　　行 / 社会科学文献出版社（010）59367028
印　　装 / 三河市东方印刷有限公司

规　　格 / 开 本：787mm × 1092mm　1/16
　　　　　印 张：21. 25　字 数：316 千字
版　　次 / 2022 年 11 月第 1 版　2022 年 11 月第 1 次印刷
书　　号 / ISBN 978-7-5228-0505-4
定　　价 / 158. 00 元

读者服务电话：4008918866

中国行政体制改革研究会行政改革研究基金资助

社会体制蓝皮书编委会

主要编撰者简介

龚维斌 教授、博士生导师，现任中共中央党校（国家行政学院）副校（院）长。先后担任过国家行政学院政治学教研部副主任、社会和文化教研部主任、应急管理培训中心（中欧应急管理学院）主任（院长）、进修部主任，中共中央党校（国家行政学院）社会和生态文明教研部主任、教育长。主要研究领域是社会阶层、社会政策、社会治理。个人专著有《劳动力外出就业与农村社会变迁》《社会发展与制度选择》《公共危机管理》《社会结构变迁与社会治理创新》《中国社会治理创新之路》等，主译和参译著作多部，在报纸杂志上发表论文100多篇。

赵秋雁 教授，博士生导师，北京师范大学社会学院党委书记兼中国社会管理研究院副院长，美国哥伦比亚大学法学院访问学者，中国行政体制改革研究会常务理事，中国社会工作联合会理事，北京京师律师事务所兼职律师。主要研究领域包括社会治理、社会法、经济法。主持国家社科基金重大专项“社会治理现代化指标构建研究”等多项课题；出版专著《电子商务中消费者权益的法律保护：国际比较研究》等；执笔的多篇研究报告获中央领导批示；发表中英文学术论文多篇；获北京市“四个一批”人才等称号。

摘要

2021年是我国历史发展进程中具有里程碑意义的一年。这一年，我国热烈庆祝中国共产党百年华诞，顺利实现全面建成小康社会的第一个百年奋斗目标。这一年，也是“十四五”规划和第二个百年奋斗目标的开局之年。面对百年变局和世纪疫情，我国统筹发展和安全，保持了经济发展和疫情防控“双全球领先”地位，顺利完成年初预期目标，实现了“十四五”良好开局。在社会建设和社会体制改革领域，民生保障有力有效，人民群众获得感、幸福感、安全感保持在高位；社会治理体系不断完善，社会安全稳定形势持续向好。一是社会建设稳步前进，民生保障水平再上新的台阶；全面建成小康社会，推动社会建设在新起点上前行，人民生活更加殷实，社会更加和谐稳定。二是积极推进社会领域改革，社会事业取得新进展，保就业取得积极成效，教育改革继续向纵深推进，社会保障制度更加完善，因时循情再次调整人口政策，社会救助体制机制进一步完善。三是持续推动基层治理现代化建设，不断夯实国家治理根基。2021年7月，中共中央、国务院印发《关于加强基层治理体系和治理能力现代化建设的意见》，提出力争用15年左右时间，基本实现基层治理体系和治理能力现代化，中国特色基层治理制度优势充分显现。顺利进行村（居）委会换届选举，社会组织管理服务进入提质增效阶段，特殊群体关爱服务制度不断健全，网络治理取得新进展。四是继续推进应急管理体制机制改革，抓实抓细安全生产各项工作，安全生产形势保持稳定。五是做好新冠肺炎疫情常态防控，为经济社会发展提供稳定环境。我国坚持人民至上、生命至上的原则，对新冠肺炎疫情防控实行

“动态清零”的防控政策，确保了疫情防得住、控得准。

2021年，在百年变局和世纪疫情的大考中，我们交出了“风景这边独好”的亮丽答卷。但与此同时，面对新的挑战和新的情况，我国社会领域的一些问题更加明显地暴露出来。社会建设不平衡、民生投入财政压力大、社会自组织能力差、社会情绪和心态不稳等问题，尚未得到解决，在新的条件下还有进一步加重的风险，最为突出地表现在如下三方面：一是农村基础设施建设和基本公共服务均等化水平仍然有待提高，弱势群体保障不如人意；二是社会常态治理体系尚未完全理顺，非常态治理短板、弱项更加明显；三是社会心理服务体系建设远远落后于社会需要，社会负面情绪有快速上升、不断扩散的可能。

面对复杂严峻的国内外形势，社会建设、社会体制改革要以人民为中心，千方百计做好民生保障，进一步加强和创新社会治理，有效管控经济社会各领域风险，切实维护发展大局和社会安全。一要科学界定并理清经济建设与社会建设的关系，在推动经济增长中多策并举稳定和扩大就业，千方百计保障和改善民生。二要以共建共治共享为主线推进基层治理体系和治理能力现代化。要在党的领导下，尊重人民主体地位，牢牢抓住共建共治共享这条主线，完善基层治理体系、提升基层治理能力。三要加快社会心理服务体系建设，推进社会心态治理。四要继续推进乡村振兴战略的实施，加快农业农村现代化进程。

目录

I 总报告

II 社会治理篇

Ⅲ 基本公共服务篇

Ⅳ 现代社会组织体制篇

Ⅴ 公共安全与应急管理篇

皮书数据库阅读**使用指南**

总 报 告

General Report

B.1

为高质量发展提供更加稳定强韧的社会基础

——2021年社会体制改革进展与未来趋势

龚维斌　张林江　马福云*

摘　要： 2021年，我国社会建设稳步前进，一是全面建成小康社会，推动社会建设在新起点上前行；二是积极推进社会领域改革，社会事业取得新进展；三是持续推进基层治理现代化建设，不断夯实国家治理根基；四是应急管理迈出新步伐，安全生产形势基本稳定；五是做好新冠肺炎疫情常态防控，为经济社会发展提供稳定环境。与此同时，面对新的挑战和新的情况，我国社会领域的一些问题更加明显地暴露出来，一是农村基础设施建设和基本公共服务水平仍然有待提高，弱势群体保障不如人意；二是社会常态

* 龚维斌，中共中央党校（国家行政学院）副校（院）长、教授；张林江，中共中央党校（国家行政学院）社会和生态文明教研部社会学教研室副教授；马福云，中共中央党校（国家行政学院）社会和生态文明教研部社会治理教研室主任、教授。

治理体系尚未完全理顺，应急管理短板、弱项更加明显；三是社会心理服务体系建设远远落后于社会需要，社会负面情绪有快速上升、不断扩散的风险。因此，需要千方百计做好民生保障和社会治理，为高质量发展提供更加稳定强韧的社会基础。一是科学界定并厘清经济建设与社会建设的关系；二是以共建共治共享为主线推进基层治理体系和治理能力现代化；三是加快社会心理服务体系建设，推进社会心态治理；四是继续推进乡村振兴战略的实施，加快农业农村现代化进程。

关键词： 社会体制改革　社会建设　民生保障　社会治理

2021年是我国历史发展进程中具有里程碑意义的一年。这一年，中国共产党迎来百年华诞，全面建成小康社会的第一个百年奋斗目标顺利实现。这一年，也是“十四五”规划和第二个百年奋斗目标的开局之年。面对百年变局和世纪疫情，我国统筹发展和安全，保持了经济发展和疫情防控“双全球领先”地位，顺利完成年初预期目标，实现了“十四五”良好开局。在社会建设和社会体制改革领域，民生保障有力有效，人民群众获得感、幸福感、安全感保持在高位；社会治理体系不断完善，社会安全稳定形势持续向好。这些成绩，是在国内外各种不确定性因素大大增加、经济社会发展面临各种艰难险阻的情况下取得的，更显不易。

一　社会建设稳步前进，民生保障水平再上新的台阶

面对复杂的国内外形势，2021年，以习近平同志为核心的党中央团结带领全党全国各族人民统筹疫情防控和经济社会发展，推动经济稳步恢复，不断巩固拓展脱贫攻坚成果，全面实施乡村振兴战略，扎实做好“六稳六

保”工作，加大基本养老、基本医疗、社会救助等保障力度，稳步推进社会体制改革，加快发展社会事业，不断提高人民群众的收入与生活水平。

（一）全面建成小康社会，推动社会建设在新起点上前行

2021 年 7 月，在庆祝中国共产党成立 100 周年大会上，习近平总书记宣告：“经过全党全国各族人民持续奋斗，我国实现了第一个百年奋斗目标，在中华大地上全面建成了小康社会，历史性地解决了绝对贫困问题。”我国顺利实现全面小康社会各项目标，2020 年国内生产总值和城乡居民人均收入比 2010 年翻了一番。目前，我们形成了世界上规模最大的中等收入群体，建成了世界上规模最大的社会保障体系。我国全面建成小康社会为实现联合国可持续发展目标做出了重要贡献，也为世界各国解决贫困问题提供了宝贵经验。

全面建成小康社会，为我国全面建成社会主义现代化强国奠定了坚实的基础。新中国成立以来特别是改革开放 40 多年来，我国经济实力、综合国力和人民生活水平都得到了极大提升，成为世界第二大经济体、第一大工业国、第一大货物贸易国、第一大外汇储备国。2019 年起人均国内生产总值超过 1 万美元，2021 年突破了 1.2 万美元，城镇化率达到 64.7%。[①] 全面建成小康社会，人民生活更加殷实，社会更加和谐稳定，这在我国社会主义现代化建设进程中具有重大历史意义，也为我国社会建设和社会体制改革在新起点上砥砺前行创造了更加有利的条件。

（二）积极推进社会领域改革，社会事业取得新进展

保就业取得积极成效。继续将就业放在“六稳六保”首位，实现了全年就业目标任务。2021 年城镇新增就业 1269 万人，比上年增加 83 万人；城镇调查失业率平均值为 5.1%，比上年下降 0.5 个百分点。在新冠肺炎疫

---

① 如无特殊说明，本文所用数据均引自国家统计局所编历年《中国统计年鉴》或国家统计局“国家数据库”。

情反复多变背景下，继续实行降低失业和工伤保险费率、扩大失业保险稳岗返还等政策，推动支持规范新就业形态，加强灵活就业人员就业服务，完善创业担保贷款等扶持政策。下大力气抓好高校毕业生、农民工、就业困难人员等重点群体的就业帮扶，优化就业服务政策，实现重点群体就业基本稳定。

教育改革继续向纵深推进。以“双减”为突破口，通过“小切口”推动“大改革”，取得了非常明显的社会成效。2021 年 7 月，中办、国办印发《关于进一步减轻义务教育阶段学生作业负担和校外培训负担的意见》，提出“双减”任务，一方面全面压减作业总量和时长，减轻学生过重作业负担；另一方面从严治理校外培训行为，减少学生校外培训负担。采取多项举措推动教育公平进程，破解义务教育发展不平衡不充分的矛盾。教育部等多部委联合印发《关于深入推进义务教育薄弱环节改善与能力提升工作的意见》，持续改善农村基本办学条件，强化义务教育教师收入保障，提升义务教育教师素质。财政部、教育部联合印发《关于深入实施农村义务教育学生营养改善计划的通知》，提高学生营养膳食补助基础标准，直接惠及 3700 多万学生。高职教育迈出新步伐。教育部办公厅等六部门发布《关于做好 2021 年高职扩招专项工作的通知》。根据教育部的数据，2021 年高职学校招生 557 万人，相当于 10 年前的 1.8 倍。高职学校 2019～2021 年 3 年累计扩招 413.3 万人，超额实现高职扩招三年行动目标。目前，中国已建成全世界规模最大的职业教育体系。①

社会保障制度更加完善。2021 年 2 月，中共中央政治局就完善覆盖全民的社会保障体系进行集体学习，习近平总书记发表重要讲话，强调“不断满足人民群众多层次多样化需求，健全覆盖全民、统筹城乡、公平统一、可持续的多层次社会保障体系”，为我国社会保障事业高质量、可持续发展指明了方向。2021 年 4 月 7 日召开的国务院常务会议，确定建立健全职工

① 《教育部：高职院校 3 年累计扩招 413.3 万人》，中国经济网，http：//www.ce.cn/xwzx/gnsz/gdxw/202205/24/t20220524_ 37613311.shtml。

基本医保门诊共济保障机制的措施，拓宽个人账户资金使用范围，将更多常见病、慢性病等门诊费用纳入医保报销，进一步减轻群众医疗负担。国家医保局等部门以带量采购为核心，继续推进药品和高值医用耗材的采购改革，集中带量采购改革进入常态化、制度化发展阶段，药品及耗材总体价格出现稳中有降趋势，在严格保证质量的前提下，大幅度地降低药品虚高价格，切实减轻患者负担。2021 年，患者住院费用跨省直接结算继续推进，当年跨省直接结算率已经达到 60%。

因时循情再次调整人口政策。2021 年 7 月，《中共中央国务院关于优化生育政策促进人口长期均衡发展的决定》发布，提出顺应群众期盼，实施三孩生育政策及配套支持措施，取消社会抚养费等制约生育的措施，清理和废止相关处罚规定。配套实施促进生育的支持措施，提高优生优育服务水平，发展普惠托育服务体系，降低生育、养育、教育成本。民政、卫健等部门继续推动养老服务政策完善，研究制定国家基本养老服务项目清单，推动建立全国性老年人能力综合评估及长期照护保险制度。推进基本养老服务体系建设，健全县乡村三级养老服务网络，推进特殊困难老年人居家适老化改造，继续扩大养老机构护理型床位规模，提出 2022 年底前实现县级失能集中照护服务机构全覆盖。

社会救助体制机制进一步完善。各级民政部门建立完善低收入人口动态监测和常态化救助帮扶机制。各省份根据实际规范了单人户保障范围，将低保边缘家庭的重残、重病以及生活困难宗教教职人员纳入低保范围，做好困难群众帮扶救助。2021 年第四季度，我国城市低保共有 454.9 万户、737.7 万人，农村低保共有 1944.9 万户、3474.2 万人。①

（三）持续推动基层治理现代化建设，不断夯实国家治理根基

2021 年，中共中央、国务院印发《关于加强基层治理体系和治理能力

① 《2021 年 4 季度民政统计数据》，民政部网站，http://www.mca.gov.cn/article/sj/tjjb/2021/202104qgsj.html。

现代化建设的意见》（以下简称《意见》），提出力争用15年左右时间，基本实现基层治理体系和治理能力现代化，中国特色基层治理制度优势充分显现；要求统筹推进乡镇（街道）和城乡社区治理，围绕“打造人人参与、人人尽责、人人共享的基层治理共同体”的总体要求，对如何充分发挥基层党组织的领导作用、基层政府的责任担当、基层群众性自治组织的基础作用和社会力量的积极作用，作出了系统部署，提出了完善党全面领导基层治理制度、加强基层政权治理能力建设、健全基层群众自治制度、推进基层法治和德治建设、加强基层智慧治理能力建设等方面工作的要求。各级党委、政府高度重视，分层次组织开展了对《意见》的学习培训。

顺利进行村（居）委会换届选举。2021年全国首次集中开展村（居）委会换届，这也是村（居）委会任期3年改5年后的首次换届。我国有27个省区市以及新疆生产建设兵团进行了新一轮的村（居）委会换届选举。在这次换届选举中，各地强化宣传引导，依法依规把好资格审查关和组织考察关，清理受过刑事处分以及涉黑涉恶的人员。全面推行村组织书记与村委会主任“一肩挑”，推动村党组织成员与村委会成员相互兼职。通过这次换届选举，“一肩挑”比例大幅提升，多个省区市超过95%。村（居）“两委”成员的学历水平有所提升，“两委”班子平均年龄有所降低，基本实现班子的“老中青”梯次搭配，青年干部、妇女干部比例较上届明显提高，实现了村（居）“两委”班子成员结构的整体优化。换届选举后，各地普遍强化任职培训，大力提升社区工作者队伍建设水平，增强村（居）基层组织服务群众能力。同时，继续给基层减负，规范村级组织职能、机构牌子和开具证明事项等。

社会组织管理服务进入提质增效阶段。根据民政部数据，2021年底，全国社会团体、民办非企业单位总量为89.2万个，基金会8885个。在增速放缓的同时，社会组织发展由重数量增加转向重质量提升。各地积极推动将党的全面领导和社会主义核心价值观纳入社会组织章程，持续提升社会组织中党组织覆盖率和工作覆盖率。国家社会组织法人信息库建成，为提高社会组织政务管理服务水平、助力社会组织“放管服”改革提供了基础条件。

持续开展非法社会组织整治，处置非法社会组织 3463 个。清理整治“僵尸型”社会组织，规范行业协会、商会收费行为。引导社会力量参与援藏援疆和乡村振兴等国家治理进程，推进社会组织更加积极主动地融入国家发展格局。

特殊群体关爱服务制度不断健全。中共中央、国务院先后发布《关于优化生育政策促进人口长期均衡发展的决定》《关于加强新时代老龄工作的意见》，就儿童福利发展、老年保障体系建设进行规范，以切实保障“一老一小”群体的切身利益。全国人大常委会制定《中华人民共和国军人地位和权益保障法》，国务院印发《中国妇女发展纲要（2021－2030 年）》《中国儿童发展纲要（2021－2030 年）》，人力资源和社会保障部、国家发改委等部门印发《关于维护新就业形态劳动者劳动保障权益的指导意见》，分别就健全军人社会保障、保障妇女儿童合法权益、完善新就业形态劳动者社会保障等提出明确要求，大大促进了军人、妇女、儿童及新就业形态劳动者的权益保障。

网络治理取得新进展。为整治网络乱象给社会成员尤其是青少年带来的不良影响，中央网信办启动“清朗 · 暑期未成年人网络环境整治”专项行动，整治涉黄直播、“饭圈”追星乱象及网络不良交往行为等危害未成年人身心健康的突出问题。2021 年 8 月，国家新闻出版署印发《关于进一步严格管理　切实防止未成年人沉迷网络游戏的通知》，要求所有网络游戏企业仅可在周五、周六、周日和法定节假日每日 20～21 时向未成年人提供 1 小时服务。同时，相关部门加强清理网络乱象、严格限制向未成年人提供网络游戏时间、严格落实网络游戏用户账号实名注册和登录要求等监管和规范活动，推动网络生态、网络风气向好向善转变。

（四）应急管理迈出新步伐，安全生产形势基本稳定

继续推进应急管理体制机制改革。加快应急管理机构能力建设，按照“全灾种、大应急”要求加固根基，提高应急管理体系和能力现代化水平。建立健全常态化管理和应急管理动态衔接的基层治理机制，全面提升基层防

灾减灾抗灾能力。健全国家航空应急救援体系，启动国家航空消防关键力量建设。组建水域、山岳、地震、空勤等专业救援队伍，打造高层、化工等灭火救援“尖刀”力量，建成森林消防特种救援大队和快反分队，多方面提升应急救援专业力量。推进自然灾害防治重点工程，开展第一次全国自然灾害综合风险普查，初步建成国家灾害综合监测预警平台。开展城市安全风险综合监测预警平台建设，在重点地区推进地震预警网络全覆盖。发布施行《国务院抗震救灾指挥部关于进一步健全完善地方防震减灾救灾体制机制的意见》，各省份结合地方实际相继发布实施意见，强调衔接地震灾害“防”和“救”责任，落实防震减灾救灾工作属地与部门职责，健全完善信息共享、联合会商、协调联动机制。

抓实抓细安全生产各项工作。扎实推进安全生产专项整治三年（2020~2022 年）行动，组织危化品、重大危险源的检查督导，对大型油气储存基地开展安全风险评估，开展非法违法“小化工”、精细化工“四个清零”专项整治，深化矿山安全大排查和矿山外包工程安全管理，开展整合煤矿、托管煤矿等专项整治。推动各地区各部门加强整治督导，细化问题隐患和制度措施“两个清单”，排查安全隐患。制定实施加强安全生产执法工作的意见，推进明察暗访、交叉互检、异地执法、“消地协作”等监管机制常态化，下大气力解决“安全检查查不出问题”的难题，铁腕治理安全评价机构违法违规执业行为。

（五）做好新冠肺炎疫情常态防控，为经济社会发展提供稳定环境

新冠肺炎疫情是场大考。我国坚持人民至上、生命至上的原则，对新冠肺炎疫情防控实行“动态清零”的防控政策，确保疫情不出现规模性扩散。事实证明，从疫情防控效果来看，动态清零虽然可能会暂时影响部分群众和部分地区的生产生活，但从大账算，其经济社会成本是最小的、治理效果是最好的，是最符合我国国情的。

我国统筹疫情防控和经济社会发展，依靠科学细致的分级管理办法，在大数据支持下采取科学精准的防控措施，将疫情防控人员和防控地域限制在

合理限度内，保证了整体经济社会生活的正常运转。基层城乡社区在疫情防控中发挥了基础性作用，社区工作人员、党政机关、企业事业单位、社会组织、志愿者和居民都广泛参与到疫情防控中来，形成了一张管控宽严相济、运行紧张有序的新冠肺炎疫情常态防控网络，检验了基层社会治理的成效，也进一步助推基层治理更实更细。

二　社会建设进入深水区，社会治理任务更加艰巨

2021年，在百年变局和世纪疫情的大考中，我国交出了“风景这边独好”的亮丽答卷。但与此同时，面对新的挑战和新的情况，我国社会领域的一些问题更加明显地暴露出来。社会建设不平衡、民生投入财政压力大、社会自组织能力差、社会情绪和心态不稳等问题，长期未得到根治，在新的条件下还有进一步加重的风险，最为突出地表现在如下三方面。

（一）农村基础设施建设和基本公共服务水平仍然有待提高，弱势群体保障不如人意

没有农业农村现代化，就没有整个国家的现代化。2021年中央“一号文件”提出，提升农村基本公共服务水平，建立城乡公共资源均衡配置机制，强化农村基本公共服务供给县乡村统筹，逐步实现标准统一、制度并轨。从实践看，农村脱贫攻坚任务的完成、乡村振兴战略的实施，整体改善了我国农村的经济社会发展状况。但是，城乡发展的不均衡特别是城乡居民在社会保障领域的差距过大长期累积，已经成为我国高质量发展的一个重大障碍。

相当多地区的农村基础设施建设、公共服务依然存在短板，直接影响到乡村振兴进程和城乡协调发展。农村道路、自来水、用电、能源供应、公共空间、通信设备等基础条件，依然难以全面满足农村农民的生产生活需求。道路“村村通”工程改善了进出村庄的道路，但是村内到组入户道路、农村机耕路建设仍显滞后。“吃水难”问题得到初步解决，相当多的村庄实现

了自来水到户，但不少地方供水时间、水质安全难以保障，时有农村水源污染事件曝光，污水管网建设普遍缓慢。农村电网改造及电气化提升工程投入巨大，但地区间发展不均衡，有些地方电网负荷难以满足农村生产需要。宽带网络向农村的延伸和普及有待加快，网速网费制约着农民更好更便捷地用网。多数地方农村基础设施管护费用不足，后期管护运维责任不明，长效化的管护机制尚未建立，出现不少建而不用、建而不好用、建而用不起的“面子项目”“光鲜工程”。农业面源污染治理力度不够，化肥农药过度使用给农业农村带来的负面影响难以短期内消除。农村垃圾、污水、厕所专项整治取得进展，但也出现违背农民意愿、不符合地方实际、建成后成本高、农民不愿用、配套资金使用不规范等问题，还有少数地方出现弄虚作假、形式主义等现象。农村水环境治理、生态空间管理及乡村绿化美化行动限于点状或片状推进，生态环境保护和绿色发展任务依然艰巨复杂。部分地区美丽乡村建设造成地方政府和基层新的债务负担。

农村基本公共服务水平仍然有待提升。农村儿童的早期教育、学前教育存在不少短板，义务教育水平不高，高中阶段教育普及率与城市相差很大。上学远、上学贵（接送等间接成本高）、交通不便、父母陪读等问题在不少地方出现。标准化村卫生室建设进度不一，农村三级卫生服务网络的“网底”不甚牢固。原有的小诊所、民间中医等受市场经济冲击和新的卫生监管体制约束，逐步退出历史舞台，但受待遇、工作环境等因素影响，基层卫生院、卫生室留人难，乡村医生队伍难以保持长期稳定。乡镇卫生机构医疗水平不高，难以满足农民就近就医需求；农民外出和到外地就医时，又会遇到人生地不熟、费用高、报销不便等现实问题。另外，农村新型合作医疗筹资标准不断提升。基础费用从初建时每人每年 10 元，提高到 2021 年的 320 元，再加上大病医疗保险等筹资，部分地区“新农合”每人年缴费达到四五百元。这已经成为现金收入不多的务农农民的一笔不小负担，直接影响农民群众缴费参保的积极性。农村养老服务面临更多困境，多层次养老服务事业受到资金、场地等多方面制约而发展缓慢。在家庭小型化、中青年外出流动就业大背景下，农村老年人的家庭支持持续减弱，很多老年人受到身体状况制约，缺少收入或者劳动收入低。农村基础养老金长期偏低，不少省份还是每月不到 100 元的水平，难以满足农村养老的经济保障需求。农村留守妇女儿童、老年人的关爱照护在大多数地区依然缺失，残疾人服务欠账更多。农村社会救助体系、最低生活保障、优抚安置制度等方面的问题，都有待统筹解决。

（二）社会常态治理体系尚未完全理顺，应急管理短板、弱项更加明显

党的十八大以来，我国加快完善社会治理体制机制，不断创新社会治理方式，提高社会治理社会化、法治化、智能化、专业化水平，城乡基层治理取得重大成效。各级政府及其部门、乡镇（街道）、社区等各自担负其职责，矛盾纠纷事件处置大多已经走上规范化、法治化轨道。这是我国能够创造“两个奇迹”的大国基石。

但也要看到，我国社会治理体制仍未改革到位，常态治理体系仍未完全理顺，主要表现在：一是基层治理体系不健全。尚未形成党领导下的多元共治新格局，政府“单打独斗”现象仍然十分突出。二是基层治理能力跟不上。基层人财物不足的情况仍然较为严重，上级政府及其部门对基层治理的指导帮助少、考核干预多。不少干部对上负责多于对下负责，不愿甚至不敢组织动员群众。基层自治难以落实到位。不少地方和部门将过多时间、精力和管理资源用于管控、约束和防范上。三是各类主体有序参与基层治理的工作格局和整体氛围没有形成。各类社会主体在基层治理中的责权、职能和义务尚未彻底厘清。驻区单位与街道（乡镇）、社区“两张皮”，甚至“老死不相往来”。党员在基层治理中的作用发挥不够，群众参与治理缺乏机制化渠道平台。

近年来，在各种不确定因素冲击下，我国应急管理显露出更多短板、弱项。首先，由于社会自组织、自运行程度较低，应急管理过度依靠政府社会动员，导致治理成本高、实际绩效递减、群众意见大。其次，基层物资保障和社会服务能力不足，非常态下无法实现家庭自助、邻里相助、社区互助。

最后，应急管理的体制机制和政策法规仍不健全完备，不可避免地导致应急管理、危机管理过程出现管理不顺、信息不灵、衔接不畅等问题。

（三）社会心理服务体系建设远远落后于社会需要，社会负面情绪有快速上升、不断扩散的风险

社会心理服务体系建设是推进新时代社会治理创新的重要议题。中国特色社会主义进入新时代，一方面，人们的需求层次不断提高，心理和精神层面需求更加凸显，成为人民日益增长的美好生活需要的重要内容；另一方面，人们工作生活压力加大、社会关系和社会交往方式深刻变化，特别是近年来新冠肺炎疫情等不确定性、不稳定性因素频繁出现，冲击人们的正常工作生活，焦虑、迷茫等社会心态时有出现。因此，社会心理服务的需求变得越来越迫切，但是，我国社会心理服务体系建设还远不能满足社会需求。

其一，部分群众受到新冠肺炎疫情防控、政策调整等影响，对就业、发展和生活等缺少稳定预期，甚至信心不足。国际环境不确定性、不稳定性增加，新冠肺炎疫情的影响仍在延续，基础设施建设开工不足，商业服务业艰难维持，中小企业和个体户出现不同程度的经营困难，普通劳动者特别是低技术、低知识型劳动者的就业和生活令人担心。近年来，为了规范市场秩序，解决社会关切问题，我国对房地产业、直播带货、影视行业过度娱乐化、电子游戏产业过快发展、资本无序扩张、平台公司滥用市场优势地位、校外补课等进行了必要的整治，也取得了相当大的成效，社会反响总体是积极的。但也要看到，这些行业或相关企业数年来普遍发展较快，从业者收入较高，中等收入者和年轻人相对集中。部分“白领”在这一时期已形成生活支出大手大脚的习惯，不少还因购房、购车、送子女上私立（或境外）学校有还贷等刚性支出。两年来我国股票市场也连续单边下跌，绝大多数散户都在亏钱。失利、失意群体无形中在增多，直接影响到社会成员的获得感和幸福感。

其二，“黑天鹅”“灰犀牛”事件容易导致社会心态复杂多变。新冠肺炎疫情突发，不仅影响人们的日常生活、导致社会心态不稳定，还造成部

分社会成员之间的认知冲突，社会舆论噪声杂音增多。当前，美国政府在疫情下加大对我国的打压力度，波及经济社会发展的各领域。疫情防控出现新变化，很多国家的“躺平”式抗疫对我国疫情防控带来消极示范效应。在疫情反复中，一些地方的物流及供应链受阻，正常生活秩序被打乱，甚至引发一些偶发但负面影响极大的社会事件。历史表明，在巨大社会灾难和突发事件面前，多数社会成员的情绪都会波动加剧、社会心态更易失衡。面对难以预料的外部风险时，社会成员自身无法抗拒，也难以采取有效应对措施，无力、无助、无奈等负面感受甚至不理性言行出现的可能性大大增加。在信息化条件下，消极心态、负面情绪和非理性言论更容易扩散蔓延、相互强化。

其三，中青年群体心理承压能力普遍不高，社会心理服务体系建设明显滞后。改革开放后出生的一代人逐渐成为社会的主流，他们的人生阅历普遍简单，几乎没有遇到过社会变化造成的“大风大浪”和人生发展中的挫折，许多人抱着对未来过于理想化的期许。受到工作、学习压力加大以及爱情、婚姻变故等因素的影响，近年来情绪失常、行为失范甚至自杀现象增多。社会心态培育和社会心理服务不能很好地满足社会发展需要。目前，社会心理服务体系尚未完善，心理宣传教育、心理问题预防识别以及心理疾病的筛查评估、早期诊断和重点干预等都存在明显不足。心理咨询和心理治疗服务尚未纳入医保，心理治疗的医疗和医师资源供给十分有限，很多心理疾病患者难以获得及时、专业的针对性治疗。社会成员对心理心态健康的认知水平较低，心理精神疾患的病耻感较强、接受治疗率偏低。

三　千方百计做好民生保障和社会治理，为高质量发展提供更加稳定强韧的社会基础

党中央明确提出，新冠肺炎疫情、地缘政治等大大增加了我国发展的风险挑战，经济发展环境的复杂性、严峻性、不确定性上升，稳增长、稳就业、稳物价面临新的挑战。做好经济工作、切实保障和改善民生至关重要。

疫情要防住、经济要稳住、社会要安全。要高效统筹疫情防控和经济社会发展，扎实稳住经济，有效管控社会风险，加快构建新发展格局。社会建设、社会体制改革要据此进行部署，要以经济建设为中心，千方百计做好民生保障，进一步加强和创新社会治理，有效管控经济社会各领域风险，切实维护发展大局和社会安全。

（一）科学界定并理清经济建设与社会建设的关系

2021 年中央经济工作会议再次强调，必须坚持高质量发展，坚持以经济建设为中心是党的基本路线的要求，全党都要聚精会神贯彻执行该要求，推动经济实现质的稳步提升和量的合理增长。这既是应对我国经济发展面临的“需求收缩、供给冲击、预期转弱”三重压力的现实之举，更是坚持社会主义初级阶段基本路线长期不动摇、实现以人民为中心、推动高质量发展的内在要求。

其一，要多策并举稳定和扩大就业。就业一头连着经济大势，一头牵着千万家庭，是最大的民生工程。就我国现实来看，只有稳住市场主体才能保住就业。要继续推出组合式的财政、金融、经济等纾困政策，通过减轻中小微企业和个体工商户负担，给市场主体输血活血，特别是稳定市场主体预期，提振大家的信心，帮助市场主体活下来、火起来，使经济较快回归正常轨道，稳住发展的总体态势，力保存量就业岗位。针对青年失业率较高的状况，要结合其发展需求，通过鼓励支持自主创业、自谋职业及网络就业等，从多维度解决好高校毕业生等青年就业问题。健全灵活就业劳动用工制度，加快出台覆盖新形势下各类就业形态的社会保障政策，促进就业岗位增量。

其二，在经济下行压力下、民生大考中继续保障和改善民生。福利增长具有刚性特征，虽然经济遇到暂时困难、各级财政紧平衡和收支矛盾加剧，但教育、就业等领域的投入不能减少。对民生投入基本盘要排出优先次序。要提升民生投入的效率和效果，防止资金资产闲置、浪费和跑冒滴漏，力争把每一分钱都用在刀刃上。

其三，结合经济发展实施一批民生工程、民生项目。城市更新、社区改造、保障性住房、旧楼加装电梯、新基建等既是改善民生的德政工程，也能够形成基础设施，直接拉动经济增长。我国在托幼、医养、救灾备灾、居住环境等领域还存在民生短板，应当利用好政府投资、吸引社会投资，加快推进社会领域基础设施建设。

其四，社会政策必须兜住底、兜准底、兜好底。经济领域困难会传导到社会领域，社会领域的问题也会影响经济发展。当前，新冠肺炎疫情出现新的特点，如果不能做好常态化防控，不但可能因疫情传播挤兑稀缺的医疗资源，更有可能阻断产业发展的供应链、物流链。社区是新冠肺炎疫情防控的关键环节和基层基础，必须织密织牢社区防控网，建立起常态化管理和应急管理动态衔接的基层公共卫生管理机制。面对相当规模的农村脱贫群众和特殊困难群体，以及受疫情影响可能出现的新的生活困难群众，必须坚持动态监测，及时发现困难对象及其救助需求，采取精准帮扶举措，防止出现大规模返贫人口及生活困难的群众，更要防止突破社会道德底线的事情出现。

（二）以共建共治共享为主线推进基层治理体系和治理能力现代化

要在党的领导下，尊重人民主体地位，牢牢抓住共建共治共享这条主线，完善基层治理体系、提升基层治理能力。

其一，总结推广新时代群众工作经验。全面总结新时代“枫桥经验”、“接诉即办”、网格化管理、数字化服务等成熟的基层治理实践经验，提炼总结新时代群众工作的总体要求、根本原则、基本方法等，推广管用好用的群众工作模式，以指导我国的基层治理实践。

其二，完善基层治理格局。明确基层党组织的社会治理责任，建立健全考核机制。推动乡镇（街道）特别是城乡社区的基层党组织将主要精力用于加强创新基层社会治理。促进企事业单位、群团组织、社会组织、办公楼宇和园区党组织在“组织全覆盖、工作全覆盖”基础上提升党建工作实效，鼓励、引导其参与社会治理，以党建促进社会建设。理顺政府及其部门和社区等各类组织在基层治理中的关系，下大力气解决好条块协调、多方协同的难题，切实消除“九龙不治水”“看得见的管不了、管得了的看不见”等现象。基层群众自治组织、社会组织、经济组织在基层治理中应当有基本责任和职能边界，实现各负其责、各尽其能，而又心往一处想、劲往一处使。加强数字社会建设，规范引导网络参与，提升数字社会治理能力。将严管与厚爱相结合，从薪酬待遇、工作条件、发展机会、政治前途等多个角度逐步推动机制建设，营造能够吸引人、留住人、讲敬业、拼奉献的氛围和环境。同时，尽快补齐各级党员干部在群众工作、社会治理、应急管理等方面的知识技能短板。

其三，增强社会的自组织、自运行能力。一方面，要增强常态治理中的社会自我运行能力。党和政府应当从提高基层日常事务的自我协商能力、发现基层运行缺陷的自我检测能力和解决基层运行问题的自我纠错能力三个方面，着力加强社会自我运行能力建设。创造更多的协商、协调、协同平台，让社会成员对影响其自身利益或其关心的公共事务进行讨论、决策和监督。不断完善人民团体协商、社会组织协商、社区协商和劳资协商这四大协商机制。另一方面，增强应急状态下的社会自我保障能力。提高社区自组织程度，促进社区邻里日常守望相助和应急时团结互助。加强基层物资保障能力，逐步推动城乡社区和居民根据政府应急储备建议清单及个性化需求，进行必要的物资储备。提升全社会基本救助能力，开展情景化应急演练，组织以社区、家庭为单位的自我救护知识和技能培训。

（三）加快社会心理服务体系建设，推进社会心态治理

个体心理健康是人的现代化的重要内容，社会心态成熟是社会现代化的重要标志。总体来看，我国社会心态的主流积极健康，人们日趋自尊自信、理性平和、积极向上；但在内外多种因素影响下，一定程度上存在社会心态失衡、社会情绪不稳等现象。要面向 2035 年基本实现现代化这个“时间窗口期”，实现中国人民继站起来、富起来、强起来后到自信起来、快乐起来的心理心态历程。

其一，加强社会情绪研究监测，增强社会情绪的引导、管理能力。要建立社会心态观察监测及研究体系，定期研判制定社会心态治理行动方案，为社会心态治理提供科学依据。

其二，大力营造和维护良好的社会环境。尽快出台一批稳民心、提士气的社会政策，强化正面、正向、积极的总体感知，增强广大人民群众的发展信心和良好预期。扩大普通高中、大学及研究生招生数量，缓解就业压力，缓解家长和学生焦虑。通过扩大学位供给、集团办校、教师流动、地区间和校际联办等多种方式，稳步解决教育均衡化难题，促进优质教育资源共享。在维持城镇基本养老保障水平稳定的同时，采取中央补贴、各省份配套、一省份一标准等方法，2022 年实现中西部地区农村养老金翻倍、东部地区农村养老金增长 50%的目标。鼓励各地适当提高农村老人高龄补贴和独生子女奖励。适时出台延长免费义务教育年限（比如增加高中三年或学龄前三年）、2035 年前解决一亿农民工公租房需求问题等重大民生利好政策。

其三，将短期社会情绪修正和长效社会心态治理相结合，尽快扭转负面情绪扩散蔓延的态势。加快建立基于核心价值观、全年龄段友好、全体社会成员都能参与的社会心理服务体系，促进社会心态健康和社会情绪稳定。对重大问题，党和政府要及时发声、及时回应，防止因信息不对称、对问题不理解而引发的猜忌。要采用领导讲话、答记者问、相关政策部门吹风、政策宣讲会等多样化形式，积极回应社会关切，主动引导社会话题和大众认知。举办多样化的群众文娱社交活动，促进社会情绪积极化。加强文化产品有效供给，帮助群众释压、减压。强化对传播负能量、负面情绪的音视频节目的网络管控，推动网络舆情生态持续向好。

（四）继续推进乡村振兴战略的实施，加快农业农村现代化进程

习近平总书记强调指出，全面建成小康社会和全面建设社会主义现代化强国，最艰巨最繁重的任务在农村，最广泛最深厚的基础在农村，最大的潜力和后劲也在农村。在百年变局和世纪疫情背景下，加快农业农村现代化，

无论对于形成以国内大循环为主体、国内国际双循环相互促进的新发展格局，还是对于保障粮食安全、维护社会稳定、推动区域城乡协同发展、实现“双碳”目标等，都具有重大现实意义。

总的来看，自党的十九大提出乡村振兴战略以来，各地区各部门积极行动，实现了平稳起步，诸多政策已经落地生根、开花结果，为全面推进乡村振兴奠定了基础。但也应看到，乡村全面振兴任重道远。“三农”工作出现的一些新情况、新特点，迫切需要党和国家着眼于重大发展战略，稳住农业基本盘，确保农业稳产增产、农民稳步增收、农村稳定和谐。从社会领域看，要抓好如下几件大事。

其一，要切实提高农村党建质量。认真总结“能人治村”和村“两委”成员职业化的经验教训，全面推进乡村振兴“头雁队伍”建设。促进村党组织工作标准化、规范化、制度化，加快发展优秀青年农民入党。要全面落实村级事务的“四议两公开”，严厉打击农村的“微腐败”。

其二，以“城乡等值”为重心满足农民民生需求。从实际出发合理规划、发展本地适宜便利的农村基本公共服务，推动专项民生建设工程，提高公共服务设施利用效率。在乡村建设行动中，加快推动自来水、路灯、管道燃气、垃圾分类处理全覆盖，将其作为未来一个时期乡村振兴的标志性工程，分层分类分步加以实施。

其三，加强和创新乡村治理。积极发展红白理事会、村民议事会、道德评议会等社会组织，通过“三治融合”调动多方主体参与共建共治共享。持续打击农村黑恶势力、黄赌毒、网络诈骗等违法犯罪行为，善于运用村规民约推进乡风文明建设，整治不良社会风气。

其四，提升乡村精神文化生活质量。加强乡村文化基础设施建设，组织健康向上的文化体育活动，提高村民思想道德水平和科学文化素养。继承宣传农村优秀传统文化，加强农村原生态文化建设与传承，使乡村的“魂”不走样、不歪曲。开展优秀道德模范、星级文明户、五好家庭、好婆婆好儿媳等文明创建活动，用身边人感动身边的人，用身边的故事引导形成向上向善的社会风气。

社会治理篇

Social Governance System

B.2
2021年社会治理法治进程及2022年展望

赵秋雁*

摘　要： 2021 年，社会治理法治化进程取得积极进展。贯彻落实习近平法治思想，进一步加强统筹城乡的民生保障领域立法，推进基层法治建设，强化平安中国的法治保障。2022 年，全面提升社会治理法治化水平的任务仍很艰巨，要进一步提高社会领域立法质量、提升社会领域“跨省通办”执法水平、推动司法公正与效率有机统一、促进全民尊法学法守法用法。

关键词： 习近平法治思想　法治社会　社会治理现代化

---

* 赵秋雁，法学博士、教授、博士生导师，北京师范大学社会学院党委书记兼中国社会管理研究院副院长。主要研究方向为社会治理、社会法、经济法。

一　2021年社会治理法治化的主要进展

（一）全面总结党领导法治建设的成就和经验

党的十九届六中全会通过的《中共中央关于党的百年奋斗重大成就和历史经验的决议》全面总结了党领导法治建设的光辉历程、重大成就和历史经验。建党百年，党领导人民开辟了中国特色社会主义法治道路，坚持党的领导、人民当家做主、依法治国有机统一，进入依法治国、依法执政、依法行政共同推进，法治国家、法治政府、法治社会一体建设的新阶段。

（二）多元主体依法共治

1. 形成比较完善的党内法规体系

习近平总书记在庆祝中国共产党成立100周年大会上宣布，我们党已经“形成比较完善的党内法规体系”。[①] 2021年，党的组织工作、组织体系、监督保障、象征标志等方面的制度化和法治化水平进一步提高，特别是推进了组织处理与纪律处分、法律责任追究有机衔接，加强了依规依纪依法履行职责约束，发布了《中国共产党组织工作条例》《中国共产党组织处理规定（试行）》《中国共产党纪律检查委员会工作条例》《中国共产党党徽党旗条例》等，修订了《中国共产党普通高等学校基层组织工作条例》等。

2. 开启法治政府建设新征程

2021年，法治政府建设开启新征程。主要表现在：一是进一步加强顶层设计。中共中央、国务院印发的《法治政府建设实施纲要（2021—2025

---

① 截至2021年7月1日，全党现行有效党内法规共3615部。其中，党中央制定的中央党内法规211部，中央纪律检查委员会以及党中央工作机关制定的部委党内法规163部，省、自治区、直辖市党委制定的地方党内法规3241部。党内法规使用党章、准则、条例、规定、办法、规则、细则7类名称，现行有效党内法规中，党章1部，准则3部，条例43部，规定850部，办法2034部，规则75部，细则609部。中共中央办公厅法规局：《中国共产党党内法规体系（二〇二一年七月）》澎湃新闻客户端，2021年8月4日。

年）》明确到2025年政府行为要全面纳入法治轨道，这是继《法治政府建设实施纲要（2015—2020年）》后法治政府建设新的纲领性文件，为全面依法治国的重点任务——法治政府建设及其对法治国家、法治社会建设更好发挥示范带动作用提供了根本遵循。二是进一步强化对权力运行的制约和监督。《中共中央关于加强对“一把手”和领导班子监督的意见》旨在加强对主要领导干部和领导班子的监督；政府督查领域的首部行政法规《政府督查工作条例》有利于监督行政机关全面依法履行职责，进一步推动党中央、国务院决策部署贯彻落实；中办、国办印发的《关于更加有效发挥统计监督职能作用的意见》有利于遏制“数字上的腐败”。三是加强国有资产管理的法治化、规范化、科学化。我国行政事业性国有资产管理的首部行政法规《行政事业性国有资产管理条例》为国有资产安全完整、提高资产效能提供法治保障。四是进一步推进公务员队伍管理法治化。发布了公务员遴选、培训、录用考察、录用违规违纪处理等规定。

3. 基层社会治理法治化取得新进展

2021年，基层社会治理法治化取得新进展。主要表现在：一是加强基层治理制度的顶层设计。《中华人民共和国乡村振兴促进法》为实施乡村振兴战略提供坚强法治保障。中共中央、国务院印发《关于加强基层治理体系和治理能力现代化建设的意见》，统筹推进乡镇（街道）和城乡社区治理。二是推进城乡社区服务体系建设。国务院首次将《“十四五”城乡社区服务体系建设规划》列为“十四五”时期重点专项规划，着力推动基本公共服务资源向社区下沉，强调推动修订并贯彻实施《中华人民共和国村民委员会组织法》《中华人民共和国城市居民委员会组织法》等法律法规。三是加强社会组织发展规划和评估。《“十四五”社会组织发展规划》明确了“十四五”时期社会组织发展的总体要求、主要任务和保障措施；《全国性社会组织评估管理规定》将全国性社会组织评估等级纳入社会组织信用体系，推动以评促建；《社会组织登记管理机关行政处罚程序规定》进一步规范社会组织登记管理机关的行政处罚行为，完善行政处罚程序。四是深化社会工作标准化建设。民政部印发了《社会工作督导指南》《高级社会工作师评审委员会组织管理暂行办法（试行）》《养老机构社会工作服务规范》《儿童福利机构社会工作服务规范》。五是提高志愿服务领域规范化水平。中办印发的《关于拓展新时代文明实践中心建设的意见》强调，新时代文明实践中心建设的主体是志愿者，主要方式是志愿服务，其他文件还有《关于推动新时代巾帼志愿服务发展的意见》《关于推动生态环境志愿服务发展的指导意见》《关于加强退役军人志愿服务工作的指导意见》等。

（三）统筹城乡的民生保障领域法治建设

1. 依法治教

2021 年，贯彻落实全国教育大会精神，直面社会关切，着力破解教育难题，开展了强化学校主阵地、促进家庭教育、规范教育经费等制度建设。修订后的《中华人民共和国教育法》对社会广泛关注的冒名顶替入学行为等作出规范；修订后的《中华人民共和国民办教育促进法实施条例》对公办学校举办或者参与举办民办学校作出明确规定；首部家庭教育立法《中华人民共和国家庭教育促进法》为促进未成年人健康成长和全面发展提供法治保障；中办、国办印发的《关于进一步减轻义务教育阶段学生作业负担和校外培训负担的意见》旨在提升学校育人水平，规范校外培训；教育部制定的《中小学法治副校长聘任与管理办法》将法治副校长纳入中小学治理体系的新要求，进一步健全了学生权益保护机制；财政部、教育部印发了《支持学前教育发展资金管理办法》《中小学幼儿园教师国家级培训计划专项资金管理办法》《城乡义务教育补助经费管理办法》《特殊教育补助资金管理办法》《改善普通高中学校办学条件补助资金管理办法》等文件，有利于规范资金管理、提高资金使用效益。

2. 社会福利与社会保障

2021 年，社会福利与社会保障制度建设主要围绕未成年人保护、应对人口老龄化、困难群体救助保障等开展。一是未成年人保护方面。修订后的《中华人民共和国未成年人保护法》系统部署了家庭保护、学校保护、社会保护、网络保护、政府保护、司法保护 6 个方面的重点任务。民政部等十部门联合印发了《关于做好因突发事件影响造成监护缺失未成年人救助保护工作的意见》。二是积极应对人口老龄化方面。为满足老年人需求、激发老龄社会活力，《中共中央 国务院关于加强新时代老龄工作的意见》从健全养老服务体系、完善老年人健康支撑体系、促进老年人社会参与、着力构建老年友好型社会、积极培育银发经济等方面做出部署，民政部还发布了《养老机构服务标准体系建设指南》（2021 年版）等。三是困难群体救助保障方面。民政部修订了《特困人员认定办法》、印发了《最低生活保障审核确认办法》等，规范特困人员的认定条件，为公开、公平、公正实施低保制度提供了法治保障。四是残疾人保障方面。国务院发布《“十四五”残疾人保障和发展规划》，国办印发《国家残疾预防行动计划（2021—2025年）》。

3. 医疗保障

2021 年进一步落实健康中国战略，在构建医疗保障长效机制方面迈出可喜步伐。国务院印发《全民健身计划（2021—2025 年）》，国办印发《“十四五” 全民医疗保障规划》，国家卫生健康委发布《母婴安全行动提升计划（2021-2025 年）》，国家卫生健康委等三部门发布《关于建立保护关心爱护医务人员长效机制的指导意见》。此外，国家卫生健康委等三部门发布的《医疗卫生机构信息公开管理办法》进一步明确了信息公开的范围、方式和责任等。

4. 住房保障

国办印发的《关于加快发展保障性租赁住房的实施意见》明确了保障性租赁住房基础制度和支持政策，国家发展改革委印发的《保障性租赁住房中央预算内投资专项管理暂行办法》进一步规范了中央预算内投资支持保障性租赁住房建设有关项目管理。

5. 劳动就业

国务院印发的《“十四五” 就业促进规划》以实现更加充分更高质量就业为主要目标，明确了“十四五”时期促进就业的基本原则、七项重点任务和五项保障措施。人社部等八部门发布的《关于维护新就业形态劳动者劳动保障权益的指导意见》首次明确平台企业对劳动者权益保障承担相应责任，有利于促进平台经济规范健康持续发展。

（四）平安中国建设

2021 年，我国落实总体国家安全观，统筹发展与安全，积极推进平安中国、法治中国建设。人民群众对平安建设的满意度达 98.62%，比 2020 年上升 0.22 个百分点，在青年群体作为中国人感到最自豪的事项中“社会安全稳定”居于首位。[①]《中华人民共和国反有组织犯罪法》既是扫黑除恶专项斗争实践的法治成果，也是对扫黑除恶常态化、规范化的有力保障；《中华人民共和国法律援助法》首次系统规范了法律援助工作，进一步拓宽了法律援助渠道和范围；《中华人民共和国个人信息保护法》以个人信息为中心，旨在保护其权益、规范其处理活动，促进其合理利用；首次修改的《中华人民共和国海上交通安全法》，有利于全面提升海上交通安全管理水平；《中共中央关于加强新时代检察机关法律监督工作的意见》旨在充分发挥检察机关法律监督职责，推动法律执行和实施；最高人民法院发布的《人民法院在线诉讼规则》首次确立了在线诉讼的基本原则，还发布了《人民法院在线调解规则》等，积极回应了互联网时代人民群众的法治新需求。

二　2021年社会治理法治建设的特征

（一）进一步推动顶层设计，“一规划两纲要”的全面依法治国顶层设计基本形成

2021 年，中共中央印发的新中国成立以来首个法治中国建设专门规划《法治中国建设规划（2020－2025 年）》将法治国家、法治政府、法治社会全面建成纳入总体目标，明确了 2025 年法治社会建设取得重大进展、2035 年法治社会基本建成的阶段性目标。与中共中央、国务院印发的《法治政

① 董凡超：《2021 年人民群众对平安建设满意度达 98.62%》，《法治日报》2022 年 1 月 17 日。

府建设实施纲要（2021-2025 年）》、中共中央印发的《法治社会建设实施纲要（2020-2025 年）》共同形成了“一规划两纲要”的顶层设计，集中体现了习近平法治思想的工作要求，为推进全面依法治国发挥制度引领与保障作用。

（二）进一步加强发展规划，为“十四五”时期经济社会高质量发展提供制度保障

2021 年，《“十四五”民政事业发展规划》《“十四五”国家应急体系规划》《“十四五”时期教育强国推进工程实施方案》《“十四五”特殊教育发展提升行动计划》《“十四五”卫生健康标准化工作规划》《国家职业病防治规划（2021—2025 年）》《公立医院高质量发展促进行动（2021—2025 年）》《“十四五”国家老龄事业发展和养老服务体系规划》《中国反对拐卖人口行动计划（2021—2030 年）》等相继发布，有利于发挥其对经济社会发展的战略导向作用。

（三）进一步推动制度创新，为完善社会治理共建共治共享制度夯实法治基础

标准是国家基础性制度的重要方面，中共中央、国务院印发《国家标准化发展纲要》，强调要推动社会治理标准化建设，开展社会治理标准化行动，推动社会治理标准化创新。国家发展改革委联合 20 个部门印发的《国家基本公共服务标准（2021 年版）》明确了各级政府必须予以保障的基本公共服务项目范围和底线标准，包括“幼有所育、学有所教、劳有所得、病有所医、老有所养、住有所居、弱有所扶、优军服务保障、文体服务保障”9 个方面、22 个大类、80 个服务项目。国家发展改革委、人民银行印发《全国公共信用信息基础目录（2021 年版）》《全国失信惩戒措施基础清单（2021 年版）》。以上这些举措体现了央地协同、审慎包容、动态有序调整的创新理念、科学方法和实施路径的重大制度创新，有利于推动发展成果全民共享，有利于推进国家治理体系和治理能力现代化。

三　2022年社会治理法治建设面临的挑战和展望

2022年，要深入学习贯彻习近平法治思想，按照“法治国家、法治政府、法治社会”一体建设的要求，持续推进“科学立法、严格执法、公正司法、全民守法”，不断提高社会治理法治化水平。

一是提高社会领域立法质量，加强新时代共同富裕的法治保障。2021年，中共中央、国务院印发《关于全面推进乡村振兴加快农业农村现代化的意见》《关于支持浙江高质量发展建设共同富裕示范区的意见》等，有关部门发布《“十四五”特殊类型地区振兴发展规划》《“十四五”支持老工业城市和资源型城市产业转型升级示范区高质量发展实施方案》《推进资源型地区高质量发展“十四五”实施方案》等，这些都是旨在解决发展不平衡和不充分问题，缩小地区差距、城乡差距、收入差距的政策性和规划性安排。2022年，要继续加强社会救助、儿童福利、养老服务、社区治理、社会组织登记管理、慈善事业和社会工作等民生制度建设，为兜住兜准兜好民生底线提供制度保障；要坚定不移把维护国家政治安全放在首要位置，常态化开展扫黑除恶斗争，不断提升基层社会治理效能，加强社会治理制度建设；特别是要努力把共同富裕的政策规划上升为法律规范，以持续缩小城乡区域发展差距、服务共同富裕战略。

二是提升社会领域“跨省通办”执法水平，加快数字社会建设步伐。2021年，民政部门开展婚姻登记，孤儿、事实无人抚养儿童认定申请受理，残疾人两项补贴资格认定申请等工作的“跨省通办”，全国公安机关推进工作调动户口迁移、大中专录取学生户口迁移、大中专学生毕业户口迁移、夫妻投靠户口迁移、父母投靠子女户口迁移等户口迁移和开具户籍类证明“跨省通办”。截至2021年12月20日，全国共办理户口迁移“跨省通办”业务21万余笔，办理开具户籍类证明“跨省通办”业务14万余笔，累计为群众节约经费约3亿元。①

① 高语阳：《今年5项户口迁移实现“跨省通办”，累计为群众节约经费约3亿元》，光明网，2022年1月2日。

这不仅是深化“放管服”改革的实际行动，也是推进“互联网+政务服务”的重要举措。2022 年，要继续深入做好就业、教育、社会保障、社会治安等方面的“跨省通办”执法工作，为《“十四五”数字经济发展规划》提出的 2025 年数字基础设施广泛融入生产生活，进一步凸显对政务服务、公共服务、民生保障、社会治理的支撑作用夯实基础。

三是推动司法公正与效率有机统一，进一步增强人民群众的司法获得感。2021 年，落实司法责任制，启动四级法院审级职能定位改革试点，基本建成一站式多元解纷和诉讼服务体系，推动互联网司法新模式规范化，中国特色社会主义司法制度建设取得新进展。2022 年，要牢牢把握全力保障党的二十大胜利召开这条主线，深入贯彻总体国家安全观，常态化开展扫黑除恶斗争，持续维护社会大局安全稳定；要依法审理就业、养老、医疗、消费、教育等案件，加大反垄断、反不正当竞争等领域司法力度，加强人身权、财产权、人格权等领域的执法司法工作；要坚持和发展新时代“枫桥经验”，着力完善社会矛盾纠纷多元预防调处化解综合机制。

四是深入学习宣传习近平法治思想，推动全民尊法学法守法用法。2022 年，要贯彻落实中办、国办印发或转发的《关于加强社会主义法治文化建设的意见》《中央宣传部、司法部关于开展法治宣传教育的第八个五年规划（2021—2025 年）》，深入学习宣传习近平法治思想的重大意义、丰富内涵、精神实质和实践要求，引导全社会坚定不移走中国特色社会主义法治道路，筑牢全民尊法学法守法用法的思想基础；全面实施《中华人民共和国监察官法》，推动反腐败工作规范化、法治化、正规化，强化领导干部“关键少数”意识，做全面依法治国的积极推动者，做尊法学法守法用法的模范；要发挥好 57 万个省、市、县、乡、村五级公共法律服务实体平台和热线、网络的作用，开展好“一村（居）一法律顾问”工作，为全民尊法学法守法用法提供高效便捷的公共法律服务；要落实好中共中央《关于全面加强新时代少先队工作的意见》和中办、国办《关于加强新时代关心下一代工作委员会工作的意见》，教育、引导、关爱、保护好儿童和青少年，做好政治启蒙和价值观塑造，推动全民自觉尊法学法守法用法从娃娃抓起。

参考文献

习近平：《坚持走中国特色社会主义法治道路 更好推进中国特色社会主义法制体系建设》，《求是》2022 年第 4 期。

魏礼群：《中国共产党百年社会治理的历程、成就和经验》，《社会治理》2022 年第 2 期。

李林：《加强新时代人民共同富裕的法治保障》，《民主与法制》2022 年第 1 期。

龚维斌：《加快数字社会建设步伐》，《人民日报》2021 年 10 月 22 日。

张文显：《论中国式法治现代化新道路》，《中国法学》2022 年第 1 期。

B.3
2021年城市社会治理回顾与展望

陈 鹏*

摘 要： 2021年我国城市社会治理取得积极进展，呈现一些新的特点和趋势，主要表现在：都市圈建设成为新型城镇化战略空间，城市更新开始成为新型城镇化建设重要方向，城市社会流动人户分离特征更加凸显，城市社会结构呈现多元分化，城市社会治理机制更加凸显敏捷性。与此同时，我国城市社会治理仍面临不少难题和挑战，主要表现在：城镇化进程中大中小城市协调发展亟待加强，城市更新中配套法律政策建设亟待加快跟进，人口快速流动给城市公共服务体系带来挑战，复杂多变的社会风险给城市治理带来诸多挑战。面向未来，城市社会治理改革应坚持以人民为中心的基本理念，着力加强人文城市、消费城市、健康城市、数字城市建设，不断增强城市治理的人文性、服务性、安全性和智能性，推动城市实现高质量发展、高效能治理、高品质生活。

关键词： 都市圈 城市更新 城市结构 城市治理

一 2021年城市社会治理回顾

（一）都市圈建设成为新型城镇化战略空间

随着新型城镇化的深入推进，加快建设现代化都市圈日益成为一种重要

* 陈鹏，北京师范大学中国社会管理研究院/社会学院副教授，主要研究方向为城市社会学与社区研究、社会治理与社会政策。

趋势。2019年，国家发改委《关于培育发展现代化都市圈的指导意见》明确提出，培育发展一批现代化都市圈；2020年又提出，大力推进都市圈同城化建设。2021年3月，全国人大表决通过的《中华人民共和国国民经济和社会发展第十四个五年规划和2035年远景目标纲要》提出，发展壮大城市群和都市圈。2021年4月，《南京都市圈发展规划》作为国家层面批复同意的第一个都市圈发展规划正式发布；2021年7月，《福州都市圈发展规划》发布；2021年11月，《重庆都市圈发展规划》《成都都市圈发展规划》先后发布。可以说，在城市向大型化、中心化发展的过程中，“都市圈化”已成为我国城镇化空间格局的新特征。以中心城市为核心的都市圈，对引领我国城市高质量发展具有重要意义。在都市圈空间格局中，中心城市与周围城市形成分工、协作与互补关系。在9个中心城市中，一线城市“北上广深”稳居前列，并与其他城市拉开差距。2021年，北京、上海GDP双双突破4万亿元[①]，城市能级和辐射力进一步大大提升。从空间单元来看，都市圈是大城市群的次区域，也是城市群成长发育的必要阶段。都市圈建设的竞相推进，将进一步加快我国城市群高质量发展。

（二）城市更新成为新型城镇化建设的主体

《国家新型城镇化规划（2014-2020年）》的全面实施，有力推动了我国城镇化水平和质量的提升。根据第七次全国人口普查，2020年末我国常住人口城镇化率达到63.89%，户籍人口城镇化率提高至45.4%，推进1亿非户籍人口在城镇落户取得决定性进展[②]。我国城镇化发展进入中后期阶段，实现从“增量发展”到“存量发展”，“城市更新”开始成为城市建设的主体，并被首次写入国家“十四五”规划。2021年8月，住建部印发的《关于在实施城市更新行动中防止大拆大建问题的通知》提出，实施城市更新行动要严控大拆大建大搬迁。2021年11月，住建部办公厅印发《关于开

① 陈洁等：《中国GDP前十强城市，迎来新变局》，《21世纪经济报道》2022年1月15日。

② 《国家统计局：截至2020年底实现1亿非户籍人口在城镇落户目标》，《新京报》2021年5月11日。

展第一批城市更新试点工作的通知》，北京、厦门等 21 个城市（区）确定试点，重点探索城市更新统筹谋划机制、可持续模式以及配套制度政策。一些城市着手进行城市更新立法工作。2021 年 3 月，《深圳经济特区城市更新条例》开始正式施行；2021 年 9 月，《上海市城市更新条例》开始正式施行；广州、北京的城市更新条例也在制定中。这可为实施城市更新提供法治保障。2021 年 10 月，中办、国办印发《关于推动城乡建设绿色发展的意见》，由此绿色发展成为城市更新的重要维度。

（三）城市社会流动人户分离特征日益凸显

随着户籍制度改革的不断深入，特别是居住证制度的全面实施，我国城市落户限制和门槛进一步放宽，人口自由流动和迁徙更加通畅。在“大流动”时代，我国城市社会流动日益呈现“人户分离”的特征。相关统计数据显示，我国流动人口明显增加，2021 年末，全国人户分离人口是 5.04 亿人，比上年末增加 1153 万人，其中流动人口 3.85 亿人，增加 885 万人①。人户分离问题的增多，会导致户口信息失真，户籍登记和管理信息反映人口状况及活动的准确性和可靠性将大大降低，这将会削弱户籍管理制度的功效②。作为一种长期性的社会现象，人户分离主要由拆迁搬家、家属随迁和务工经商所致，并呈现规模不断扩大、人户分离时间长、地域较为集中、以青壮年为主等特征③。

（四）城市社会结构调适呈现多元分化

在经济社会快速发展的背景下，我国社会阶层结构出现深层次变化。工人队伍内部构成日益复杂，制造业工人占比持续下降，农民工群体出现负增

① 杨曦：《统计局：我国人口总量未来一段时期将保持在 14 亿人以上》，人民网，2022 年 1 月 17 日。

② 陆益龙等：《“大流动”时代的人户分离与基层户籍管理困境》，《江海学刊》2021 年第 1 期。

③ 付晓光等：《城市人户分离现状及其引致原因》，《城市问题》2015 年第 3 期。

长。与互联网相联系的新职业群体发展迅猛，创造了大量灵活就业的自由职业者，网约配送员占到53.9%，网络主播占到12.8%[①]。新的社会阶层发展迅速，总体规模在不断扩大，相关数据测算显示，新的社会阶层，估计在2.7亿人，其中个体工商户约1亿人，私营企业主约7000万人，其他类别的新社会阶层人士约1亿人[②]。城乡结构逐步由“分割”走向“融合”，城乡融合发展在人口自由流动、农村土地制度改革、城乡基本公共服务提供、城乡一体基础设施建设等方面取得显著成效[③]。一些城市的城乡融合度已经较高。有数据显示，2020年北京常住人口城镇化已达到87.5%，城乡融合发展综合实现程度达到89.5%[④]。

（五）城市社会治理机制更加凸显敏捷性

城市各类社会风险复杂多变，城市治理体制机制不断作出新的适应调整和变革，特别是针对人民群众的利益诉求越来越凸显敏捷治理、及时回应的鲜明特征[⑤]。城市社会治理日益显现从“粗放”到“精细”的转变趋势，更加强调对人的需求的全方位照顾，用人的温度让人的需求得到满足。以北京为例，2021年9月，北京市人大常委会审议通过《北京市接诉即办工作条例》。这是对北京深化“街乡吹哨、部门报到”改革、持续完善“接诉即办”机制的改革成果的重要制度固化和保障，体现为以公众为中心、坚持主动治理、未诉先办为原则所建构的超大型城市治理机制。“网格化治理”作为一种普遍采用的治理机制，经受了新冠肺炎疫情的考验，并在疫情常态化防控实践中得到完善。

---

① 李培林等：《为工人阶级队伍注入新活力》，《北京日报》2021年11月22日。

② 李培林：《加强对新的社会阶层的研究》，《中央社会主义学院学报》2021年第5期。

③ 穆克瑞：《新发展阶段城乡融合发展的主要障碍及突破方向》，《行政管理改革》2021年第1期。

④ 杨军：《推进新时期首都城乡融合发展》，《北京观察》2022年第2期。

⑤ 赵静等：《敏捷思维引领城市治理转型：对多城市治理实践的分析》，《中国行政管理》2021年第8期。

二　2021年城市社会治理面临的问题与挑战

2021 年，我国城市社会治理在取得诸多进展和亮点的同时，也仍然面临一些问题和挑战，主要表现在如下方面。

（一）城镇化进程中大中小城市协调发展亟待加强

随着新一轮城镇化战略的实施，我国城市空间格局体系正在发生深刻变化，大中小城市之间的协调发展问题日益凸显，较为突出的是“一大一小”问题。所谓大，是指大城市，特别是以超大、特大城市作为中心城市的都市圈、城市群的成片崛起；所谓小，是指中小城市，特别是中西部的一些中小城市。“大城市”面临的问题在于，如果不按照传统的行政辖区概念来看，而是在国际比较视野下以都市圈（Metropolitan Area）作为城市规模的计算单元来看，我国的大城市（都市圈）的规模并不大，还未达到与我国城镇人口相对应的规模，且中心城市与周围中小城市也未实现紧密联结；与一些世界级的都市圈规模及人口密度相比，仍存在较大提升空间①。“中小城市”，特别是中西部中小城市和小城镇，面临的问题在于，产业基础薄弱，人才资源少，创业创新能力不足，对人口的聚集能力有限，也普遍缺乏吸引力②。由此，大中小城市之间空间极化的“马太效应”可能会进一步加剧和凸显。

（二）城市更新中配套政策法规建设亟待加快跟进

我国实施城市更新行动面临的最大挑战是，现有涉及土地、规划、物权等的政策法规体系存在滞后性，尚不能很好适应和满足城市更新的各种现实

① 陆铭等：《再辩大城市：消费中心城市的视角》，《中山大学学报》（社会科学版）2022 年第 1 期。

② 余佶：《当前新型城镇化建设的五大问题与五个建议》，《中国党政干部论坛》2015 年第 1 期。

需要。当前城市更新表现为两种倾向：一种是城市更新“拆旧建新”的惯性，在一些城市仍然存在对老旧城区大拆大建、“一刀切”式拆除重建的现象。这种简单意义的拆旧建新，已经不能产生新的“城市范型价值”[①]，是应当坚决摒弃的城市更新取向。另一种是城市更新的“网红化”趋势：城市空间与社交媒体高度捆绑，网红空间履行“打卡”功能，变成了“拍照基地”，“亲身体验”变成了“云体验”；在城市空间网红化的背景下，以房地产企业为代表的资本驱动的城市更新，容易陷入一种“地产套路”，城市本身也会变得“麦当劳化”和“迪士尼化”，放弃和失去了城市生活的原真性[②]。其背后所反映的核心问题是城市更新过程中多样性的丧失，从而缺少了应有的人文关怀。

（三）人口快速流动给城市公共服务体系带来挑战

无论从客观实际状况，还是从人们的主观认知感受来看，城市公共服务面临的一个突出问题都是，医疗卫生、教育、住房、社会保障等基本公共服务在不同区域、不同人群之间供给水平差距较大、分配不均[③]。2021 年一项全国性问卷调查显示，农民工享受基本公共服务存在的问题主要表现为：城镇落户门槛显著降低，但农民工落户积极性不高；房价高、租房贵，住房保障不足，难以满足农民工安居需求；教育资源供给不足、配置不均，难以满足农民工随迁子女就学需求；“举家城镇化”成本高叠加疫情影响，使不少农民工因照顾老人和小孩而返乡回流[④]。随着我国人口流动长期化趋势增强，超过 70%的流动人口以部分或完整家庭形式流动，家庭化特征十分明显；但许多城市的公共服务体系尚未适应从服务“农民工群体”到服务

① 张宇星：《城市更新的未来：从拆旧建新走向构型转换》，http：//www. upnews. cn/archives/67680，最后访问时间：2022 年 2 月 18 日。

② 崔国：《城市更新“网红化”》，https：//m. thepaper. cn/baijiahao_ 16169394，最后访问时间：2022 年 1 月 6 日。

③ 刘彦华：《2021 年中国现代公共服务发展指数 64. 0》，《小康》2021 年第 7 期。

④ 《让农民工全面融入城市共享公共服务》，《中国劳动保障报》2022 年 3 月 5 日。

“农业转移家庭”的有效转变①。同时，随着我国对外开放和国际交往日益增多，大量国外人员来华在城市长期居住、工作和生活，给城市社会治安和包容治理带来一定挑战。新冠肺炎疫情全球大流行之后，跨国跨境人员频繁流动，给城市社会治理带来诸多变数和难度。

（四）复杂多变的社会风险给城市治理体制带来诸多挑战

随着城市系统本身的日益复杂，各类社会风险增多，特别是一些超大特大城市社会风险面临新的形势。极端天气、各类疫情、事故灾难等引发的社会风险，越发呈现叠加、溢出、放大、链式效应，现有的城市管理体制机制还不能及时有效应对②。城市治理中的多元共治、多元协作机制还有待进一步建立健全，特别是党政机关、企业、社会组织、市民等多元主体之间的协同治理仍面临不少难题。在应对重大突发事件行动中，多元主体之间的连接、协作、沟通、合作还缺乏制度化、规范化、可持续的整合机制。日常性社会风险防控责任，主要由基层政府和居民委员会承担。然而，一些城市基层社区行政化负担仍不轻，普遍面临较为繁重的工作任务，而且物业管理问题日益突出，成为社区工作不可回避的重点内容，牵扯社区工作人员较大精力。党建引领之下的社区居委会、业委会、物业公司之间的权责关系和合作治理机制亟待进一步理顺。

三　2022年城市社会治理的展望与思考

推进城市社会治理改革创新，必须始终坚持以人民为中心的发展思想，坚持人民城市人民建、人民城市为人民。当前和今后一个时期，我国正面临从“高质量的城镇化”（2020～2025年）到“面向现代化的城镇化”（2025～2035年）再到“走向全面现代化的城镇化”（2035～2050年）的重

① 李沛霖：《我国城市治理体系和治理能力现代化研究》，《宏观经济管理》2021年第11期。

② 吴晓林：《特大城市社会风险的形势研判与韧性治理》，《人民论坛》2021年第35期。

大转变[1]。这对城市发展与治理提出了新的更高要求。深入推进以人为核心的新型城镇化，需要着力加强和提升城市本体建设，顺应城市社会结构变化，在推动城市高质量发展的过程中，创新和优化城市治理体制机制。

（一）着力加强人文城市建设，增强城市治理的人文性

城市治理的基本宗旨是让人民生活更美好。随着人民群众对美好生活的向往和追求日益迫切，城市发展与治理必须更加注重人文关怀，切实加强和完善人文城市建设。一是加强发掘城市文脉，强化文化传承和创新。城市，并不只是一种物理装置或人工构造，而是自然的产物，尤其是人之自然，即人性的产物[2]。这就意味着城市文明的生长有赖于文化的浸润。在城市更新过程中，应高度重视保护历史文化遗产，保存城市文化记忆，坚持更新与创新同步进行，形成多元开放的现代城市文化。二是注重城市生活的日常性，增进和凸显城市多样性。人文城市的建设，需要推动城市发展从“工业逻辑”回归“人本逻辑”、从“生产导向”回归“生活导向”，高度重视城市日常生活的丰富性和多样性，这也是城市活力的源泉所在。比如，成都引入“1 米高度看城市”儿童视角，积极推动儿童友好理念融入城市规划和社会政策。城市规划和更新都需要探索新的空间构型。三是强化和提升城市社区自治和服务功能。全面提升基层社区通过慈善、公益、自治、互助等方式解决基层问题的自主能力，探索和发展社区基金、社区企业、社区经济等模式，建立健全充满活力的基层群众自治机制，确保城市社区治理更合民意、更接地气。

（二）着力加强消费城市建设，提升城市治理的服务性

我国城市治理面临转型升级，亟须培育和构建一个活力充沛、强劲、有力的内需社会。2021 年 7 月，经国务院批准，上海、北京、天津、重庆、

---

① 尹稚：《以人民为中心的城市治理》，《城市规划》2022 年第 2 期。

② 〔美〕罗伯特 · E. 帕克等：《城市：有关城市环境中人类行为研究的建议》，杭苏红译，商务印书馆，2016，第 5 页。

广州率先开展国际消费中心城市培育建设。从城市发展的趋势来看，世界上一些主要城市较早进入了以服务业为主、消费引领的阶段。加强消费城市建设，通过消费升级引领产业升级、城市高质量发展，成为推进城市治理现代化的重要内容。哈佛大学格拉泽教授率先提出消费城市理论，指出城市的发展从关注生产性向关注消费性品质转变之后，城市的成功越来越取决于城市作为消费中心的作用①。加强消费城市建设，涵盖如下重要方面：一是发挥中心城市的消费引擎作用。都市圈和城市群的中心城市，人口密度高、人口集聚效应明显，也是辐射和带动周边城市消费的中心支点；都市圈的一体化也将促进服务业型消费岗位向中心城市的集中②。二是打破抑制消费的体制机制性障碍。一方面，在保持经济必要增速的基础上，进一步深化收入分配制度改革，不断扩大中等收入群体规模；大力实施乡村振兴行动，不断提高广大农民收入水平。另一方面，进一步完善社会保障制度体系，确保居民消费无后顾之忧、具有稳定的社会保障制度预期。三是加强居民消费供给侧结构性改革。针对不同群体，设计和瞄准相应的消费类型。针对生存性消费，重点瞄准农民阶层、工人阶层和老中产阶层；针对发展性消费，重点瞄准新中产阶层和业主阶层③。在此基础上，通过采取必要的消费刺激措施，切实提高居民的消费率。

（三）着力加强健康城市建设，增强城市治理的安全性

城市发展治理，必须将人民生命安全和身体健康作为基础目标，将生态文明理念全面融入城市规划、建设和管理，培育和打造绿色生产方式、生活方式和消费模式，使得城市更加宜居宜业宜游。一是完善和优化城市生态系统。城市健康首先源于健康的城市生态。我国城市“生命体征”日趋复杂

---

① Edward L. Glaeser，Jed Kolko，and Albert Saiz，“Consumer City”，*Journal of Economic Geography* 1（2001），pp. 27-50.

② 陆铭、彭冲：《再辩大城市：消费中心城市的视角》，《中山大学学报》（社会科学版）2022年第1期。

③ 张翼：《当前中国社会各阶层的消费倾向——从生存性消费到发展性消费》，《社会学研究》2016年第4期。

化，坚持生态优先，有效扩大城市生态空间，合理建设绿色生态廊道；落实和实现“碳达峰”“碳中和”目标，促进经济社会发展全面绿色转型，着力构建人与自然生命共同体。二是加快转变城市发展治理方式。着力实现城市发展从“粗放式”向“集约式”、从“外部扩张”向“内涵提升”的转变，坚持走城市高质量发展之路。着力创新城市治理体制机制，有效治理“人口膨胀”“环境污染”“交通拥堵”“资源紧缺”等大城市病。加强建设网络化多节点城市体系，切实增强和提升城市运行系统的弹性和韧性。三是加强城市公共卫生防控救治能力建设。新冠肺炎疫情是对城市治理的一次大考。应着力构建智慧高效的城市公共卫生应急管理体系，打造现代化的疾病预防控制体系，强化党委领导、政府负责、多方参与的公共卫生社会治理体系。完善和优化城市社区网格化管理体制机制，不断提高其治理效能和优势。

（四）着力加强数字城市建设，提高城市治理的智能性

现代信息科技的日新月异对城市发展和治理是一把“双刃剑”，既带来重大挑战，也提供了重大机遇。数字城市是从工业化时代向信息化时代转换的基本标志。“数字城市”与“实体城市”相对而称，其概念内涵经历了多重演变，即从“作为实体城市信息投射”到“作为实体城市机能强化”再到“作为实体城市环境延伸”的演变①。应当看到，数字城市作为数字社会建设的一个重要组成部分，不仅是技术问题、工程问题，还是体制问题、观念问题②。一是有效治理“数字空间”。数字空间的虚拟性、匿名性、脱域性，对人们的社会关系和社会交往模式产生重要影响，也大大增加了社会治理的难度和不确定性。应加强数字网络治理立法建设，大力倡导文明健康上网，营造清朗的数字网络空间。二是有效破解“数字孤岛”。在数字城市建设中，不同部门的各类数据信息系统亟待实现有效联通，通过开放数据、互

---

① 许竹青等：《数字城市的理念演化、主要类别及未来趋势研究》，《中国科技论坛》2021年第8期。

② 龚维斌：《加快数字社会建设步伐》，《人民日报》2021年10月22日。

联互通，着力打破数据孤岛，进而形成数字化、智能化治理系统。当然，在这个过程中，也应切实加强数据信息安全，尊重和维护个人隐私权。三是有效弥合“数字鸿沟”。在疫情防控期间，青年群体与老年群体、富裕群体与贫穷群体之间数字鸿沟进一步凸显。一些偏远农村地区还面临双重数字鸿沟问题，不仅面临数字基础设施严重不足，还缺乏数字技能和人力资本①。加强教育和技能培训，是推进数字普惠公平的重要途径。四是有效营造“数字生活”。数字城市也意味着一种新型的城市生活。手机支付、滴滴打车、网上购物等成为人们日常生活的重要组成部分。同时，随着信息媒介主导的硅基文明的崛起，当下中国城市更需要重视的，既非“硬件”也非“软件”，而是能与人产生情感链接的“湿件”②。因而，在数字空间人们的精神情感体验也正在发生变化。

① 方莹馨：《弥合数字鸿沟　共享发展红利》，《人民日报》2020 年 12 月 8 日。

② 周榕：《硅基空间崛起下的城市更新》，https：//weixin. caupdcloud. com/？ p = 759581，最后访问时间：2022 年 2 月 14 日。

B.4

中国物业管理发展进程与前瞻*

马福云　朱雨蒙**

摘　要： 40多年来，我国物业管理从无到有，在规模化发展后进入转型发展阶段，其既是房地产经营管理范畴，也是城市管理、基层社会治理的重要内容。当前，我国部分物业管理还存在与房地产开发的连带关系，业主委员会组建运作及监管尚不到位，物业管理的收费、维修基金管理的规范性及区域发展欠均衡等问题待解决，需要继续健全和改善相关法律制度，持续健全物业管理纠纷调解机制，强化物业市场监管，提高物业服务水平，推动物业管理高质量发展。

关键词： 物业管理　物管企业　业主委员会

改革开放以来，在发展社会主义市场经济过程中，伴随我国住房制度变革，城市住房逐步实现从公有到私产的转型，房地产行业发展推动着我国物业管理的产生和发展。我国物业管理起源于深圳，经历了三个发展阶段，逐步拓展到全国各地大中城市。我们将在对物业管理予以概要介绍的基础上，阐述物业管理在我国的出现与成长历程，分析其存在的问题并提出解决建议。

---

* 本文为国家社会科学基金重大项目“健全党组织领导的自治、法治、德治相结合的城乡基层治理体系”（项目编号：21ZDA109）研究的过程性成果。

** 马福云，法学博士，教授、博士生导师，中共中央党校（国家行政学院）社会和生态文明教研部社会治理教研室主任，主要研究方向为发展社会学，研究主题包括社会管理、社会工作服务、农村发展等；朱雨蒙，在北京市通州区潞城镇从事基层管理，关注并参与多项社会治理相关研究项目。

一 物业管理概述

1. 物业管理的概念

国务院发布的《物业管理条例》规定："物业管理，是指业主通过选聘物业服务企业，由业主和物业服务企业按照物业服务合同约定，对房屋及配套的设施设备和相关场地进行维修、养护、管理，维护物业管理区域内的环境卫生和相关秩序的活动。"① 在现实社会中，物业管理活动是以物业管理服务企业的实际管理服务活动表现出来的，体现出以下特征。

一是物业管理区域应相对完整，是已建成验收、将投入或已投入使用的相对封闭区域，既可以是平房或楼房的单元，也可以是多个单元组成的规模性建筑。

二是物业管理最终为人服务，其服务对象是物业所有人和使用人，包括物业业主、同住人、承租人以及临时或长期使用物业的人员。

三是业主（或业主委员会）与物业管理企业之间是雇用和被雇用关系。物业管理企业是被雇用者，物管企业要基于业主的意愿，并遵照有关物业管理规则进行物业管理服务。

四是物业管理的核心内容是服务，其物业管理活动通过对业主服务表现出来，即通过提供管理服务来发挥物业的功能，为业主的工作生活创造良好的基础性条件。

五是物业管理是企业开展的市场化、专业性的管理服务活动。物业服务企业以优质服务来获取利润，物业服务企业须处理好与政府部门、业主、业主委员会、租户等的关系，推动经济、社会与环境综合效益最大化，促进物业经营的可持续发展。

2. 物业管理的主要内容

从三次产业划分来看，物业管理属于第三产业，即服务行业。在物业管

① 引自《物业管理条例》，2003 年 6 月国务院发布，2007 年 8 月修订。

理中，虽然物业类型不同，服务范畴和重点也不尽一致，但就其物业服务的具体内容与提供方式来看，可划分为常规性的公共服务、针对性的专项服务和委托性的特约服务三大类。

常规性的公共服务是物业管理得以展开的基础，是基础性工作，是物业公司给全体业主提供的基础性管理服务活动。它包括房屋等建筑主体管理，房屋相关附属设备、设施管理，环境卫生管理，区域绿化及管护，公共安全保障，消防管理，道路及车辆管理以及其他公众所需代办服务。

针对性的专项服务是物业服务企业为改善业主的居住及生产生活条件，基于部分业主、群体及单位需要而提供的一些管理服务，服务类型包括日常生活类、商业服务类、文教体卫类、金融服务类、经纪代理中介服务类等。在做好基础性服务的同时，物业管理企业可基于业主意愿，在其负责物业区域内开展多种经营，为有需求的部分业主提供服务。

委托性的特约服务是为满足部分业主的特定需求、受其委托而提供的专门服务。这些服务不在物业管理委托合同中，也不在物业管理企业的常规和专项服务中，但物业产权人、使用人却提出需求，物业管理企业又能够满足其需求，是由双方约定提供的特定服务事项。例如接送子女上学、组织业主团购、为业主代购特定物品等。

物业管理以对房屋建筑及其附属设施设备、周边环境等的管理服务而服务于物业所有人和使用人。常规性的公共服务是物业管理的基础性工作，是其必须做好的基本服务内容。针对性的专项服务和委托性的特约服务则根据业主需求、物业能力确定具体服务内容，以灵活多样的经营机制和服务方式来拓展物业管理的范围与内容，属于物业增值性的服务。在经济社会发展过程中，物业管理从房屋建筑管护逐步拓展到业主社会生活服务的多个层面，成为城市区域管理服务的有效组成部分，其在为业主提供安全、舒适、和谐工作居住条件的同时，也发挥着维护社会稳定和谐、提高整体社会服务管理水平的作用。

二　我国物业管理的发展历程

物业管理起源于19世纪60年代的英国，伴随城市住宅的规模化建设，为其进行管理服务的物业管理行业得以发育发展，并逐渐成长形成一套比较完整的、市场化运作的物业管理模式。19世纪中期以来，我国上海、天津、广州、武汉等城市开始出现规模化高层建筑，从事房屋管理、保洁保安、代理租赁等公司开始出现，成为我国物业管理的雏形。1949年前后，城市房屋建筑等开始收归国有，政府采取设立房管所的方式进行管理。改革开放以后，我国工业化、城市化进程快速推进，伴随城市房地产开发、住房分配制度的改革，物业管理行业逐步发展壮大。

1. 我国物业管理的初现（1981~1997年）

深圳，是我国物业管理的起源地。其后，我国物业管理发展史上多方面的首创也发生在这一改革开放前沿城市。1980年8月，深圳经济特区成立。面对房地产市场的发展，市政府提出“谁开发、谁管理”“建好一片、管好一片”的要求。在深圳第一个商品住宅小区“东湖丽苑”开发建设过程中，为对其进行专业化管理，在学习香港物业管理经验的基础上，深圳市物业管理公司于1981年3月正式成立。深圳市物业管理公司是我国首家以提供物业管理服务为主营业务的企业，我国的物业管理从此开始了发育发展的进程，这是我国物业管理服务的开端。两年后，深圳市国际商业大厦于1983年4月实施物业管理，这是我国第一个由物业管理公司接手的商业楼宇；1985年5月，深圳市鹏基工业区成为全国第一个实施物业管理的工业区；物业管理范围从住宅小区拓展到了商业楼宇和工业园区。物业管理伴随深圳房地产市场发展逐步成长。1988年6月，《深圳经济特区住房制度改革方案》由深圳市政府推出，提出实行“以租促售，以卖为主，鼓励职工买房”的办法，这改变了原有住房的福利性分配制度，开始将已建成公房出售给职工。1989年7月，深圳市政府将房管所改制为物业管理公司，政府停止对住房维护的财政拨款，转向住户或产权人收取管理费。当时物业管理每月仅

0.1 元/平方米，费用低廉使改革得以顺利推行，物业管理服务得以进入普普通通的居民家庭中。其后，深圳市的物业管理行业迅速发展起来，物业管理企业逐步拓展为企业化、专业化和市场化的物业管理主体，服务范畴也从涉外商品房拓展到普通商品房、房改房以及园区建筑等，为我国物业管理发展提供了样本。

20 世纪 90 年代，城市住房制度改革在全国推行，尤其是对新建住房实行新的管理制度，很多大城市尤其是沿海地区的住宅小区、商业楼宇等借鉴深圳经验引入物业管理的做法，使得物业管理走向全国。1993 年 6 月，深圳市建立物业管理协会，物业管理企业组织落地。1994 年 6 月，深圳市出台了《深圳经济特区住宅区物业管理条例》，建立住宅区物业管理规范。物业管理行业组织、管理法规的出现，为深圳物业管理的稳定发展创造了有利条件，也成为全国各地物业管理学习的榜样。1994 年 4 月，主管住房建设的建设部颁布了《城市新建住宅小区管理办法》。该办法提出："住宅小区应当逐步推行社会化、专业化的管理模式，由物业管理公司统一实施专业化管理。" 1995 年 8 月，建设部在青岛市召开全国物业管理工作座谈会，提出建立社会化、专业化、企业化管理新体制。1996 年 2 月，规范物业收费的《城市住宅小区物业管理服务收费暂行办法》由国家计委与建设部联合下发。这给住宅小区物业管理收费提供了依据，推动着物业管理服务收费的规范化。

2. 物业管理的规模化发展（1998~2012年）

1998 年 7 月，国务院发布《进一步深化城镇住房制度改革加快住房建设的通知》，提出进一步深化城镇住房制度改革，并要求"停止住房实物分配，逐步实现住房分配货币化"。伴随福利化住房分配的终结，城市住房商品化快速推进，住房小区实行物业管理的做法逐步扩展到全国各地。1999 年 10 月，建设部印发《物业管理企业资质管理试行办法》，提出以分级管理方式促使物管企业提高物业管理服务水平。

2003 年 1 月，全国首次房地产工作会议召开，会议首次提出房地产业对国民经济发展发挥支柱作用，也为物业管理发展创造了有利条件。2003 年 6 月，为规范物业管理，国务院颁布了《物业管理条例》。该条例对物业管理涉及的主体及其行为活动进行了规范，成为我国第一部物业管理的行政法规，推动着我国物业管理的法制化。稍后，建设部印发《业主大会规程》，使其成为规范业主大会活动、维护业主合法权益的重要法规。物业管理行业发展，企业、人员队伍扩展，必然要求强化从业人员管理。2005 年 12 月，物业管理师资格考试、资格认定等开始实施，为规范提升物业管理活动、提高物业服务质量创造了条件。2007 年 3 月，《中华人民共和国物权法》颁布实施。该法承继了《物业管理条例》关于建筑物区分所有权的规定，同时对物业管理模式、业主大会诉讼主体资格等做出了新规定，为建立物业管理法律体系奠定了重要基础。

在住房商品化推进过程中，各个城市的物业管理企业快速增多，不少大中城市积极推动物管企业组织起来，建立物业管理行业协会，物业管理人员队伍随之发展壮大。同时，我国逐步建构起物业管理的法律法规体系，物业管理制度体系及运营模式逐渐完善，服务标准及其市场日益规范化，物业管理的法治化水平得到一定程度的提升。

3. 我国物业管理的转型发展（2012年以后）

进入 21 世纪后，我国房地产开发市场规模不断扩展，国家逐步强化房地产调控。房地产行业在竞争中产品类型日益丰富，城市综合体、精装修房、保障房等的出现对物业管理提出了分类管理的要求，物业服务范围逐步扩展到购物中心、学校、医院、景区、游乐场等领域。随着党和政府转变职能，机关后勤服务开始交由社会力量提供，政府办公场所也进入物业管理范畴。截至 2014 年底，全国物业服务企业约 10.5 万家，从业人员约 711.2 万人，全国 31 个省、自治区、直辖市物业管理面积约 164.5 亿平方米。[①] 随着人们对物业管理行业的了解，业主维权意识增强，对住房、物业管理质量等都提出了更高要求，这也推动着物业管理服务质量的提升。

近年来，物业管理企业出现品牌化发展趋势，企业连锁化、集团化不

---

① 《2017 年中国物业管理行业发展历程、发展现状和发展趋势分析》，2018 年 1 月 10 日，https：//www.chyxx.com/industry/201801/602138.html。

断推进，一些外资公司，例如戴德梁行、第一太平戴维斯等也进入国内拓展业务。物业管理也开始由秩序维护、保洁、绿化等基础服务拓展到室内保洁、设备维修、家政服务、宠物照护、商超零售等更多生活领域，一些住宅小区物业推出的“管家服务”基本覆盖了业主居家日常生活的各个方面。

在“放管服”改革过程中，物业管理职业资格被取消，物业管理企业的资质要求最终也被废除，物业管理企业之间的竞争更加激烈。物业管理企业的高速发展、物管市场的日益成熟，吸引到资本的关注。伴随资本进入物业管理行业，物业管理企业开始加速整合，一些占据市场领先地位的物业管理企业借助房地产关联资源承接服务项目，并通过企业并购等市场化方式快速拓展物业管理规模。以保利物业为例，2017 年前保利管理的物业面积基本来自保利地产本身。2018 年后保利物业开始以并购、市场化竞标等方式拓展外部项目，当年来自外拓项目的物管面积增长 42.6%。2019 年，保利物业外拓项目的物管面积则超过保利地产的面积。物业管理企业的高速成长使得其商业价值凸显，2014 年 6 月，花样年旗下的物业公司彩生活成功赴港上市，成为“港股物业第一家”。2018 年 2 月，南都物业在上海证券交易所主板上市交易，成为首家成功登陆 A 股市场的物业公司。雅生活、碧桂园服务、新城悦、佳兆业物业、中海物业、永升生活服务等陆续登陆港股市场。稍后，远洋亿家、保利物业、开元物业等则进入“新三板”市场。到 2019 年底，物业板块 A 股上市公司共有 3 家，在港股上市的公司有 19 家。①物业管理公司的上市运作推动着占据市场主导地位的企业通过建构联盟、品牌并购等方式加速业务扩张，加速全国市场布局，这进一步提高了物业管理的行业集中度。与此同时，各物业管理企业开始借助（移动）互联网、软件 App 及其平台化应用来推动物业管理服务的智慧化，以为客户提供更为便利化的物业管理服务。

进入新时代，人们对包括住房在内的生活品质更加重视，房地产后续服

---

① 《物业管理：龙头快速增长的现金牛行业》，2020 年 4 月 22 日，乐居财经。

务的重要性更加凸显，对物业管理服务提出了更高要求。这就要求物业管理企业转型升级，走内涵式发展道路。

经过40多年的发展，我国物业管理企业持续增长，物管行业逐步发展成熟。一是我国物业管理法治化持续推进，相关制度法规在建立健全，政府对行业运行的监管也日趋规范。近年来，我国多省区市出台地方物业管理法规。2021年1月实施的《中华人民共和国民法典》在“物权”部分用专门条款对物业管理相关主体及其权利义务进行规范，明确物业管理相关要求以及政府职责。二是物业管理行业发展壮大，其市场化程度大大提升。在房地产市场发展中，物业管理从深圳发展到全国各地城市。一个集管理、服务、运营于一体的物业管理行业不断发展壮大，不仅成为现代城市管理和房地产经营管理重要的组成部分，也成为城市社区管理、基层治理及社会服务的重要力量。三是物业管理服务的专业化、社会化程度不断提升。物业管理涉及对房产建筑物、设备设施、场所场地的维修管护，涉及区域内的环境卫生、公共秩序、基本安全等保障，其管理服务内容涉及众多领域，对物业管理的专业化和社会化要求越来越高。激烈的市场竞争推动着物业管理队伍的专业化，也推动着行业服务水平的提升。四是业主维权渐趋理性，业主委员会管理活动渐趋规范，政府监管逐渐强化。物业管理服务依赖业主缴费运行，业主缴费就要行使其管理监督权，一旦业主对物业管理不满，就很容易产生费用相关矛盾冲突。经过不断博弈，业主和物业管理企业逐步认识到简单的冲突对立其结果是两败俱伤，业主理性维权更有利于冲突矛盾的妥善解决。业主委员会作为业主利益代表，在与地方管理部门、物业管理企业的互动中其行为逐步规范化，政府对业主委员会的指导也趋于依法依规进行。

三　我国物业管理的难题及其求解

近年来，我国物业管理行业得到迅速发展，物业管理活动越来越规范，物业服务质量总体逐步提升。但是，物业管理中还是存在一些难题。

1. 房地产开发与物业管理连带，增加了物业管理的难度

在我国工业化、城市化快速推进中，我国房地产行业得到快速发展，市场化运营的物业管理行业应运而生。不少房地产商开发房产，建成后由自家物业企业管理，将自身业务延展到房产后续管理环节，以获取更多收益。这使得不少房地产物业管理基本由地产开发商所建物业管理企业承担。但多数房地产商存在重建设、轻维护现象，一些本应由开发商解决的房屋产权、建筑质量、房产证办理等问题大多被甩给物业管理企业承接。物业管理企业代替开发商与业主沟通协调，而诸多问题一时又难以解决，无形中在业主与物业管理企业之间埋下了冲突矛盾的隐患。当业主一开始就对物业管理企业存在不满情绪时，后续的费用收缴、停车管理等一旦出现问题就容易激化业主与物业企业之间的矛盾，尤其是当业主知悉开发商和物业间的连带关系，就很容易认为物业管理企业站在开发商立场上运营，并非将为业主服务放在首位，这就损害了业主与物业企业间的信任关系，给后续物业管理增加了难度。

2. 对业主委员会认知不清，组建运作及监管不到位

2003 年出台的《物业管理条例》提出了“业主”及由其组成的“业主大会”，并确定由业主选举产生的“业主委员会”为业主大会的执行机构。2007 年颁布的《物权法》、2020 年通过的《民法典》都从立法上认可了业主大会、业主委员会等组织机构，并认可了其法律地位。根据有关法律，业主委员会由业主大会选举产生，经有关政府主管部门登记，成为在物业管理中维护业主合法权益的代表性组织。业主委员会是在物业管理区域内，由全体业主行使其共同管理权的有效组织形式，拥有制订内部规则规约、选聘物管企业、决定专项维修基金使用，以及管理公共场地、设施设备等权利。但是，在物业管理实践中，一些地区的政府及其管理部门对业主委员会认知不清，有的拖延业主委员会的组建，有的未按照法定程序选举产生，使得业主委员会难产、难以代表业主意愿，其应有的维权、协调和监督作用难以实现，也难以维护业主合法权益。业主委员会运作状况决定了其对业主权益的维护程度，其弱化导致了物业管理企业的强势，业主合法权益被损害给基层

社会稳定带来隐患，也妨碍物业管理的高质量发展。

3. 物业管理的区域发展不均衡，管理服务责任不甚清晰

物业管理是我国城镇化发展过程中房地产开发的延续，也是现代城市区域管理、房产建筑经营管理的重要组成部分。房地产开发升温带来了物业管理的良好发展势头，在房地产开发高增速难以维持时，物业管理面临持续发展挑战。目前，商业化住宅小区的物业管理在物业管理中占据主导地位，商品住宅开发在不同区域间的发展有欠均衡，这必然导致物业管理的区域发展不均衡，我国经济发达地区、特大及大城市物业管理开发早、发展快。即便在大城市，物业管理也多局限于商业地产住宅项目，原有老旧小区甚至保障房小区的物业管理仍多由政府、社区承担。从管理实践看，商业住宅小区物业企业的管理职责依然不甚清晰，例如在新冠肺炎疫情防控中，基层政府要求物业企业配合其协助履行居民摸底排查、疫情风险防控、疫情管控、秩序维护等职责。物业管理企业基于合同契约为业主提供服务，其承担的职责存在较大弹性，职责清单模糊，企业对有利可图的事情，例如停车管理、小区广告等比园区绿化、环境卫生管护等投入更多精力。

4. 物业管理收费难，维修基金管理难规范，费用支出难监管

业主享有物业管理服务，按时缴纳物业费是其基本义务。但物业管理收费一直存在问题。一方面，物业管理收费定价难、收费标准出台难，诸多物业公司收费范围、费用价格的透明度不够，物业收费预算与决算的可信度不高，收费难以切实做到有章可循；另一方面，业主在难以通过业主委员会制约物业企业的情况下，缴费与否就成为可用手段，业主对物业服务稍有不满就会以不缴费来回应，而这很容易带来示范效应，造成更多业主不缴费的连锁反应。住房维修基金是基于共有部分、共用设施设备的维修更新及改造需求而归集的，其使用需要集体确认，这使得在住房局部维修时难以达到规范比例要求，也就使得申请使用的集体决策难达成。基金管理规范可操作性差使得实际使用中的基金沉淀与滥用同时并存。我国物业管理多采取包干制收费，也就是业主缴纳费用后由物业管理企业自行支配、自负盈亏。这使得业主委员会无法对物业费用支出进行监管，很容易导致物业为少花钱或不花钱

而降低管理成本，带来设备设施维修少投入、管理服务草率应付，甚至还存在以多元经营谋求不当利润的情况。

物业管理中存在的这些问题，需要我们在实践中逐步予以探索解决。

其一，逐步健全物业管理相关法律法规，并将其真正落到实处。

我国物业管理的法律框架基本构建起来，但在精细化管理、针对性服务方面还存在诸多法律规范缺失。因此，要继续建立健全物业管理法律体系，使其覆盖物业管理的各领域、覆盖管理服务的诸多方面，使物业管理活动有法可依、有规可循。同时，要大力推动物业管理规范的切实执行，尤其要依法依规建立业主委员会，明确其权利义务、强化其运行监督，引导其基于业主意愿进行管理决策，促进业主及业委会与物业管理企业良性互动，推动物业管理的规范化、高质量运行。

其二，建立健全物业管理矛盾纠纷调解机制，依法依规定分止争。

当前，物业管理领域的矛盾冲突涉及诸多方面，有房地产建设开发的遗留问题，有物业基础设施设备的管控维护问题，有业主委员会组建运行问题，有物业管理企业服务问题，有业主与业主委员会的矛盾，有业主与物业管理企业的矛盾，有业主委员会与物业管理企业的矛盾，还有物业管理及其相关职能部门监管问题，等等。面对这些问题，需要建立地方政府主导、多个政府部门参与其中的多元化协调、有针对性的物业管理矛盾纠纷化解机制，规范业主、业主委员会及物业管理企业行为，推动业主与物业企业建构良好关系，以物业相关法律法规为依据，切实解决民众反映强烈的物业服务问题，推动物业管理的高质量发展。

其三，强化物业监管，推动有序竞争，提升服务水平。

物业企业的管理服务能力在很大程度上决定着区域物业管理的实际运行状况。要推进不同类型小区建构与其相适的物业管理，规范物业管理的招投标制度，推动物业管理企业的适度规模化经营，推进其管理服务的专业化和社会化，加强行业管理监督，通过推行企业业绩评价等推动行业市场的有序竞争，实现优胜劣汰。要推动物业管理的服务职责、细则的拟定，强化物业服务质量管理，以高质量物业服务提高业主满意度。要加强物业管理相关舆论引导，强化居民物业消费观念，加强物业从业队伍建设，以过硬的管理服务能力提升物业管理服务质量水平，助推基层社会和谐稳定。

参考文献

韩芳：《中国房地产发展与物业服务创新历程》，2018 年 11 月 29 日，https：//www. sohu. com/a/278550036_ 288623。

宋道刚：《新形势下物业服务企业应对困境之路》，《中国物业管理》2009 年第 4 期。

王家福：《物业管理条例释解》，中国物价出版社，2003。

中国物业管理协会编写《物业管理基本制度与政策》，中国建筑工业出版社，2006。

B.5 2021年中国乡村社会治理回顾与展望

袁金辉*

摘　要： 2021年，中国脱贫攻坚取得全面胜利，全面建成了小康社会；各地开启农村人居环境整治提升工程，乡风文明建设成效显著；乡村治理创新方法和案例不断涌现，乡村治理体系和治理能力建设持续推进。但与全面实施乡村振兴的要求和农民群众对美好生活的期盼相比，乡村治理还存在一些需要改进和完善的地方。2022年，要继续做好脱贫攻坚成果与乡村振兴有效衔接，持续完善农村党组织引领下的乡村治理体系，大力推广清单制等乡村治理创新方法，通过数字乡村建设带动大数据赋能乡村治理，促进县域城乡融合发展，提升农村公共服务水平，不断激发农民参与乡村治理的内生动能。

关键词： 乡村治理　多元主体　清单制　数字治理

乡村社会治理是国家治理体系的基石，也是我们党的执政基础，不仅关乎农村的改革发展，还直接影响乡村的社会稳定。2021年，我国乡村社会治理涌现了一批好的做法和案例，取得了一些新的进展和成就。但同时也存在一些需要改进和完善的地方，需要我们继续努力，不断推进乡村治理体系和治理能力现代化。

---

* 袁金辉，中共中央党校（国家行政学院）研究员，博士生导师，主要研究方向为乡村治理。

一　2021年乡村社会治理回顾

2021 年，随着全面建成小康社会第一个百年奋斗目标的顺利实现，我国乡村社会发生了巨大的变化，乡村建设行动稳步推进，乡村社会治理取得了显著成效。

（一）持续巩固拓展脱贫攻坚成果

2021 年 2 月 25 日，习近平在全国脱贫攻坚表彰大会上向全党、全国和全世界宣告：中国脱贫攻坚战取得了全面胜利。同年 7 月 1 日，习近平在天安门城楼再次庄严宣告：中华大地全面建成了小康社会，历史性地解决了绝对贫困问题。但脱贫摘帽不是终点，而是新生活新奋斗的起点。站在脱贫攻坚与乡村振兴两大战略的历史交汇点，面对巩固拓展脱贫攻坚成果和促进乡村全面振兴两大历史重任，要以消除绝对贫困为新的开始，努力实现脱贫攻坚与乡村振兴有效衔接。为此，2021 年 3 月中共中央、国务院发布的《关于实现巩固拓展脱贫攻坚成果同乡村振兴有效衔接的意见》指出，要在巩固拓展脱贫攻坚成果的基础上，做好乡村振兴这篇大文章，接续推进脱贫地区发展和群众生活改善。随后，全国各地结合实际制定了相关实施意见，进一步明确了持续巩固脱贫攻坚成果的具体措施。比如：做到有返贫致贫风险和突发严重困难的农户监测全覆盖，确保返贫人口动态清零；做好易地搬迁后续扶持尤其是就业工作；进一步加大贫困地区公共服务产品供给；支持贫困地区特色产业可持续发展；对刚摘帽的贫困县、贫困村及其贫困人口保持现有的帮扶政策稳定不变；等等。

（二）大力整治提升农村人居环境

改善农村人居环境是广大农民群众的深切期盼，也是实施乡村振兴战略的主要内容。自 2018 年农村实施人居环境整治三年行动以来，全国各地认真贯彻落实，扎实推进各项整治措施，使农村社会长期以来存在的脏乱差局面得到了彻底改变，农村的生活环境得到了显著改善，农民的生活质量得到了明显提升，为全面建成小康社会提供了坚实基础。但我们也应该清醒地看到，农村人居环境事关广大农民福祉、事关农民群众健康，当下农村人居环境质量与乡村振兴的要求和农民群众对高品质生活的需求相比，还存在不小差距。为接续推进新发展阶段农村人居环境整治提升，2021 年的《政府工作报告》明确提出要启动农村人居环境整治提升五年行动；2021 年 12 月，中央农村工作领导小组办公室、国家发展改革委、农业农村部、国家乡村振兴局会同生态环境部、住房城乡建设部等部门联合编制印发了《农村人居环境整治提升五年行动方案（2021—2025 年）》。这个五年行动方案是之前三年行动方案的继续和发展，主要任务是在以前全面推开整治的基础上提质增效，进一步明确各主体职责任务，充分发动市场主体、农村组织和村民参与环境整治的积极性和主动性，进一步加大村庄清洁整治、生活垃圾污水处理、农村卫生厕所改建的力度，争取到 2025 年，农村人居环境治理水平得到显著的提升。

（三）接续推动农村乡风文明建设

针对一些农村地区农民群众反映强烈的陈规陋习，2021 年的中央一号文件《中共中央国务院关于全面推进乡村振兴加快农业农村现代化的意见》明确提出，要通过持续推进农村移风易俗，推广道德评议会、红白理事会等做法，加大对农村高价彩礼、人情消费攀比、厚葬薄养和封建迷信等不良风气的治理力度。一是通过村民自治，针对上述突出问题在村规民约中提出约束性和抵制性条款，让村民自己去解决面临的沉重负担；二是通过加强宣传教育、科学普及等活动，逐步引导农民群众树立文明观念，养成文明生活方式，培育向善向上的文明乡风，从而有效激发村民美丽乡村建设的内生动力。三是在乡村开展丰富多彩的体育文化活动，通过喜闻乐见的形式引导村民移风易俗。2021 年 10 月，经过全国各地申报和评审公示等环节，农业农村部和国家乡村振兴局向社会推介了第二批全国村级“文明乡风建设”典型案例，以便为治理农村陈规陋习，培育婚事新办、丧事简办、孝亲敬老等社会风尚提供参考借鉴。比如，河北省邯郸市肥乡区通过政策引导、村民自治、公益服务和常态巡查等措施，使当地村民的婚丧支出大幅下降，盲目攀比、大操大办和高价彩礼的现象也得到了有效遏制。贵州省赫章县把建设农村公益性公墓作为推动移风易俗的重要切入点，在营造乡村文明、树立农村新风方面取得了显著成效。当然，农村的不良风气整治是一个长期的过程，需要针对当前突出的问题及其相关历史、社会和文化因素采取切实有效的措施。为此，中央农办、农业农村部还要召开专门的会议，针对农村不良风气的治理、移风易俗等工作，作出专门部署。2021 年 12 月，国务院印发了《"十四五"推进农业农村现代化规划》，明确指出农业农村现代化是物质文明和精神文明相协调的现代化，现代农村的现代农民生活不仅要有"硬件"建设，还要有良好的"软件"环境，要通过保护传承乡村优秀传统文化，大力推进农村思想道德建设，着力培育乡村社会文明乡风、良好家风和淳朴民风。

（四）不断创新乡村治理方式

2021 年，继续切实加强和改进乡村治理，不断创新方式方法，在乡村治理重要领域形成了一批可复制推广的好做法、好经验。在 2019 年开展全国乡村治理示范村镇"百乡千村"创建活动以来，为了进一步发挥示范村镇的带动作用，2021 年中央农办、农业农村部又会同中宣部、民政部、司法部、国家乡村振兴局等 6 个部门创建了全国第二批乡村治理示范村镇，各地严格对照示范村镇创建标准，按照加强乡村治理体系建设和治理能力建设的要求，层层推介遴选，坚持优中选优，最后一共推出治理水平高、治理效果好的 100 个示范乡镇、994 个示范村。特别是在清单制、积分制、数字化治理等方面推出了一批成熟的经验和做法，起到了典型示范的引领作用。以清单制为例来看，在 2021 年发布的 38 个第三批全国乡村治理典型案例中，运用清单制来减轻村级组织负担、规范乡村小微权力的创新案例就有 10 个，其中比较突出的有重庆市渝北区"明确村级组织承担事项　助推基层减负增效"、福建省厦门市海沧区"规范权责事项　推动村居减负增效"、湖北省武汉市蔡甸区“推行四项清单　以乡村善治助力乡村振兴”等。比如，重庆市渝北区针对乡村治理列出了自治清单23项、协助清单27项、负面清单7项、证明清单7项，这4张清单使村干部职能边界更清晰了，让村干部更加明确知道自己该做什么、不该做什么。浙江省宁海县为探索村级小微权力清单，共梳理小微权力清单36条，通过这张权力清单让村庄权力有了边界，同时围绕这36条编制了45个运行流程规则，使村级权力有序运行。2021年9月，农业农村部和国家乡村振兴局联合发布了《关于在乡村治理中推广运用清单制有关工作的通知》，要求各地在乡村治理中推广清单制，并发布了10个清单制运用典型案例，同时对村庄权力运行规则和监督实施进行了规范。通过权力清单制度把村庄权力关进了制度的笼子，解决了村级权力运行不规范、小微权力腐败这样一些老大难问题，既维护了农民利益，又一定程度上密切了干群关系。

（五）继续推进乡村治理体系和治理能力建设

乡村治理体系和治理能力现代化是国家治理体系和治理能力现代化建设的重要组成部分。2021年，继续探索乡村治理体系建设的有效途径，努力提升乡村治理能力，取得了可喜成绩。一是通过创新农村党组织建设，不断提高乡村的治理水平和治理能力。比如长春市双阳区通过“1+3+X”加强基层党组织建设，从而提升乡村治理能力；山东省济宁市曲阜市实施“党建+”引航工程，构建“六位一体”治理格局；浙江省金华市武义县深化“后陈经验”，完善“一肩挑”背景下的村级运行机制；等等。二是通过探索“三治”融合创新路径，不断建立健全乡村治理体系。比如，河北省石家庄市鹿泉区坚持“五种思维”，以“小村规”撬动乡村“大治理”；福建省厦门市同安区莲花镇以“邻长制”优化“微治理”，激发振兴“新活力”；广东省梅州市蕉岭县创新“六事”治理方式，提升乡村善治效能；甘肃省张掖市高台县通过“四级七天”工作法化解基层矛盾纠纷；等等。三是通过保障民生服务大力提升乡村治理能力。比如，北京市怀柔区坚持足不出村办政务，做到便民服务“零距离”；江苏省溧阳市通过“五堂一站”创品牌，使乡村善治有温度；四川省宜宾市珙县通过创新“四方合约”机制，破解农村养老这一老大难问题；等等。此外，2021 年农村社区建设也取得了明显成效，各地在制定乡村振兴规划的同时也注重社区服务体系建设规划，特别是做好易地搬迁集中安置社区的治理服务体系建设；同时，加强基层群众自治组织规范化建设，规范村级组织工作事务，加大社区工作队伍建设力度。

二　当前乡村社会治理面临的困境

回望过去，乡村有效治理在打赢脱贫攻坚战和全面推动实施乡村振兴战略中发挥了重要作用。但与全面推进乡村振兴的要求相比，与农民群众对共同富裕和美好生活的期盼相比，乡村社会治理仍然存在一些需要改进和提升的地方。

（一）乡村治理体系的协同融合不够

“健全党组织领导下的自治、法治、德治相结合的乡村治理体系”，是我国乡村治理体系建设的根本目标和主要任务。未来乡村治理的理想效果是自治、法治和德治有效结合，三者相互补充，发挥体系整体优势、系统效果。但实际情况是，这个理想状态的乡村治理体系还在逐步构建中。各地农村还普遍存在村民自治不充分，村民参与意识不够，自治效果大打折扣；村民依法办事观念不强，民主法治意识淡薄，离乡村治理的法治要求还有较大差距；移风易俗和环境整治任务艰巨，乡风文明建设任重道远等现实问题。在具体乡村社会治理实践中，自治、法治和德治之间缺乏有效协同，呈现单一化、碎片化倾向，大多数乡村社会还都是单一治理模式，只注重某一治理方式而往往忽视另两方面治理要素，这客观上严重制约了乡村治理体系整体效能的发挥。

（二）乡村治理主体参与力度不均衡

构建“共建共治共享”的乡村社会治理新格局，需要乡村社会多元主体共同参与，充分发挥基层党委政府、村支两委、农村经济社会组织以及村民等各类主体在乡村治理中的功能和作用。但从乡村社会治理的现实来看，各类主体的作用发挥还很不均衡。受“乡政村治”模式的影响，我国乡村社会治理一个普遍的现象是作为自治主体的村民委员会作用发挥不够，某种程度上是上级党委、政府任务的执行者，客观上被赋予了一定的行政权力，而逐渐偏离自治的初衷。同时，乡村社会经济合作组织、文化娱乐组织、红白理事会等社会组织发挥作用不够，乡村社会组织的数量和质量都需要大幅度提升。此外，作为乡村治理的主要参与者和受益者，村民在乡村治理中理应发挥主体作用。但不可忽视的事实是，由于乡村社会资源条件限制，以及城市巨大的“虹吸效应”，这些年大量高素质村民向城市流动，使得乡村治理主体严重缺位，极大影响和制约了乡村治理的成效。

（三）乡村数字治理潜力有待开发

大数据技术的迅猛发展给乡村治理带来了难得的机遇，大数据资源与大数据思维逐步嵌入乡村社会治理，有力地推动了乡村治理效能不断提升，全国涌现了一大批大数据赋能乡村治理现代化的典型案例，比如：广州市从化区“仁里集”大数据平台覆盖全区近百个村庄；福州市长乐区百户村致力于打造数字应用场景，开发了“智慧百户”治理模式；浙江省德清县依托大数据和地理信息技术搭建“乡村治理数字化平台”等。但乡村信息基础设施相对比较落后、数据壁垒与信息孤岛客观存在、信息安全隐忧和个人隐私泄露以及传统观念与现代治理思维之间的差异等原因，导致乡村数字治理还存在诸多挑战和阻力。

（四）农村乡风文明建设任重道远

随着城市化进程的快速推进，现代城市生活方式不断进入乡村并影响着农村的现代化进程，从某种意义上说对乡村经济社会发展起到了积极作用。但是我们也应该看到，在这个城市化的过程中，乡村社会传统的互帮互助、尊老爱幼、善良淳朴等优良习俗没有很好地传承下来；相反，利益至上、物质主义等导致的自私冷漠、逐利趋利等不良风气却悄然兴起，道德滑坡现象比较严重，影响了乡村社会治理的凝聚力和向心力。以农村的红白喜事为例，一些农村地区的彩礼、嫁妆以及婚宴的攀比之风依然盛行，大大加重了农民群众的负担；一些农村地区厚葬薄养，葬礼互相攀比，出现娱乐守灵、庸俗低俗现象甚至大搞封建迷信，严重影响了乡风文明建设和社会风气好转。

（五）乡村基本公共服务水平仍待提高

农村道路交通、污水垃圾处理、水电气网通达等方面与城市相比都有较大差距，城乡公共服务水平差距更为明显。虽然大部分乡镇建立了便民服务中心，有的地方便民服务中心甚至延伸到了村庄，但普遍存在覆盖面不够广、功能不健全、数字化水平不高等不足，乡村公共服务“最后一公里”需要畅通。同时，乡镇服务能力较弱，区域服务中心功能未充分发挥，乡村医疗卫生、教育、养老等公共服务供给依然不能满足农村经济社会发展和村民的需求，城乡基本公共服务一体化建设任重道远。以农村养老服务为例，农村社区服务短缺，一些农村地区留守老人因为子女不在身边，满足基本生活需求往往靠自力更生。

三　2022年乡村社会治理展望

乡村社会治理是一个长期复杂的系统工程，不可能一蹴而就，需要我们持续用力、久久为功。

（一）继续做好脱贫攻坚与乡村振兴有效衔接

脱贫攻坚历史任务已经全部完成，全面建成小康社会也已如期实现，我国正处于巩固拓展脱贫攻坚成果与全面实施乡村振兴统筹衔接的历史交汇期。脱贫攻坚和乡村振兴都是我国近年来针对农村现实情况和解决城乡发展不平衡问题而作出的重要战略部署，二者在理论逻辑上具有内在一致性，在历史逻辑上具有时间相继性，在实践逻辑上具有协同耦合性。脱贫攻坚任务完成后，要以消除绝对贫困为新起点，集中精力转向全面推进乡村振兴战略，要以脱贫攻坚的办法和力度推进乡村振兴，要以乡村振兴的措施巩固脱贫攻坚成果，要像抓精准扶贫、精准脱贫那样全面推行乡村振兴战略，特别是要把脱贫攻坚中形成的一系列行之有效的好的工作机制和工作方法继续沿用，以保证乡村振兴战略的顺利全面实施。

（二）持续完善农村党组织领导下的乡村治理体系

在新时代全面实施乡村振兴的背景下推进乡村治理现代化建设，必须构建坚持党组织领导的“自治、法治、德治”相结合的乡村治理体系。一方面，要把党的领导贯穿于乡村治理的全过程。在农村坚持党的领导，主要就是加强村级党组织对乡村治理的引领。要充分发挥村级党组织的战斗堡垒作用，提升村级组织的凝聚力和感召力，加强村级党组织对村民自治组织、村务监督组织、农村集体经济组织和农民合作组织等的指导和引领；同时要发挥党员在乡村治理中的先锋模范作用，做到一个党员就是一面旗帜，通过党员密切党群关系、干群关系。另一方面，要继续探索“三治融合”的乡村治理新模式。自治、法治和德治在乡村治理中各自发挥着不同的作用，各自有其优势和特点。从已经公布的三批全国乡村治理典型案例的情况来看，能将自治、法治和德治三者有机结合起来达到良好治理效果的案例不多。下一步要以推行清单制、积分制等创新方法为契机，在农村人居环境整治、乡风文明建设和平安乡村建设等乡村治理活动中，深入探索“三治”有机结合和整体融合的创新模式，不断推动乡村治理走细走实，切实增强乡村治理效能。

（三）大力推广清单制等创新方法，规范乡村治理行为

近几年来，为规范村级权力运行、减轻基层组织负担、更好地为民服务，一些地方将“清单制”运用于乡村治理中，将基层管理服务事项和村民关心的事务细化为清单，对提高乡村治理效率、保障农民权益以及密切干群关系产生了积极作用。2021 年 9 月，农业农村部和国家乡村振兴局已经

联合下发在乡村治理中推广运用清单制的通知，要求各地在总结经验做法的基础上，因地制宜、因时制宜有序推进清单制工作。为此，首先各地要高度重视推广清单制工作，尤其是基层党委、政府要加强对清单制工作的领导和指导，切实保证清单制工作的实施效果；其次，各地要坚持问题导向，因地制宜编制符合本地实际情况的小微权力清单、村级事务清单和公共服务清单，并做到动态调整，保证清单制工作不流于形式；再次，要通过编制清单事项流程图，推动清单规范运行，让乡村干部按流程办事，也让老百姓心中有数；最后，要建立健全清单制工作的监督评价机制，特别是要发挥村民在清单运行效果评价中的重要作用。

（四）通过数字乡村建设带动大数据赋能乡村治理

伴随现代信息和网络技术的快速发展，数字乡村成为数字中国建设的重要内容，也是农业农村现代化的必然选择。为此，2019 年 5 月中共中央办公厅、国务院办公厅专门印发了《数字乡村发展战略纲要》，明确要求加快推进数字乡村建设，缩小城乡“数字鸿沟”；接着农业农村部和中央网络办联合印发了《数字农业农村发展规划（2019—2025 年）》，描绘了数字农业农村建设的发展蓝图。过去的两年时间里，数字乡村建设取得了初步进展，在创新乡村治理方式方法方面发挥了重要作用。2022 年 1 月，国务院印发的《“十四五”数字经济发展规划》强调要加快我国城市智能设施逐步向乡村地区延伸覆盖，以便形成以城带乡的数字城乡融合发展格局。下一步要加大乡村数字建设的力度和强度，不仅以数字化推动农业生产经营精确化，还要带动大数据赋能乡村治理。首先，要进一步加强农村信息技术基础设施建设，推动农村千兆光网、5G、移动物联网与城市同步规划建设，夯实大数据赋能乡村治理的基础。其次，要推动“互联网+”政务服务向农村基层延伸，加大农村智慧社区建设力度，从而提升乡村服务的智能化、精准化水平，让人民群众共享数字经济发展红利。最后，要在上述基础上构建城乡一体化大数据治理平台，打破数据壁垒、实现数据融合共享，充分发挥大数据在乡村党务政务财务公开、平安乡村建设等方面的重要作用。

（五）促进县域城乡融合发展、提升农村基本公共服务水平

“郡县治，天下安”。县作为联系城市和农村的纽带与中间节点，在城乡融合中发挥着先头部队的作用。但我国地域辽阔，东中西部经济社会发展水平差异较大，统一标准以推进城乡融合发展不太现实。因此，可以把县域作为城乡融合发展的切入点，在县域内加强统筹谋划和顶层设计，强化县域综合服务能力，在县域内推动城乡一体化建设，从而提升农村基本公共服务水平。首先，要进一步推进城乡基础设施建设，特别是要提升农村供水供电、交通物流、通信网络、污水垃圾处理等基础设施建设水平，推动县域内城乡基础设施建设一体化。其次，要进一步推动县域城乡基本公共服务均等化，尤其要加快推进义务教育、医疗卫生、住房安全、养老保障、公共文化等基本公共服务体系建设，尽量做到县域内城乡同规同标，逐步提高农村居民生活质量。再次，要加强县域内中心镇建设，将乡镇打造成基层治理中心和便民服务中心。一方面，要在县域内选取一批中心镇进行重点建设，以便聚集公共教育、医疗卫生、住房和养老保障；另一方面，要以乡镇为单位加快综合服务中心建设，满足当地群众基本公共服务需求；同时强化乡镇市场监管、安全生产、应急管理、人居环境整治、乡风文明建设等职能，不断提高统筹村级治理的能力。最后，可以在县域范围内统筹协调实施乡村建设行动，因地制宜分类推进厕所革命、农村人居环境整治提升和移风易俗改造等。

（六）不断激发农民参与乡村治理的内生动能

农民是乡村的主人，在乡村治理实践中，农民不仅是受益者，更是重要的参与者和监督者。从这个意义上说，农民是乡村治理多元主体中最基本、最重要的主体，为此在乡村治理中必须突出农民的主体地位，不断调动农民参与乡村治理的主动性和积极性。首先，要通过宣传发动，特别是要通过党员干部示范带动、先进典型榜样激励等方式，让农民群众主动自觉参与人居环境整治、乡风文明建设等乡村治理实践，不断培育和提升他们的主人翁意

识和责任感，避免出现一些地方在人居环境整治等治理活动中“干部干、群众看”的现象。其次，要强化制度安排，让农民群众通过村民自治来实现民主协商、民主管理和民主监督，运用村规民约等方式来实现“共建共治共享”。最后，还要加强对村民的教育培训，不断提升农民参与乡村治理的能力和水平。不仅要通过培训造就一支有文化、懂技术、善经营、会管理的新型职业农民队伍，培养一批乡村能工巧匠、农民企业家、农村创业人才，还要通过乡村治理实践不断培育农民的自治意识、法治精神和参与能力，更好地发挥农民在乡村治理中的主体地位和主导作用。

参考文献

雷国珍：《21 世纪以来中国农村治理结构改革研究》，人民出版社，2020。

丁波：《数字治理：数字乡村下村庄治理新模式》，《西北农林科技大学学报》（社会科学版）2022 年第 2 期。

贺雪峰：《村级治理的变迁、困境与出路》，《思想战线》2020 年第 4 期。

李辉：《迈向党委统领的乡村善治：中国乡村治理范式的新飞跃》，《探索》2021 年第 5 期。

李梅：《新时期乡村治理困境与村级治理“行政化”》，《学术界》2021 年第 2 期。

毛一敬：《构建乡村治理共同体：村级治理的优化路径》，《华中科技大学学报》（社会科学版）2021 年第 4 期。

B.6
2021年中国数字社会发展现状与未来展望

姬凌岩*

摘　要： 作为“十四五”开局之年，根据《国民经济和社会发展第十四个五年规划和2035年远景目标纲要》部署，2021年我国开启了“数字中国”建设新征程。一年来，我国着力优化升级信息化基础设施，构建体系完备、灵活友善的数字化应用环境，创建风清气朗的数字生态空间，持续完善配套法规、标准、规范，推进数字社会科学健康可持续发展。与此同时，始终坚持以民为本，突破“卡脖子”技术，提升数字社会治理法制化水平，是今后我国数字社会建设的核心内容与主要挑战。

关键词： 新型基础设施　网络生态　信息安全　大数据　依法治网

一　2021年中国数字社会发展现状

2021年，我国进一步推进信息技术与生产生活深度融合，持续升级新型基础设施，不断完善数字化应用环境，加大数字社会建设、治理与规范力度，积极参与全球数字治理。

（一）信息化基础设施持续优化升级

2021年，我国加大力度开展信息化基础设施建设。特别是我国乡村及

* 姬凌岩，中共中央党校（国家行政学院）信息技术部调研员。

偏远地区互联网覆盖水平显著提升。第49次《中国互联网络发展状况统计报告》显示，截至2021年12月底，我国现有行政村已全面实现“村村通宽带”，偏远落后地区通信难等问题得到历史性解决。2021年3月，工业和信息化部印发《“双千兆”网络协同发展行动计划（2021~2023年）》，大力推进以5G和千兆光网为代表的“双千兆”网络建设。工业和信息化部《2021年通信业统计公报》数据显示，2021年我国新建5G基站约65万个，全国累计有5G基站142.5万个，约占通信基站总数的14.3%。目前，我国已经拥有全球规模最大、技术最先进的5G独立组网网络，全球70%以上的5G基站分布在我国，我国100%的地级市城区、超97%的县城城区、约40%的乡镇镇区实现了5G网络覆盖。截至2021年11月，我国支持千兆接入的10G-PON端口达到720.7万个，千兆用户规模比2020年底净增2816万户，达到3456万户[①]，北京、天津、上海等15个省（区、市）的29个城市，名列全国首批“千兆城市”名单。

2021年7月，中央网络安全和信息化委员会办公室、国家发展和改革委员会、工业和信息化部联合印发《关于加快推进互联网协议第六版（IPv6）规模部署和应用工作的通知》，并先后召开深入推进IPv6规模部署和应用统筹协调机制会议、深入推进IPv6规模部署和应用贯彻落实会议，加大力度推进IPv6部署应用工作。第49次《中国互联网络发展状况统计报告》数据显示，截至2021年12月，IPv6地址数量为63052块/32，较2020年12月增长9.4%。IPv6活跃用户数达6.08亿个。

（二）数字社会应用环境进一步完善

随着信息化基础设施的不断优化升级，快速的光纤网络、便捷的移动通信网络、物美价廉的手机及pad等终端，丰富简便的各类应用、不断扩大的网民规模，为数字社会发展创造了良好的环境和基础。第49次《中国互联

---

① 《首届“千兆城市”高峰论坛成功举办》，https：//www.miit.gov.cn/jgsj/txs/gzdt/art/2021/art_ 1cf2d8a2d67b45bd90b3761f06fadec3.html，最后检索时间：2022年2月20日。

网络发展状况统计报告》数据显示，截至2021年12月，我国网民达10.32亿人，较2020年12月增长4296万人，互联网普及率达73.0%，较2020年12月提升2.6个百分点；农村网民占比27.6%，城镇网民占比72.4%；网民使用手机上网的比例达99.7%，使用台式电脑、笔记本电脑、电视、平板电脑上网的比例分别为35.0%、33.0%、28.1%和27.4%；即时通信、网络视频、网络支付、网络购物、网络新闻等生活娱乐消费类应用用户规模较大，依次占网民总量的97.5%、94.5%、87.6%、81.6%、74.7%；网上外卖、在线办公类应用用户规模保持较快增长，较2020年12月分别增长1.25亿个和1.23亿个。

同时，我国大力推进融合型基础设施建设，为数字社会持续发展打造技术支撑环境。2021年9月，工业和信息化部、中央网络安全和信息化委员会办公室、科学技术部、生态环境部等八部门联合印发《物联网新型基础设施建设三年行动计划（2021—2023年）》，计划于2023年底在主要城市初步建成物联网新型基础设施，为社会治理现代化、产业数字化转型和民生消费升级奠定基础。2021年7月，工业和信息化部印发《新型数据中心发展三年行动计划（2021-2023年）》，通过优化数据中心布局、提升网络质量、赋能算力提升等专项行动，为经济社会数字转型、智能升级、融合创新提供强劲支撑。2021年7月，工业和信息化部、中央网络安全和信息化委员会办公室、国家发展和改革委员会等十部门联合印发《5G应用“扬帆”行动计划（2021-2023年）》，促进5G通信技术与工业、交通、能源、农业、水利等行业深度融合。

（三）数字社会治理水平进一步提升

2021年，我国进一步强化依法治网，加强配套法律法规建设、加大相关执法力度。6月，十三届全国人大常委会第二十九次会议通过的数据领域基础性法律《中华人民共和国数据安全法》旨在保护国家和个人数据安全，保障数字社会经济健康发展。7月，国务院发布的《关键信息基础设施安全保护条例》（国务院令第745号）旨在保障我国关键信息基础设施安全，维护国家网络安全。8 月，第十三届全国人民代表大会常务委员会第三十次会议通过的《中华人民共和国个人信息保护法》旨在依法保护公民信息权益，明确信息处理者义务及主管机关职权范围。

2021 年 1 月，为适应公众账号信息服务专业化、组织化、商业化等趋势，国家互联网信息办公室发布施行修订后的《互联网用户公众账号信息服务管理规定》，依法加强对互联网用户公众账号的监管。4 月，为规范网络市场秩序，强化网络直播营销管理，维护国家安全、公共利益和人民群众合法权益，促进新型行业健康有序发展，国家互联网信息办公室、公安部、商务部等七部门联合印发《网络直播营销管理办法（试行）》。9 月，中共中央办公厅、国务院办公厅印发《关于加强网络文明建设的意见》，加强网络空间思想引领、文化培育、道德建设、行为规范、生态治理、文明创建。同月，国家互联网信息办公室发布《关于进一步压实网站平台信息内容管理主体责任的意见》，强化网络信息平台管理主体责任，规范网络信息平台管理。同时，国家互联网信息办公室着手加强互联网用户账号名称信息规范管理，于 10 月就《互联网用户账号名称信息管理规定（征求意见稿）》面向社会公开征求意见。

2021 年，我国加大力度开展数字社会领域治理执法。全年，国家互联网信息办公室部署、各级网信办组织开展了“清朗 · 春节网络环境”专项行动、“清朗 · ‘饭圈’乱象整治”专项行动、“清朗 · 暑期未成年人网络环境整治”专项行动、“清朗 · 商业网站平台和‘自媒体’违规采编发布财经类信息”专项整治、“清朗 · 移动应用程序 PUSH 弹窗突出问题”专项整治、“清朗 · 互联网用户账号运营乱象”专项整治、“清朗 · 打击流量造假、黑公关、网络水军”专项整治等一系列“清朗”行动，对网络历史虚无主义、文娱乱象、污化未成年人网络环境、不当不负责言论、帐号管理问题等污秽网络生态、损害人民利益的行为和现象进行了针对性强、力度大、范围广的综合性治理。

（四）配套技术标准规范更加完备

2021 年，随着数字社会进一步发展，我国持续加大力度制定与数字社会建设发展相关的信息技术与应用领域软硬件国家标准。全年，国家市场监管总局（国家标准化管理委员会）批准公布信息技术及相关技术应用领域国家标准 170 余项，包括《信息安全技术　安全处理器技术要求》（GB/T 40653-2021）、《信息技术　工业云服务　计量指标》（GB/T 40207-2021）、《信息技术服务　数据资产　管理要求》（GB/T 40685-2021）等 40 余项信息技术专业类标准，《北斗地基增强系统基准站入网技术要求》（GB/T 39721-2021）、《光纤试验方法规范　第 41 部分：传输特性的测量方法和试验程序　带宽》（GB/T 15972. 41-2021）等 20 余项基础设施类标准，《电子商务数据交易　第 1 部分：准则应用技术类标准》（GB/T 40094. 1-2021）、《工业通信网络　网络和系统安全　术语、概念和模型》（GB/T 40218-2021）、《公众电信网　智能家居应用测试方法》（GB/T 40657-2021）、《基于云计算的电子政务公共平台服务规范　第 1 部分：服务分类与编码》（GB/T 34079. 1-2021）等 100 余项具体应用领域相关标准。其中，《数据中心能效限定值及能效等级》（GB 40879-2021）、《网络关键设备安全通用要求》（GB 40050-2021）两项标准为强制性国家标准；30 余项标准聚焦数字社会发展中的设备底层技术、设备间通信安全、数据安全、隐私保护等信息应用安全问题。

作为国家基础性、引领性制度之一，标准为社会经济发展提供了重要支撑。为统筹推进国家标准建设，2021 年 10 月，中共中央、国务院印发《国家标准化发展纲要》。纲要明确要求，开展人工智能领域标准化研究，制定新一代信息技术、大数据、区块链相关标准，加快完善符合食品、医疗、应急、交通、水利、能源、金融等领域智慧化转型需求的相关标准，实施新型基础设施标准化专项行动，加快推进信息基础设施系列标准研制，推进融合基础设施标准研制，建立工业互联网标准，制定创新基础设施标准，加快智慧农业标准研制，加强数字乡村标准化建设，健全智慧城市标准，完善网络安全和能力建设标准体系，加快融媒体、网络传播等标准化建设。

（五）积极推进全球网络空间命运共同体建设

当前，数字经济逐渐成全球经济社会转型发展的重要选择，成为全球经济增长的新动能。世界各国都在加速推进以5G、人工智能、物联网、工业互联网、卫星互联网为代表的新型基础设施建设。2021年，我国积极参与全球数字经济发展，继续推进全球网络空间命运共同体建设，开展网络安全保障等领域的全球性合作。习近平同志先后在第二届联合国全球可持续交通大会、第十七届中国-东盟博览会和中国-东盟商务与投资峰会、博鳌亚洲论坛2021年年会、亚太经合组织领导人非正式会议、金砖国家领导人第十三次会晤、上海合作组织成员国元首理事会第二十一次会议、第七十六届联合国大会一般性辩论、二十国集团领导人第十六次峰会、亚太经合组织工商领导人峰会、中国-东盟建立对话关系30周年纪念峰会、中非合作论坛第八届部长级会议等十余个国际会议中发表重要讲话，积极推进数字伙伴关系建立，继续打造、拓展、加强数字经济领域务实合作，倡议开展数字治理对话，深化数字技术创新应用。

2021年，我国申请加入《数字经济伙伴关系协定》，参与制定高标准数字经贸规则；推进援非“万村通”乌干达项目，实现了900个村落卫星数字电视信号接入；截至2021年12月，我国已与五大洲22个国家建立“丝路电商”双边合作机制。中国移动参与建设的2Africa海缆项目加速推进，腾讯、阿里巴巴等多家海外云计算中心投入运转，提供全球云端服务，助力共建国家数字化智能化转型。[①] 在智慧城市、5G、人工智能、电子商务、大数据、区块链、远程医疗等诸多领域，我国与亚太国家携手合作，建设中国—东盟信息港，打造数字丝绸之路。

二 中国数字社会建设发展面临的挑战

数字社会建设进程不断加快，不仅为我国经济社会创造了新的发展机遇，成为我国经济发展的新型驱动力量，为人民生活带来了智慧化便利，也为经济社会带来了诸多挑战。如何确保数字社会安全发展、推进大数据科学

---

① 《高质量共建“一带一路”成绩斐然》，《人民日报》2022年1月25日，第14版。

建设应用、提升信息化基础设施建设水平，确保数字社会生态健康，是未来我国数字社会建设中面临的主要挑战。

（一）安全是数字社会面临的首要挑战

随着多种信息化手段越来越多地融入社会经济生产生活诸多领域之中，信息技术在方便生产生活的同时，也挑战着数字社会的安全底线。2021 年，中央广播电视总台“3·15”晚会曝光了人脸数据滥用、个人简历泄露、老年人手机安全陷阱等关乎隐私的安全问题。在最高人民法院与中央广播电视总台联合举办的“新时代推动法治进程 2021 年度十大案件”活动中，“人脸识别第一案”赫然在列。2021 年 1 月，广西某法院审理了一起利用人体生物特征进行的盗窃案。虽然后续专家分析这种情况发生的概率较低，但仍为大众敲响了数字社会下增强自我防护的警钟。同时，恶意搜集、泄露、倒卖银行、医院、淘宝等个人信息案件依旧时有发生。此外，遍布各个领域的各类软件漏洞，不仅为软件系统自身带来不稳定性和安全隐患，同时也为运行这些系统的各类企事业单位机构、国家关键基础设施带来诸多安全挑战。

（二）数据共建共享水平需要进一步提升

近年来，我国大力推进数据信息共建共享，特别是 2020 年新冠肺炎疫情突发之后，在疫情防控需要的助推下，我国大数据共享应用水平迅猛提升。复旦大学发布的《2021 年度中国地方政府数据开放报告》显示，截至 2021 年 10 月，我国已有 193 个省级和城市的地方政府上线了数据开放平台，其中省级平台 20 个（含省和自治区，不包括直辖市和港澳台），占全国省级区域（不含直辖市）的 71.4%；城市平台 173 个（含直辖市、副省级与地级行政区），占全国城市区域的 51.3%。[①] 然而由于顶层规划力度不足，标准建设、评价依据、监管力度尚落后于大数据实际建设速度，因此大

① 《2021 年度中国地方政府数据开放报告》，http://www.cbdio.com/BigData/2022-01/25/content_6167686.htm，最后检索时间：2022 年 2 月 20 日。

数据共建共享过程中存在数据建设标准不统一，平台间数据接口不友好，数据共享不到位、不充分、不准确、不及时，数据共享机制不完善，以及过度收集等诸多问题。

在新型冠状病毒疫情防控期间，由于数据共享不充分不及时、共享机制不完善等带来的问题，给部分群众正常工作生活造成了一定程度不便。2021年11月《北京日报》记者曾报道，部分北京健康宝用户留言反馈本人虽然已完成核酸检测且结果为阴性，但北京健康宝却并没有显示绿码，相关部门反馈之所以出现这种现象可能是因为核酸检测结果未能及时上报国家或北京市核酸检测平台。[①] 除此之外，数据共享不到位也会为群众日常办事带来不便。据媒体报道，某女士在老家处理已故母亲遗产时，由于无法提供其外公外婆已经去世的证明，也无法按"简易程序"提供与外公外婆墓碑合影的照片，只得遗憾离开。

（三）新型基础设施建设水平需要适应社会发展需求

新型基础设施是数字社会建设发展的信息化基石，科学有效推进新型基础设施建设，既有助于推进社会经济转向高质量发展，也可以更好地满足人民群众对美好生活的殷切向往。近年来，我国以信息基础设施建设为抓手，着力推进新型基础设施建设，在光纤网络、5G等通信设施建设上取得了较大进展，并开始逐步推进人工智能、云计算、数据中心等相关设施建设，同时以信息基础设施为基础，开展融合基础设施和创新基础设施建设。虽然目前我国已经基本实现城乡网络通信全覆盖，拥有了全球规模第一的5G网络，新型基础设施整体已初具规模，但是我国新型基础设施整体建设发展还存在重速度轻质量、城乡发展不均衡、区域发展不平衡、抗灾容灾能力亟须进一步提升等问题。

2021年7月17~23日，河南省郑州市等地区遭遇历史罕见特大暴雨，

① 《核酸阴性却不能获得绿码进京原因：可能因为检测结果未能及时上传》，https：//news. sina. cn/kx/2021-11-02/detail-iktzscyy3229912. d. html，最后检索时间：2022年2月20日。

发生严重洪涝灾害，造成郑州市等地区信息基础设施失效，为灾后救援带来了难度，给人民生活造成了不便，严重影响了城市公共服务供给。工业和信息化部有关信息显示，截至7月23日8时，河南全省累计因灾退服基站6.19万个，占省内基站总数的13.6%；郑州市累计因灾退服基站3.52万个，占市内基站总数的44.6%；全省受损光缆3359条，共3500公里；郑州市受损光缆566条，共1223公里；因灾影响全省固定网用户32.6万户、移动网用户97.7万户，郑州市固定网用户14.3万户、移动网用户38.2万户。①

2021年12月20日早，在西安市新冠肺炎疫情防控的关键时刻，上班出行的市民发现西安市"一码通"突然无法正常访问，造成市民无法按照疫情防控要求亮码、出示核酸证明，这给市民的工作出行乃至核酸检测等防疫工作带来了极大不便。直到12月21日，"一码通"系统才恢复正常。②

（四）数字社会网络生态治理需要持续加强

网络空间是亿万民众的共同家园，网络空间不是法外之地，为了给人民创建风清气正、生态良好、符合人民利益的网络空间，党的十八大以来我国连续围绕网络空间建设开展了一系列清朗行动。2021年，我国进一步加大了清朗行动力度，切实从人民群众反映较多、对生产生活社会正常秩序产生较大影响的热点痛点入手，取得明显治理成效。2021年，全国网信系统依法约谈网站平台5654家，警告4445家，罚款处罚401家，暂停功能或更新3008家，下架移动应用程序1007款，会同电信主管部门取消网站许可或备案、关闭违法网站17456家，移送相关案件线索4728件。③ 全国公安机关共侦办涉网违法犯罪案件6.2万余起，同比增长10.7%，抓获犯罪嫌疑人

---

① 《河南省、郑州市退服基站恢复均超七成！工业和信息化部组织信息通信业全力保障河南抗汛救灾》，https：//www.miit.gov.cn/xwdt/gxdt/sjdt/art/2021/art_ 19be7c2ea024409ab2214c6a10193332.html，最后检索时间：2022年2月20日。

② 《西安市大数据局："一码通"已逐步恢复使用》，《西安日报》2021年12月21日第2版。

③ 《2021年全国网络执法取得显著成效》，http：//www.cac.gov.cn/2022－01/27/c_1644887128880847.htm，最后检索时间：2022年2月20日。

10.3万余名，同比增长28.7%，行政处罚违法互联网企业、单位2.7万余家[①]。然而，信息化应用模式不断推陈出新，信息传播形式愈加多样，网民规模不断扩大，给网络空间治理带来了新的挑战，博眼球赚流量、散播虚假信息等现象依然突出。

例如，2021年12月，在西安防疫形势严峻之时，个别网民蹭热点赚流量，违规发布“西安封城”相关信息，断章取义散发西安停电谣言，编造发布出现确诊病例等不实信息，严重扰乱了正常的疫情防控秩序，造成了不必要的社会恐慌。[②] 同时，随着数字经济的发展，网络空间也成为不法经济行为的滋生地。12月，浙江省杭州市税务部门调查公布，网络主播黄薇（网名：薇娅）在2019~2020年，通过隐匿个人收入、虚构业务转换收入性质、虚假申报等方式偷逃税款6.43亿元，依法决定对黄薇追缴税款、加收滞纳金并处罚款，共计13.41亿元。[③]

三　中国数字社会建设发展趋势

数字社会建设是我国“十四五”时期的重要任务，需要从人民根本利益出发统筹规划，以技术国产化为发展根基，依法依规治理，推进社会数字化建设。

（一）始终坚持以民为本建设数字社会

人民就是江山，江山就是人民。[④] 党的十八大以来，以习近平同志为核心的党中央，始终坚持以人民为中心的发展思想，始终把人民对美好

---

① 《公安部：去年10万余人涉网络违法犯罪被抓》，https://m.gmw.cn/baijia/2022-01/14/1302763606.html，最后检索时间：2022年2月20日。

② 《西安市网信办查处多起网络违法违规行为》，http://news.cctv.com/2021/12/24/ARTIazBDsHKZFd6cE15Dv190211224.shtml，最后检索时间：2022年2月20日。

③ 《浙江省杭州市税务部门依法对黄薇偷逃税案件进行处理》，http://zhejiang.chinatax.gov.cn/art/2021/12/20/art_11930_529583.html，最后检索时间：2022年2月20日。

④ 习近平：《在党史学习教育动员大会上的讲话》，《求是》2021年第7期。

生活的向往作为奋斗目标，不断增强人民的获得感、幸福感、安全感，不断推进全体人民共同富裕。随着信息技术不断向社会生产生活领域深度渗透，我国坚持以民为本，强化网络安全与信息化领域治理，习近平总书记强调，网信事业要发展必须贯彻以人民为中心的发展思想，把增进人民福祉作为信息化发展的出发点和落脚点，让人民群众在信息化发展中有更多获得感、幸福感、安全感；[①] 国家网络安全工作要坚持网络安全为人民，网络安全靠人民，保障个人信息安全，维护公民在网络空间的合法权益。[②]

在信息技术发展的推动下，互联网、移动互联网、物联网、云计算、大数据、人工智能等新型信息技术，与社会生产生活深度融合已成为我国经济社会发展的必然趋势，加快数字化发展，建设数字中国，成为“十四五”期间我国重要发展方向，被列入我国《国民经济和社会发展第十四个五年规划和 2035 年远景目标纲要》。作为人类社会发展的一个阶段、一种形式、一种必然趋势，数字社会发展建设，必须始终坚持“以人为本”的根本原则，从人民的根本利益出发，为实现人民对美好生活的共同向往，充分挖掘利用信息技术促进人类社会健康发展的优势，积极发挥政府、企业单位、社会群体的多重积极性，统筹规划，合理布局，科学推进我国社会经济、生产生活、治理模式等领域数字化变革。

（二）提升信息化欠发达区域数字化建设水平

近年来，我国全方位提升社会数字化建设水平，最大可能释放数字化建设为社会经济发展带来的优势效应，助力经济社会高质量发展，更好地为人民提供便捷优质的社会服务。但是，由于信息化基础不同，数字化建设起步时间不同，数字化应用理念存在差异，我国数字化建设区域不均衡依旧存

① 《习近平出席全国网络安全和信息化工作会议并发表重要讲话》，http：//www. gov. cn/xinwen/2018-04/21/content_ 5284783. htm，最后检索时间：2022 年 2 月 22 日。

② 《习近平对国家网络安全宣传周作出重要指示》，http：//www. gov. cn/xinwen/2019-09/16/content_ 5430185. htm，最后检索时间：2022 年 2 月 22 日。

在。2021 年，第四届数字中国建设峰会发布的《数字中国建设发展报告（2020 年）》显示，从信息服务应用、信息基础设施、发展环境等指标综合评价，我国信息化发展水平名列前十的省（市）为北京、浙江、上海、广东、江苏、天津、山东、湖北、四川、福建，其中绝大多数为我国东部经济较发达省市。同时，我国广袤的乡村地区自然环境差异大，经济发展模式、水平不同，乡村群众数字化素养不一，因而在新型基础设施建设水平、网络通信质量、信息化推广应用程度、数字化产业融合深度等方面也存在显著差异。

今后，我国数字社会建设需要重点缩小现已存在的区域性数字差距，使数字社会建设成果普惠城乡居民，“让亿万人民在共享互联网发展成果上有更多获得感”。有关部门、各级政府、企业单位、社会团体需协同并进，在实施数字中国建设战略的同时，一方面，着重落实《数字乡村发展战略纲要》，把乡村建设摆在社会主义现代化建设的重要位置，加快推进数字乡村建设，充分发挥数字乡村试点建设示范作用，因地制宜，探索出符合区域特点的乡村数字化建设发展路径，提升乡村综合信息服务、信息普惠服务、管理服务等数字化水平，为巩固脱贫攻坚成果、全面推进乡村振兴提供强有力的信息化支撑。另一方面，持续加大力度提升信息化欠发达城市智慧城市建设水平，吸收借鉴已有优秀城市数字化建设模式，强化新型基础设施建设，推进大数据、人工智能、物联网等新一代信息化技术与本城市经济发展、产业升级、服务提升深度融合，以智慧城市建设为契机，优化城市发展模式，提升城市发展水平。

（三）加强数字社会法治体系建设

依法治国是坚持和发展中国特色社会主义的本质要求和重要保障，依法治理同样也是我国数字社会健康、可持续发展的坚实保证。党的十八大以来，我国坚持依法治网，先后出台了《网络安全法》《数据安全法》《个人信息保护法》等一系列相关法律，制定了《关键信息基础设施安全保护条例》《互联网信息服务算法推荐管理规定》《互联网用户公众账号信息服务管理规定》《网络直播营销管理办法（试行）》等一系列法规，2020 年底中共中央印发的《法治社会建设实施纲要（2020-2025 年）》明确提出依法治理网络空间的具体部署。今后，随着数字社会的全面深入建设发展，大数据、人工智能、物联网、区块链等新型信息技术不断与我国社会生产生活深度融合，传统产业将进一步转型升级，新兴产业与新型业态将逐步涌现，城乡居民传统的生活工作模式将不断融入各类新型技术支撑，亟须完善配套法治体系，为数字社会提供更加安全、可靠、稳定的法治保障。

一方面，我国需要进一步完善数字社会法律法规体系。相关管理部门应根据社会现状与未来发展趋势，对现行法律法规进行立改废，以满足社会数字化发展要求，研究制定大数据、人工智能等新兴应用领域配套法律法规，进一步完善网络安全配套规定，推进配套知识产权法律法规制定。另一方面，我国各级政府有关部门应继续加大数字社会执法力度，加强部门间联合执法，依法严厉打击各类数字违法犯罪行为，维护各级关键信息基础设施安全，保障各类数据信息安全，清朗网络空间，确保正常的数字社会生产生活运行秩序。同时，我国有关部门、社会机构应大力组织开展相关普法宣传教育工作，充分发挥新媒体新技术优势，通过法律法规讲解、重点案例展示分析等方式，进行简明易懂、形式多样、寓教于乐的宣传教育活动，提升全民尊法学法守法用法意识。

（四）继续加强自主安全可控技术开发与推广使用

数字社会建设发展以各类新型信息技术为依托，要将各类软硬件技术融合应用到现实社会中，支撑相关领域数字化应用。计算机、服务器、网络设备、系统软件、应用软件、传感设备、存储设备等信息软硬件设备成为数字社会基本构成要素，也成为数字社会安全治理的关键对象。长期以来，我国信息化应用领域以引进技术、拿来应用为主，造成信息技术领域核心技术及标准缺失，国外软硬件产品充斥市场，随着信息技术与社会生产生活不断深度融合，非国产化技术成为影响我国经济运行、数据安全乃至人民生命安全、国家安全的重要风险点。党的十八大以来，我国高度重视信息技术应用领域软硬件设备国产可替代，2016 年 10 月，习近平同志在中共中央政治局第三十六次集体学习时明确要求，要“加快推进国产自主可控替代计划，构建安全可控的信息技术体系”，要“实施网络信息领域核心技术设备攻坚战略”。构建安全可控的信息技术体系，是我国数字社会建设发展需要长期面临的一项核心任务，也是我国数字社会建设发展中的一个关键突破领域。

目前，我国正在加大力度推进国家党政机关信息化系统全面国产替代工作，逐步提升金融领域信息化系统自主可控水平。今后，我国需要继续在社会发展关键领域强制推广自主安全可控信息化系统的应用，确保信息化项目软硬件采购符合国家安全可靠要求，并加大应用监管力度，推进信息化系统切实从基础硬件到应用软件全领域达到自主安全可控；积极调集企业、高校、科研机构等社会力量，攻关信息技术领域重点难点技术，聚焦突破芯片等信息技术领域“卡脖子”技术；遵循信息技术发展趋势，围绕社会生产生活发展需要，及时调整完善配套学科体系，着力培育符合数字社会建设发展需要的高层次、综合性、实用型人才。

（五）规范推进大数据建设

数字社会建设发展为社会生产生活带来的深层次、颠覆性变化，离不开海量、多样、优质、不断积累的大数据，数据要素已经成为数字社会生产生活基本要素之一，是国家战略性基础资源之一，加强数据要素的规范性建设，有助于科学推进我国数据资源的开发应用，释放信息化建设带来的数字红利，为数字社会奠定健康发展的坚实基础。2021 年 12 月，中央网络安全和信息化委员会印发的《“十四五”国家信息化规划》明确要求，“充分发挥数据作为新生产要素的关键作用，以数据资源开发利用、共享流通、全生命周期治理和安全保障为重点，建立完善数据要素资源体系，激发数据要素价值，提升数据要素赋能作用”①。今后，我国需进一步加强大数据建设顶

① 《“十四五”国家信息化规划》，http：//www. gov. cn/xinwen/2021-12/28/content_ 5664873. htm，最后检索时间：2022 年 2 月 22 日。

层设计与统筹规划，切实推进落实《全国一体化大数据中心协同创新体系算力枢纽实施方案》的要求，加大力度推动我国数据中心高质量建设，推进国家算力枢纽体系建设。有关部门牵头，会同有关社会团体、企业单位，共同制定相应领域数据收集、存储、加工、交换、应用、安全防护等技术标准与行业规范，提升数据质量与可共享性；同时积极探索政府部门、社会群体协同治理数据途径，确保数据可靠可信，切实提升数据安全防护管理水平，保障国家重要数据、企业经济数据、个人隐私数据安全。

B.7
2021年社会治理领域公众关注问题分析

胡建国　窦志伟*

摘　要： 基于百度指数对2021年社会治理领域公众关注问题的分析发现，受疫情和经济社会发展的影响，2021年公众对民生事业、社会事业、社会参与、基层治理、社会心态等领域的问题关注较2020年发生显著的变化，突出表现为在疫情防控取得阶段性成效后，公众信心快速恢复，对经济社会发展取得的成就给予肯定，这为疫情防控常态化下的经济社会持续发展夯实了基础。对此，进一步有针对性地加强相关举措，引导和强化公众良好的社会心态，对于有效实施“十四五”规划、促进经济社会持续快速发展有着积极的意义。

关键词： 社会问题　民生需求　社会治理　百度指数

一　研究背景、目的与方法

2021年，中国共产党迎来建党100周年，国民经济和社会发展第十四个五年规划开始实施，疫情防控进入常态化。从国际上看，世界形势依然复杂多变、波谲云诡，全球新冠肺炎疫情仍没得到完全有效控制。在党中央的

* 胡建国，北京工业大学文法学部教授，北京社会管理研究基地研究人员，主要研究方向为社会建设与社会治理；窦志伟，北京工业大学文法学部硕士研究生，主要研究方向为社会建设与社会治理。

坚强领导下，我国经济进一步摆脱疫情影响并快速恢复发展，国内生产总值达到114万亿元，同比增长8.1%；社会治理在疫情防控中不断完善和加强，既坚决控制疫情传播，又采取灵活防控措施以减少对人们生活、工作的影响。在此背景下，我们研究2021年度国内公众关注的社会治理领域问题，以此透视公众社会心态。社会心态是一段时间内公众的整体社会心境状态，是社会情绪基调、社会共识和社会价值取向的总和。社会心态通过社会流行、时尚、舆论和社会情绪等得以表现。社会心态与主流意识形态相互作用①，作用于公众的社会价值取向和行为方式，同时影响着国家经济政治和社会发展，良好的社会心态是社会发展与稳定的重要前提与基础。

在研究方法上，我们基于百度搜索指数展开探讨。百度搜索指数是以网民在百度的搜索量为数据基础，以关键词为统计对象，分析计算出各个关键词在百度网页中的搜索频次。搜索频次的高低本身反映公众对社会问题的关注度和社会心态的走向。因此，我们选取社会治理领域的重要社会问题作为关键词，通过分析公众对这些关键词的关注与搜索频率的变化，进而分析社会心态。在分析时间截取上，本文选取2021年1月1日至12月31日作为分析时间范围，同时选取2020年作为参照组进行比较分析。在具体操作上，本文梳理出5个领域共计10个问题的关键词（见表1），主要包括民生事业领域、社会事业领域、社会参与领域、基层治理领域和社会心态领域。

表1　公众社会治理领域问题关注

领域	2021年关键词
民生事业领域	共同富裕、房价、三孩政策
社会事业领域	“双减”政策、医保药品谈判
社会参与领域	志愿者
基层治理领域	健康码、疫苗
社会心态领域	内卷化、躺平

① 杨宜音：《个体与宏观社会的心理关系——社会心态概念的界定》，《社会学研究》2006年第4期。

二 公众对社会治理领域问题的关注状况

（一）民生事业领域

1. 共同富裕

2021 年，实现共同富裕被摆在更加重要的位置，引发社会的广泛关注。2021 年 6 月，《中共中央、国务院关于支持浙江高质量发展 建设共同富裕示范区的意见》提出要在浙江省建设共同富裕示范区；8 月，中央财经委员会第十次会议聚焦扎实推动共同富裕问题，习近平总书记在会上强调共同富裕是社会主义本质要求，是中国式现代化重要特征，要坚持以人民为中心的发展思想，在高质量发展中促进共同富裕。

根据百度指数关于"共同富裕"的搜索情况来看（见图 1），2021 年公众对"共同富裕"的搜索与关注率比 2020 年显著上升。2021 年公众对共同富裕的搜索与关注平均为 1764 次，而 2020 年仅为 384 次，同比增长 359%。随着我国进入发展的新阶段，社会主要矛盾已经转化为人民日益增长的美好生活需要和不平衡不充分的发展之间的矛盾。这一主要矛盾在收入分配领域突出表现为不同群体、不同部门、不同行业和不同地区之间的收入差距较大，由此引发的社会公平问题成为我国经济社会发展迈向新的阶段之后亟待解决的问题。在此背景下，共同富裕引发公众强烈的共鸣，反映出共同富裕是人民群众的共同愿望。正如习近平总书记所指出的那样，"共同富裕是社会主义的本质要求，是人民群众的共同期盼。我们推动经济社会发展，归根结底是要实现全体人民共同富裕。"①

2. 房价问题

住有所居是基本民生问题。近年来，在党和政府的努力下，除个别热点

① 习近平：《关于〈中共中央关于制定国民经济和社会发展第十四个五年规划和二〇三五年远景目标的建议〉的说明》，http://www.gov.cn/xinwen/2020-11/03/content_5556997.htm，最后检索时间：2022 年 5 月 15 日。

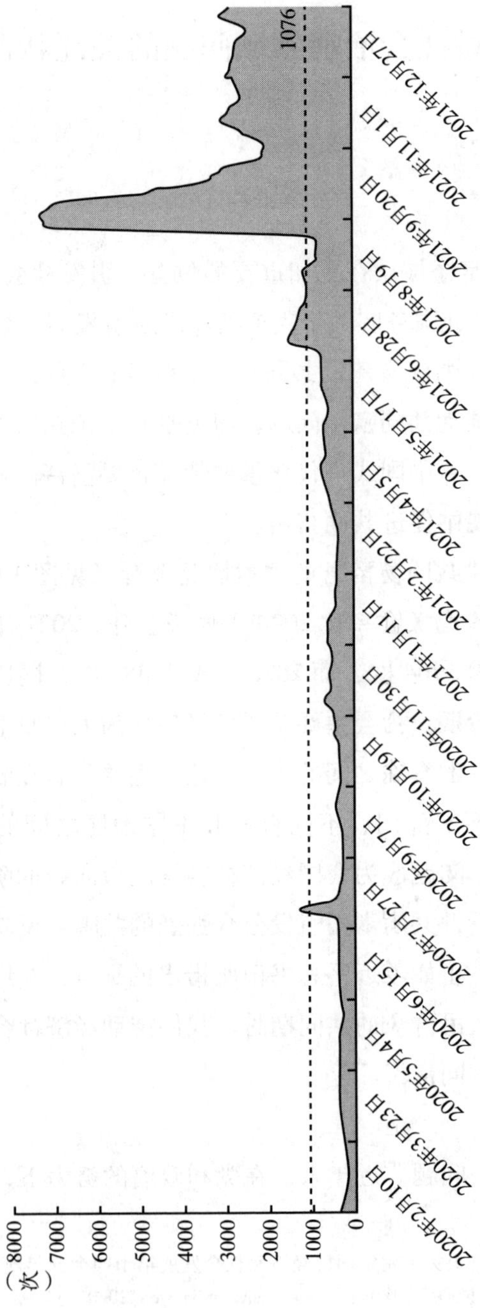

图1　2020~2021年公众对共同富裕的关注度

城市房价上涨较快之外，全国主要城市房价整体上保持稳定。但是，受各种因素的影响，2021 年房价出现一定程度的波动，引发了人们的关注。基于百度搜索指数的分析（见图 2），2021 年 2 月 1 日至 7 月 1 日期间出现一波公众搜索高峰，“房价”关键词搜索量密集上升，平均值为 5863 次，显著高于 2020 年的全年平均搜索量 2321 次。对此，2021 年 3 月，国务院总理李克强在全国人大代表会议上所做的《政府工作报告》中强调“坚持房子是用来住的、不是用来炒的定位，稳地价、稳房价、稳预期。解决好大城市住房突出问题，通过增加土地供应、安排专项资金、集中建设等办法，切实增加保障性租赁住房和共有产权住房供给，规范发展长租房市场，降低租赁住房税费负担，尽最大努力帮助新市民、青年人等缓解住房困难”[①]。随后，住房和城乡建设部相继在 4 月和 7 月，两次约谈房地产市场升温过快的地方城市，要求切实提高政治站位，认真贯彻落实党中央、国务院房地产市场调控政策的精神，确保房地产市场平稳健康发展，坚持房子是用来住的、不是用来炒的定位，稳地价、稳房价、稳预期目标[②]。被约谈的地方政府认真落实住房城乡建设部的要求，传达相关精神，强化政治意识、履行属地责任，把稳地价、稳房价、稳预期作为重要政治任务来抓[③]。这些工作开展后取得了积极成效，在相当程度上消除了公众的担心，7 月以后公众对“房价”的搜索与关注度明显下降。

3. 生育领域——三孩政策

近年来，我国人口出生率持续下降，人口老龄化程度持续加深。2021 年 5 月 31 日，中共中央政治局会议审议通过了《关于优化生育政策促进人口长期均衡发展的决定》，提出一对夫妻可以生育三个子女的政策及相关配套措

① 李克强：《政府工作报告——2021 年 3 月 5 日在第十三届全国人民代表大会第四次会议上》，http：//www. gov. cn/premier/2021-03/12/content_ 5592671. htm，2022 年 5 月 15 日。

② 《住房和城乡建设部约谈 5 城市政府要求切实稳定房地产市场》，《中国建设报》2021 年 4 月 8 日；《住房和城乡建设部约谈 5 城市政府会商房地产工作》，《中国建设报》2021 年 7 月 29 日。

③ 《坚持房住不炒，广州约谈 6 区政府》，http：//www. cnr. cn/gd/guangdongyaowen/20210417/t20210417_ 525464229. shtml，2022 年 5 月 15 日。

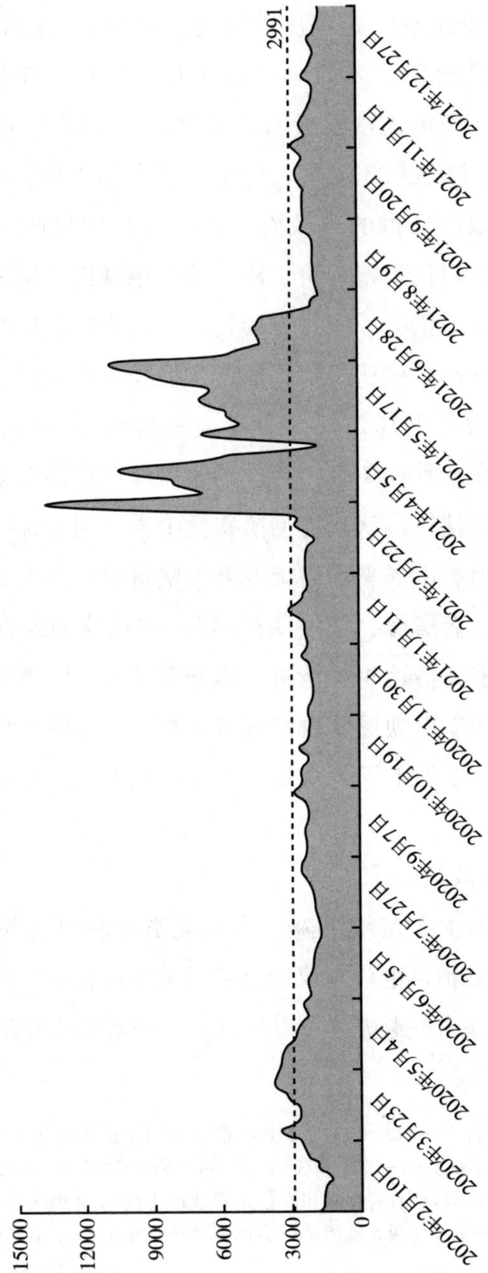

图 2　2020~2021 年公众对房价的关注度

施。2021 年 7 月 20 日中共中央、国务院《关于优化生育政策促进人口长期均衡发展的决定》公布；7 月 21 日《国家医疗保障局办公室关于做好支持三孩政策生育保险工作的通知》颁布；8 月 20 日，全国人大常委会通过了关于修改人口与计划生育法的决定，将倡导晚婚晚育，改为倡导适龄婚育和优生优育，一对夫妻可以生育三个子女。

三孩政策是我国生育政策的重大调整，对人口结构改善、应对人口老龄化、保持我国人力资源禀赋优势有重要的意义。但是，近些年随着生育和养育成本的增长，在此前“全面二孩”生育政策出台后，育龄人群实际生育二孩的热情远低于预期。经济压力大、婴儿无人照料、子女教育竞争激烈、女性家庭与工作间关系难以平衡等因素的影响，导致相当比例的家庭想生“不敢生”。三孩生育政策及配套支持措施，正是针对这些问题而采取的针对性措施。但是，由于公众生育观念早已发生变化，“不想生”的情况也较为普遍，因此生育政策的松动能够在多大程度上影响公众生育意愿引发社会各界的广泛讨论。根据百度搜索指数（见图 3），在 2021 年 5 月 31 日消息发布当天关于“三孩政策”的关键词搜索量达到近 2 年以来的最高峰，反映了公众对三孩政策的切实关心，其中在 2021 年 5 月 31 日到 6 月 30 日期间日均值为 13658 次，显著高于其他时间段。

（二）社会事业领域

受新冠肺炎疫情和一系列相关新政策的影响，2021 年社会事业领域的发展受到公众的高度关注，尤其是在教育和公共医疗卫生事业领域。

1. 教育——“双减”政策

2021 年教育领域最引人关注的事件是“双减”政策。7 月，中共中央办公厅、国务院办公厅印发的《关于进一步减轻义务教育阶段学生作业负担和校外培训负担的意见》（简称“双减”政策）提出要“全面压减作业总量和时长，减轻学生过重作业负担”和“坚持从严治理，全面规范校外培训行为”。“双减”政策针对校内作业负担过重，指出要明确作业总量，

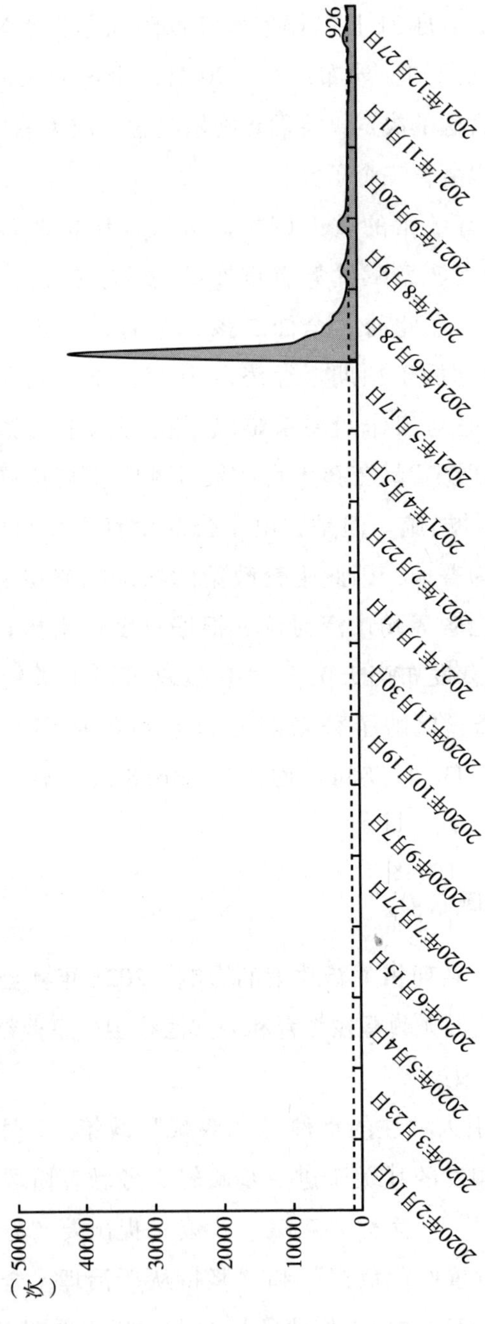

图3　2020~2021 年公众对三孩政策的关注度

加强作业指导，健全作业管理；针对校外培训要求“三限”（限制机构数量、培训时间和收费价格）和“三严”（严格教培内容、资本进入和广告宣传）。近年来，由于升学竞争日益激烈，升学率成为评价中小学校办学水平的重要指标，导致中小学校普遍重视升学率。为提高学业成绩和升学率，不断加大学生作业量，导致学生作业负担过重。同时，校外培训市场也快速发展起来，课外补习导致的非良性竞争，使得更多的学生竞相参与到课外补习中来，学生背上沉重的校外培训负担。这些情况对正常的教育生态造成了冲击，引发家长普遍的焦虑。对此，“双减”政策将目标设定为“构建教育良好生态，有效缓解家长焦虑情绪，促进学生全面发展、健康成长”①。“双减”政策的实施引发社会广泛的关注。根据2021年全年百度搜索指数关于“双减政策”关键词的统计（见图4），发现其搜索量由2021年7月政策公布引发高潮，并且热度不断，一直持续到年底，这也从侧面反映出“双减”政策的影响力。

2. 公共医疗卫生——医保药品谈判

2021年，公共医疗卫生领域的热点事件是国家医保药品目录谈判工作中出现的“灵魂砍价”引发公众关注，一些昂贵药品单价从几十万元被“砍”到数万元。2021年12月，国家医保药品目录调整结果公布，共计74种药品新增进入国家医保药品目录，涵盖肿瘤、慢性病、罕见病等用药需求。从百度搜索指数来看（见图5），2021年12月公众对“医保药品谈判”的搜索量开始显著上升，出现高峰，其中在12月4日达到搜索峰值3504次，整体搜索指数都高于2020年，体现了公众不仅渴望减轻药品费用负担，同时还希望能够快捷地用上好药的强烈愿望。

（三）社会参与领域

新冠肺炎疫情突发后，全国上下一心抗击疫情，除了众多医护人员、党

① 《中共中央办公厅　国务院办公厅印发〈关于进一步减轻义务教育阶段学生作业负担和校外培训负担的意见〉》，http://www.moe.gov.cn/jyb_xxgk/moe_1777/moe_1778/202107/t20210724_546576.html?ivk_sa=1024320u，2022年5月15日。

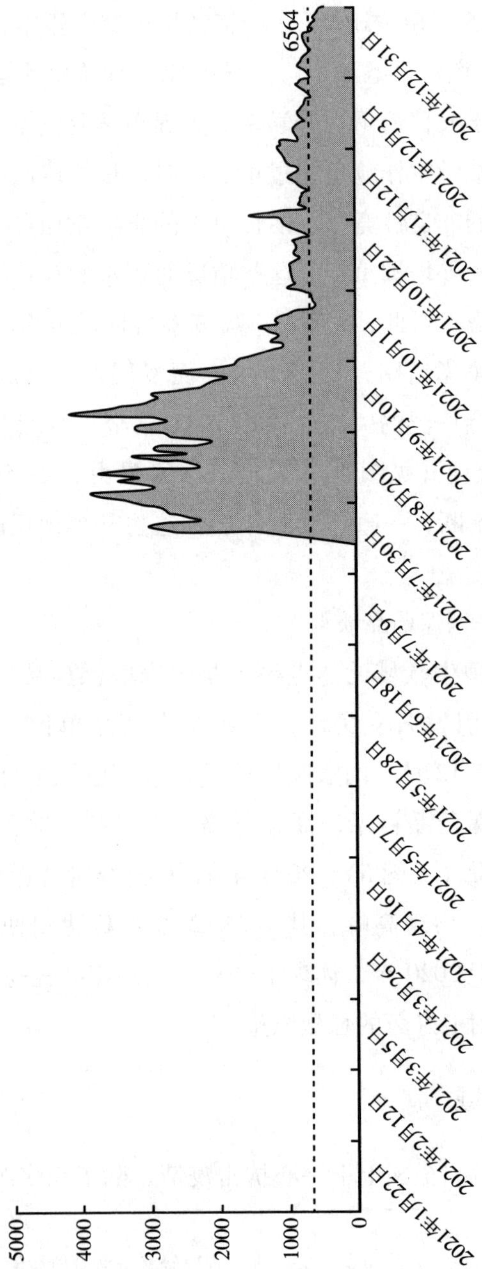

图 4　2021 年公众对“双减”政策关注度

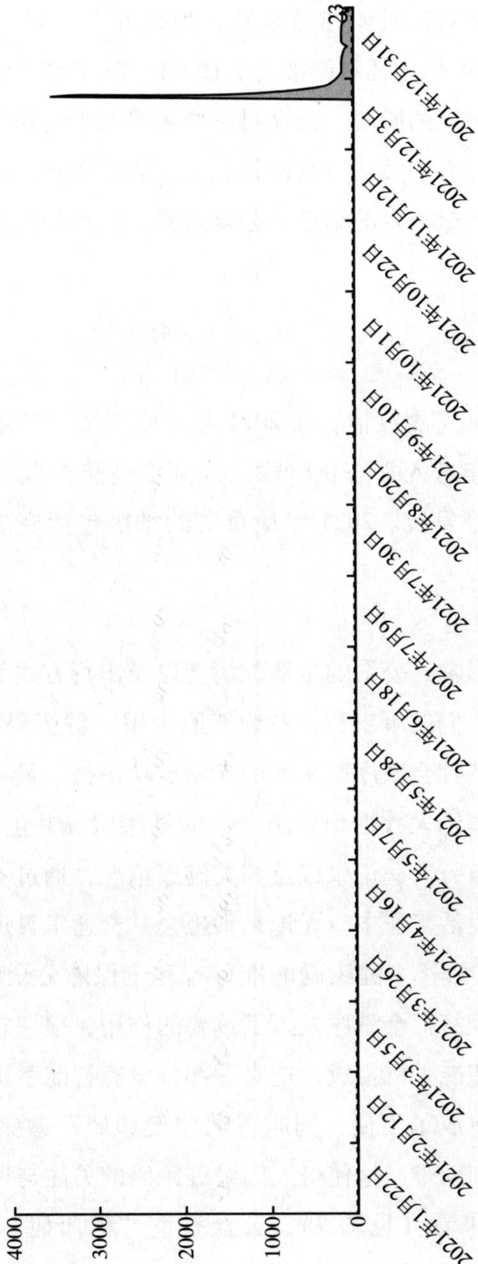

图 5　2021 年公众对医保药品谈判关注度

员干部、社区工作者纷纷战斗在防疫工作一线外，志愿者也作为重要的力量参与到疫情防控中去。从百度搜索指数来看，2021 年公众对“志愿者”的关注与搜索频次和 2020 年相比几乎持平（见图 6）。除了在 2020 年 1 月至 4 月中旬疫情防控任务最艰巨的阶段，公众对志愿者参与疫情防控的关注度显著高涨之外，公众对志愿者的关注一直比较稳定。志愿服务是疫情期间公众参与疫情防控的最直接和最重要的渠道。公众对其关注度较高表明公众参与疫情防控的热情高涨。

（四）基层治理领域

2020 年初突发的新冠肺炎疫情，在 2021 年并未退去，各地时有小规模疫情出现，疫情防控工作进入常态化阶段。我国疫情防控取得了积极的成效，实现了经济社会平稳发展。2021 年最重要的举措包括疫苗接种、健康码推广应用等。

1. 健康出行——健康码

受新冠肺炎疫情的影响，公众的生活、消费以及出行方式等都出现了许多新的变化。为了保障人们健康出行，各地普遍采用“健康码”。健康码是疫情期间政府为恢复经济社会秩序而采取的一项成功举措，最初是在浙江省杭州市推行。健康码是基于大数据识别出个人的健康状况并生成的二维码，包含了个人身份信息、出行看病记录以及相关健康情况，通过不同颜色区别不同状态。人们在日常生活工作中，无论是乘坐公共交通工具还是进入公共场所，均需要出示“健康码”。健康码的推行有利于保障公众的健康出行，对于疫情防控期间恢复经济社会秩序发挥了重要的作用，很快在全国各地推行。但是，健康码依赖智能手机生成，这对一部分没有智能手机和不会使用智能手机的群体的出行造成了不便，同时各地“健康码”政策不一致导致公众在跨地区出行时遇到困难，这使得人们对健康码的关注与讨论成为社会热点。从百度搜索指数来看（见图 7），公众查询“健康码”的频率，较 2020 年显著上升，在 2 月、5 月、8 月人们复工复学出行的高峰期，查询频率达到了高峰。对于使用健康码过程中出现的问题，国家卫健委等部委不断

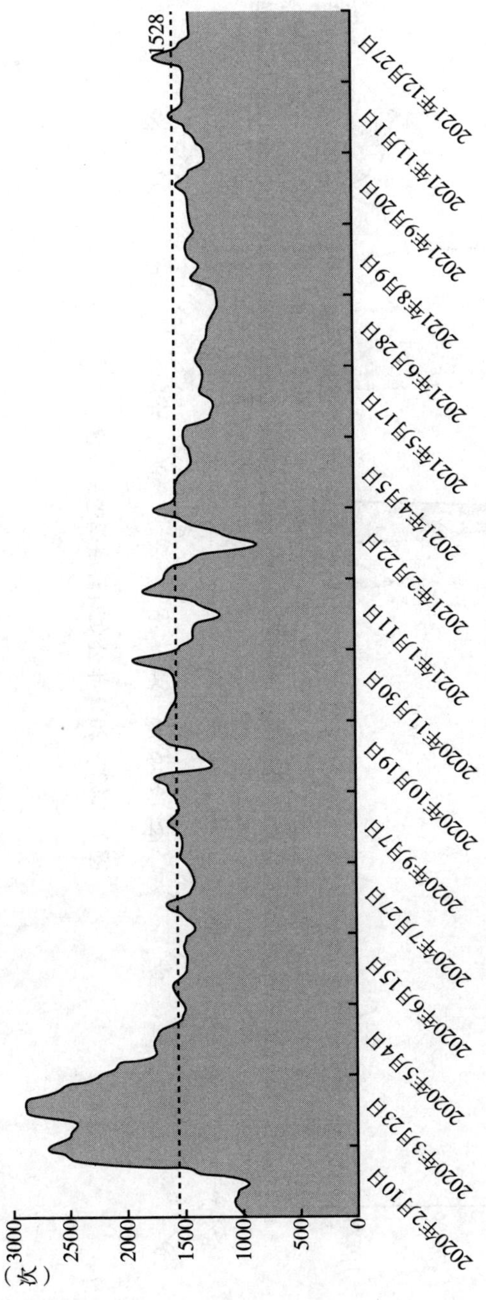

图6　2020~2021年公众对志愿者的关注度

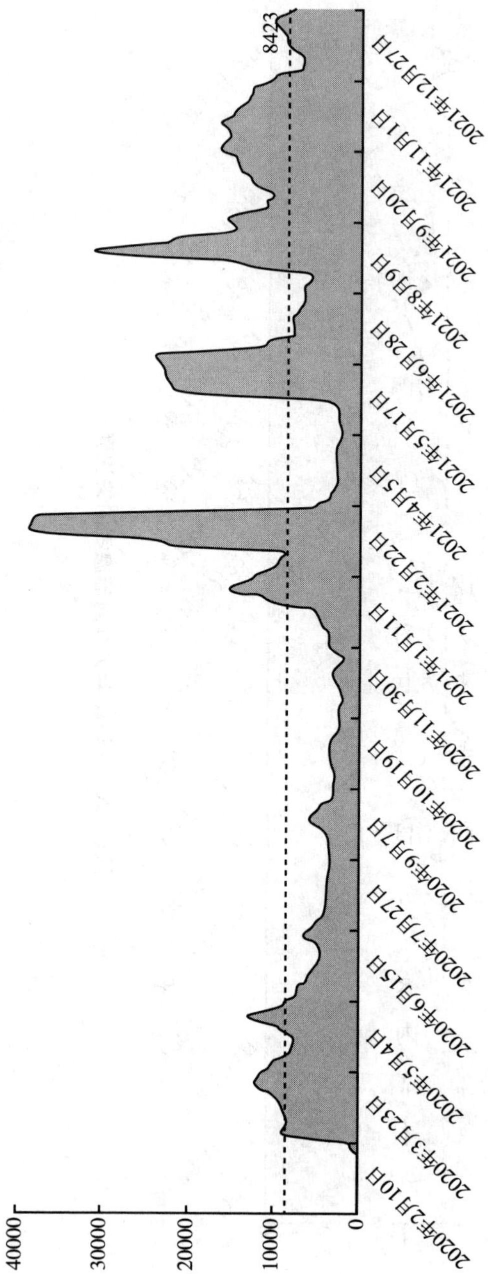

图 7　2020~2021 年公众对健康码的关注度

解决，基本实现了健康码统一政策、统一标准、全国互认、一码通行。可以说，在疫情防控常态化的大背景下，“健康码”已经走进公众的日常生活并对其出行等产生了显著的影响。

2. 疫苗接种

新冠肺炎疫情突发后，我国高度重视疫苗研发和生产，在很短的时间内研发和生产出疫苗，为疫情防控提供了重要支撑。在2021年疫情防控中，疫苗接种成为重要的工作，各地各级政府周密部署、有序组织、优化流程、提高信息化水平，为群众提供便捷的接种服务。与此同时，加强科普宣传，针对公众担心的疫苗安全给予耐心的解答，提高群众接种意愿，做到应接尽接。截至2021年12月30日，31个省（自治区、直辖市）和新疆生产建设兵团累计报告接种新冠肺炎疫苗28万亿剂次，有效地保护了人民的健康。根据百度搜索指数（见图8），在疫情突发以来，公众对于疫情防控、疫苗接种的关注一直维持较高热度，2021年超过了2020年。在2021年上半年疫苗大范围接种期间，公众关注度达到了高峰。疫苗接种工作的高效开展，为巩固疫情防控成果、维护人民身体健康和生命安全奠定了基础。

（五）社会心态领域

2021年在社会心态领域出现了一些新的现象，其中“内卷化”和“躺平”引发社会广泛的讨论。

1. 内卷化

“内卷化”最初由人类学家戈登威泽提出，后来格尔茨将其用于分析农业经济生产现象。简言之，“内卷化”是指一个社会或一种文化发展到一定水平后陷入停滞状态无法向更高级模式转化的现象。2021年，“内卷化”成为社会生活中的流行语，指群体间竞相付出更多努力以争夺有限资源，从而导致个体“收益努力比”下降，即努力出现了“通货膨胀”。“内卷化”原本是专业术语，强调的是一些社会或文化模式在达到某种发展程度后，人们因循守旧，不去追求更先进的生产方式，而是追求内部低水平的精细化、复杂化。但是在2021年“内卷化”成为社会性热词，用来形容群体性的生活

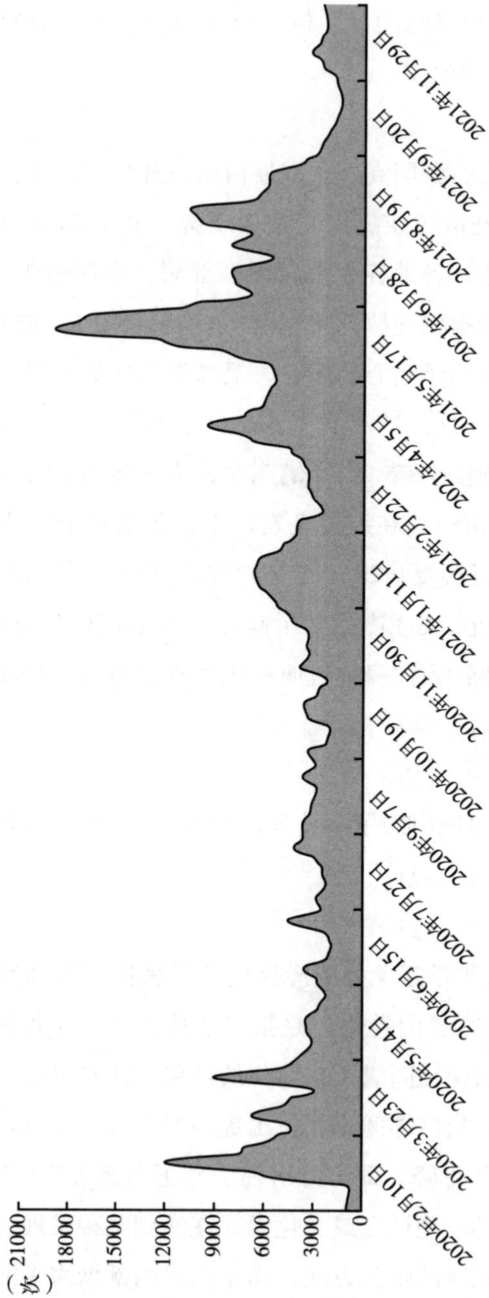

图 8　2020~2021 年公众对疫情防控、疫苗接种的关注度

样态，传达的是社会竞争加剧下的一种社会焦虑情绪。当人们乐此不疲地从事一些低水平、无意义的内卷活动时，会忘记向外发展、阻碍社会进步。此现象引发公众对照现实生活的普遍讨论。根据百度搜索指数的查询结果来看（见图 9），虽然“内卷化”一词早已有之，但是在几年前公众对“内卷化”的关注度很低；而在 2021 年 5 月以后，公众关注度快速上升，在 8 月单日检索量突破了 5 万次，此后仍然保持热度。“内卷化”作为社会流行词受到人们的关注，反映出在竞争日益激烈的现实社会情境下人们的自我反思。因此，对于如何优化社会环境、保护社会活力，需要加以重视。

2. 躺平

2021 年，与“内卷化”相关的还有另一个社会热词，就是“躺平”。“躺平”本义为身体躯干的平躺，后经网络发酵，意指对生活和未来无欲无求、不悲不喜、不做任何反抗的态度与行为。“躺平”可以理解为人们面对社会竞争的消极反抗，放弃努力和焦虑，以一种低欲望的态度回应现实，体现的是一种无力感和消极感。“躺平”心态的出现有深层次的经济社会背景。一方面，随着经济社会快速发展，社会竞争不断加剧，反映到个人层面则是向上流动的难度加大。在面对现实生活、工作中出现的挑战与困难并感到希望渺茫时，“躺平”成为一种消极的主动选择。另一方面，随着我国经济建设取得显著成就，人们物质生活条件显著改善，在此情况下一些群体选择放慢脚步，选择相对轻松的工作、生活方式，或者依靠前期积累过上安逸生活。根据百度搜索指数（见图 10），2021 年之前“躺平”并没有进入人们的视野，但是在 2021 年 5 月以后该词开始闯进人们的生活，公众关注度在 7 月迎来井喷式的提升，随后快速下降。从公众对“躺平”的关注度变化来看，公众关注“躺平”只是一时的社会现象，可以视为对激烈社会竞争的反思。同时，“躺平”只是一时的现象，并非社会主流心态，因为我国还处于社会转型过程中，虽然社会竞争加剧，但是社会预期以及机会结构总体向好，这种反思从某种意义上看，对于优化社会环境有其积极性的一面。

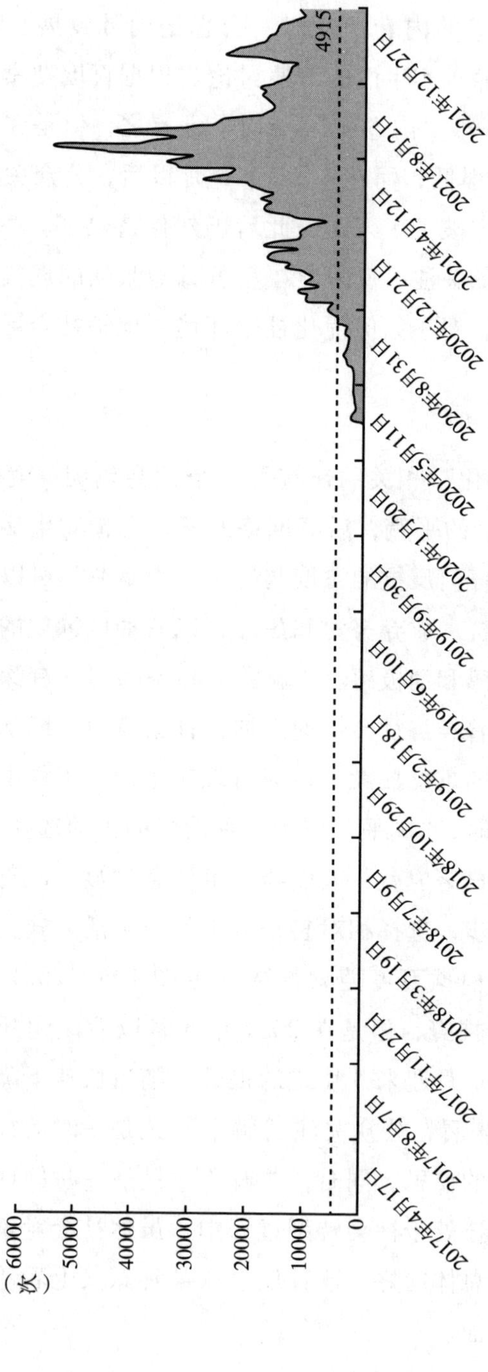

图9　2017~2021年公众对“内卷化”的关注度

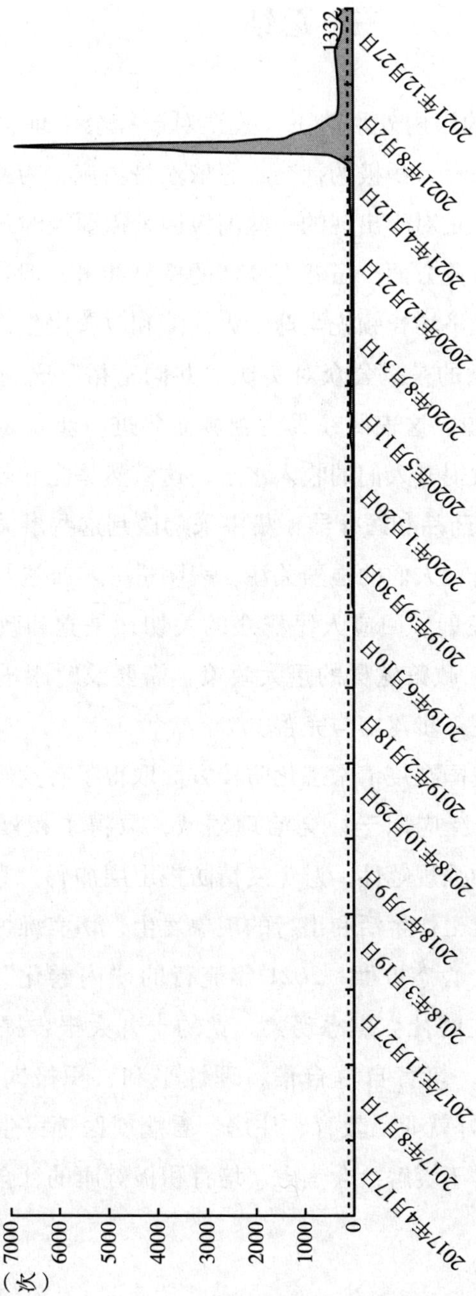

图10　2017~2021年公众对"躺平"的关注度

三　总结

2021 年在复杂多变的国内外形势下，公众对于社会治理领域问题的关注呈现新的特征。概括来看，积极的社会心态依然是主流，为经济社会发展提供了良好社会基础。但是对于出现的一些消极因素需要及时加以重视。

在民生事业、社会事业方面，虽然有疫情的反复冲击，但是中国的经济发展基本面向好，全年经济增长领先全球，为保障和改善民生提供了坚实的经济基础。不过需要注意的是，公众对实现“共同富裕”普遍期待，高度关注“房价”等民生问题，这表明在民生领域需要进一步稳定房价，以及调整收入分配结构，有效提升人们的收入水平，这依然是党和政府工作的重要任务。“双减”政策、药品和医疗器械集中采购谈判这些事关人民群众生活的重要政策与工作，引发人们的强烈关注，表明进一步推进与人们切身利益密切相关的社会事业发展、回应人民群众的关切，是党和政府的工作重点。同时实施像“双减”政策这样的重大政策，需要及时跟进掌握政策的实施成效，做好政策的进一步落实与完善。

在社会治理领域，我国在疫情常态化防控方面取得了有益经验，尤其是“健康码”等信息技术广泛应用于社会治理领域，取得了积极的成效。但是，社会治理还需注意加强规范性，避免疫情防控层层加码，避免公众虽有健康码在手仍然无法正常工作生活和出行的现象发生，切实维护公众正常的生活和工作秩序。在社会心态方面，2021 年流行的“内卷化”和“躺平”两词折射的是近年来存在的社会焦虑现象。党的十九大报告提出要“加强社会心理服务体系建设，培育自尊自信、理性平和、积极向上的社会心态”。对此，进一步解决好就业、教育、住房、看病就医等民生问题，营造和谐有序的社会氛围，对于缓解社会焦虑、培育积极健康的社会心态有着重要的意义。

基本公共服务篇

Basic Public Services

B.8

2021年中国教育体制改革进展与展望

朱国仁*

摘　要： 2021年，在以习近平同志为核心的党中央领导下，我国教育事业发展取得新成就，教育体制改革取得重要进展。出台并全面实施“双减”政策，“双减”工作取得明显成效；出台推进职业教育高质量发展新举措，职业教育改革进一步深化；颁布《中华人民共和国家庭教育促进法》，家庭教育由“家事”上升为“国事”；实施建设教育强国推进工程，教育强国建设稳步推进。但是，我国教育还存在一些不足和短板，与党和国家事业发展的新需要和人民群众的新期待还有明显差距，体制改革也有待进一步深化。目前，我国已进入全面建设社会主义现代化国家的新阶段，教育改革发展面临新的机遇和挑战。展望2022年，我国教育体制改革的重点将主要表现在，扎实推进“双减”政策的贯彻落实，巩固拓展已取得的“双减”成果；服务乡村振兴战略，

* 朱国仁，中共中央党校（国家行政学院）进修二部副主任（正局长级），研究员，主要研究方向为教育管理与教育政策。

推进乡村教育发展；服务国家战略需要，着力调整高等教育学科结构，完善高等教育人才培养体系；深化高校毕业生就业制度改革，强化高校毕业生就业服务；加大新修订的《民办教育促进法》实施力度，支持规范民办教育发展。

关键词： 教育体制改革 “双减” 家庭教育 教育强国 乡村教育

一 2021年教育体制改革进展

2021年是我国“十四五”规划开局之年，聚焦“建设高质量教育体系”，在全面规划“十四五”时期我国教育事业发展的同时，出台了一系列重要教育改革举措，教育体制改革向纵深推进。

（一）出台“双减”政策，推动义务教育回归“育人本位”

“学生负担过重”是我国教育领域的老话题，是社会广泛关注、人民群众热切期盼解决的重大教育问题，也是关乎国计和民生的影响广泛而深远的重大社会问题。早在20世纪50年代国家教育行政部门就曾出台减轻中小学过重负担的政策。20世纪80年代以来，针对中小学生负担过重的问题，中央和国家教育行政部门采取一系列的措施，由着重校内减轻中小学生课业负担到校内减负与校外减负同步推进，走出“学校减负、社会加负”和“教师减负、家长加负”的怪圈，虽取得了一定的效果，但中小学生的负担仍比较重。负担过重对我国少年儿童身心健康造成严重损害，给学生家长带来经济和精神上的负担，既背离了基础教育的初衷，也严重影响了教育改革发展的成效，到了非下力气解决不可的地步。在2018年召开的全国教育大会上，习近平总书记强调，“现在，教育最突出的问题是中小学生太苦太累，办学中的一些做法太短视太功利，更严重的是大家都知道这种状况是不对的，但又沿着这条道路走，越陷越深，越深越陷！”“一些校外培训机构违背教育规律和学生成长规律，开展以‘应试’为导向的培训，增加了学生课外负担，增加了家庭经济负担，甚至扰乱了学校正常教育教学秩序，社会反响强烈。良心的行业不能变成逐利的产业。对校外培训机构要依法管起来，让校外培训回归育人正常轨道。”① 之后，国家加大了减负的力度。2021 年 5 月召开的中央全面深化改革委员会第十九次会议，审议通过了《关于进一步减轻义务教育阶段学生作业负担和校外培训负担的意见》（以下简称《意见》），并在 7 月由中办、国办正式印发实施。由此可见，《意见》是以习近平同志为核心的党中央作出的重大决策部署，是一个关于解决学生负担过重问题的顶层设计。“双减”成为该年度教育改革的重大举措，是社会最为关注的热点之一。

《意见》在前期工作的基础上，针对当时我国基础教育特别是义务教育阶段学生负担情况，着眼于提升学校育人水平，切实减轻义务教育阶段学生作业负担和校外培训负担，明确了“学生过重作业负担和校外培训负担、家庭教育支出和家长相应精力负担 1 年内有效减轻、3 年内成效显著”的具体目标，从总体要求、压减作业总量和时长、提升学校课后服务水平、规范校外培训行为、提升教育教学质量、提升支撑保障能力及做好试点探索、组织实施等方面提出了 30 条具体明确的要求，突出了“源头治理、系统治理、综合治理”的特点，强化了学校育人主体地位，体现了党和政府切实破解学生负担过重难题、构建教育良好生态的决心。

为贯彻落实《意见》精神、有效推进“双减”工作，教育部与有关部门协同采取了相应的措施。归纳起来主要有：一是完善工作机制。教育部牵头、19 个部门参与建立了国家层面的“双减”工作专门协调机制；教育部内部专门设立了校外教育培训监管司，以管理面向中小学生（含幼儿园儿童）的校外教育培训为主要职责。二是实施配套政策。到 2021 年底，教育部及相关部门共出台相关文件 20 多项，包括义务教育学校教学和管理、校

① 习近平：《坚决破除制约教育事业发展的体制机制障碍》，载《习近平谈治国理政》第三卷，外文出版社，2020，第 348、349 页。

外培训（包括线上和线下）规范和治理、社会支持等方面。三是重视家庭、学校和社会在推进“双减”政策实施中的协同作用。健全家校社协同育人机制，指导家长树立科学的教育观念，理解、支持和配合学校的减负工作，发挥社会相关机构和教育资源的支持与服务功能，形成家校社协同推进“双减”政策落实的合力。四是推进全国试点和典型经验宣传推广工作。《意见》确定北京市、上海市、沈阳市、广州市、成都市、郑州市、长治市、威海市、南通市等9个市为全国试点，要求其他省份各自确定所在地区的试点。10月，教育部召开全国“双减”试点地区工作推进会，对前期试点工作成效及经验做法进行了系统总结，分析了存在的问题，并提出了下一步的工作任务和要求。同时，教育部还开展了“双减”工作试点地区及义务教育学校的典型案例和好经验的宣传与推广工作。五是加强监督。把落实“双减”政策的措施与成效纳入省级人民政府履行教育职责评价重点内容和义务教育学校教育质量评价体系，同时，重视发挥社会监督作用，建立了义务教育学校的“双减”工作直报平台，定时通报“双减”工作情况，对违反“双减”政策的典型案例，如在职教师违规补课、无证办学、培训机构违规收费、发布虚假广告、校内外勾结和监管不力等现象及时曝光并予以处理。除国家层面外，各个地方也积极贯彻落实《意见》精神，根据自身实际出台和实施了相关的政策和措施，推进本地“双减”工作。总体上看，通过近半年的努力，“双减”工作成效明显。在学校减负效果方面，学生作业总量和时长得到有效控制，作业设计质量和总体水平明显提高，90%以上的学生能够在规定时间完成书面作业，97.3%的家长满意学校的减负提质工作，[①] 基本消除了教师给学生家长布置作业或要求家长批改作业的情况；实现了课后服务全覆盖，通过丰富课后服务形式和内容，提高服务质量，满足了学生多样化的个性需求；通过提供延长托管服务，缓解了家长“三点半”接孩子难的问题；通过深化教育教学改革、加强学校教学工作指导、完善教

① 教育部基础教育司：《聚焦解决人民群众急难愁盼　全面推进“双减”任务在学校落地见效》，教育部网站，2021年12月21日。

学管理规范，课堂教学质量有了一定提高。在校外培训机构的治理方面，校外培训无序发展的混乱状况初步得到扭转，到12月底，线下校外培训机构和线上校外培训机构分别压减了83.8%和84.1%。[①] 未被压减的培训机构“营转非”和“备改审”工作进展顺利，非学科类培训机构的管理也得到了加强；无证办学、违规培训、虚假宣传、违规收费等乱象得到有效治理，培训市场野蛮生长、资本无序扩张的现象得到有效遏制。

（二）召开全国职业教育大会，推动现代职业教育高质量发展

党的十八大以来，党中央十分重视职业教育，出台一系列重大举措，推动我国职业教育改革发展。在我国经济社会发展中，职业教育的地位和作用越来越突出。2021年4月，全国职业教育大会召开，习近平总书记对职业教育工作作出重要指示，指明了新时代我国职业教育高质量发展的方向。为学习宣传贯彻习近平总书记重要指示和全国职业教育大会精神，教育部专门印发通知，做出具体部署。10月，中办、国办印发《关于推动现代职业教育高质量发展的意见》（以下简称《意见》），在总结近年我国职业教育改革发展实践的基础上，着眼于加快构建现代职业教育体系、建设技能型社会，和满足全面建设社会主义现代化国家对高素质技术技能人才、能工巧匠和大国工匠等人才的需求，从总体要求、强化职业教育类型特色、完善产教融合办学体制、创新校企合作办学机制、深化教育教学改革、打造中国特色职业教育品牌、组织实施等7个方面，提出了22条具体要求。《意见》明确了“到2025年，职业教育类型特色更加鲜明，现代职业教育体系基本建成，技能型社会建设全面推进”和“到2035年，职业教育整体水平进入世界前列，技能型社会基本建成”两个阶段的发展目标，为我国现代职业教育高质量发展提供了基本遵循，是新时代指导我国职业教育发展的重要文件。

---

① 教育部校外教育培训监管司：《坚持以人民为中心法治理念　扎实开展校外培训机构治理》，教育部网站，2021年12月21日。

2021年，我国职业教育改革稳步推进，除《意见》外，相关部门还出台实施了其他一些旨在提高职业教育质量的具体改革措施。一是加强本科层次职业教育的建设。教育部在1月印发了《本科层次职业教育专业设置管理办法（试行）》《本科层次职业学校设置标准（试行）》，国务院学位办于12月印发了《关于做好本科层次职业学校学士学位授权与授予工作意见》，这是继2019年启动建设以来，又一项进一步规范和发展本科层次职业教育的重要措施，为提高本科层次职业教育质量、培养高层次高素质技术技能人才、提升职业教育地位和社会认可度，提供了重要保障和支持。二是提高职业教育教师素质。教育部同财政部联合在9月发出《关于实施职业院校教师素质提高计划（2021-2025年）的通知》，对“十四五”时期提高职业院校教师素质作出了全面部署。教育部于8月公布了第二批国家级职业教育教师教学创新团队240个立项建设单位和2个培育建设单位名单，12月公布了第二批226项国家级职业教育教师教学创新团队课题研究项目。三是重视职业教育教材建设。教育部办公厅在7月印发《关于做好中等职业学校公共基础课教材使用的通知》，12月印发《“十四五”职业教育规划教材建设实施方案》，提出了“以规划教材为引领，高起点、高标准建设中国特色高质量职业教育教材体系”的目标要求，同时还启动了“十四五”首批职业教育国家规划教材的遴选工作。四是推进产教融合。7月，国家发改委办公厅和教育部办公厅联合印发《关于印发产教融合型企业和产教融合试点城市名单》，共有63家企业和21个城市入选。五是加大资金支持力度。11月，财政部、教育部联合印发修订后的《现代职业教育质量提升计划资金管理办法》，提出了2022~2025年提升计划资金重点支持的项目及其使用管理要求。六是强化职业教育教学指导。12月，教育部公布了新一届全国行业职业教育教学指导委员会和教育部职业院校教学（教育）指导委员会名单，根据产业发展新形势和对技术技能型人才培养的新需求，对接各行业“十四五”规划和“十四五”职业教育改革发展，对原有教指委设置进行了调整，健全了职业教育行业指导机制。调整后的新一届行业教指委有57个，职业院校教指委有5个。此外，2021年，教育部印发了《职业教育专业目录（2021）》，首次对中等和高等（专科、本科）职业教育专业进行一体化设计，有利于各层次职业教育贯通和人才培养的衔接；高职扩招计划如期完成；7 月，教育部印发了《关于做好全国中等职业学校管理信息系统建设工作的通知》；8 月，教育部办公厅印发了《关于严格规范中等职业学校招生、学籍和资助管理工作的通知》；6 月，全国人大常委会会议对《中华人民共和国职业教育法（修订草案）》进行初审，强调职业教育是与普通教育不同的教育类型，地位同等重要。

（三）颁布《家庭教育促进法》，家庭教育步入法治轨道

重视家庭教育是中华民族的优良传统。传统的家庭教育观念、方式方法对孩子的成长发挥了一定的作用，但存在不少与现代社会不适应之处。尽管我国有《全国家庭教育指导大纲》（2010 年颁布、2019 年修订）、教育部印发的《关于加强家庭教育工作的指导意见》（2015 年），在相关法律中也有相关的规定，但现实社会中还存在监护缺失、家庭教育缺位、监护人家庭教育主体责任意识不强、家庭教育方式不科学、家庭教育指导不足、服务机构不健全等问题，影响了部分未成年人健康成长。家庭教育作为人生教育的重要组成部分，与学校教育、社会教育密切关联，关乎未成年人的健康成长，关乎国家和民族的长远发展。推进法治社会建设、保证家庭教育健康发展、保障未成年人健康成长，迫切需要制定一部专门的关于家庭教育的法律。习近平总书记十分重视家庭教育，对注重家庭家教家风建设作出过一系列重要论述，为做好新时代家庭教育工作提供了指导，直接推动了家庭教育法律的制定。2021 年 10 月 23 日，《中华人民共和国家庭教育促进法》（以下简称《家庭教育促进法》）在第十三届全国人大常委会第三次会议上获得通过，自 2022 年 1 月 1 日起施行。

《家庭教育促进法》包括总则、家庭责任、国家支持、社会协同、法律责任和附则 6 章 55 条，明确了家庭教育的内涵、任务、要求、实施主体，政府职责，家庭（未成年人父母或其他监护人以及其他家庭成员）在未成年人教育中的责任，以及国家支持、监管、指导和服务家庭教育的内容，相

关社会组织和机构等指导和服务家庭教育的义务，各相关主体应承担的法律责任等。《家庭教育促进法》的颁布实施，使传统上被视为家庭事务的家庭教育成了社会关心、政府重视的国家大事，将推动我国家庭教育走上法治化的轨道，同时，在法律上确立了家庭教育在教育体系中的地位，必将为我国未成年人的全面健康发展、落实立德树人根本任务、培养德智体美劳全面发展的社会主义建设者和接班人提供坚实的保障。为推动《家庭教育促进法》的宣传普及和贯彻落实，11 月，全国人大常委会举行了该法实施座谈会；12 月，国家 10 个相关部门共同召开了贯彻落实工作部署会，教育部办公厅向全国教育系统印发了《关于学习宣传贯彻〈中华人民共和国家庭教育促进法〉的通知》。

（四）实施教育强国建设推进工程，教育强国建设加快推进

据统计，2021 年，全国有各级各类学校 52.93 万所，各级各类学历教育在校生达到 2.91 亿人，学前教育毛入园率、九年义务教育巩固率、高中阶段毛入学率和高等教育毛入学率分别达到 88.1%、95.4%、91.4%、57.8%，普通、职业本专科招生突破千万人，达到 1001.32 万人。[①] 2020 年，全国教育经费总投入达到 53033.87 亿元，其中，国家财政性教育经费为 42908.15 亿元，占 GDP 的比例为 4.22%。[②] 教育普及率已接近发达国家水平，稳居世界教育第一大国和高等教育第一大国。经济社会发展离不开人才支撑和智力保障，全面建设社会主义现代化强国，必须坚定实施教育优先发展战略，推进我国由教育大国向教育强国的转变。党的十九大把建设教育强国作为中华民族伟大复兴的基础工程，十九届五中全会明确了到 2035 年建成教育强国的目标。2021 年 4 月，国家发改委发布了《教育强国推进工程中央预算内投资专项管理办法》；5 月，国家发展改革委、教育部、人力资源和社会

① 教育部发展规划司：《2021 年全国教育事业统计主要结果》，教育部网站，2022 年 3 月 1 日。

② 教育部、国家统计局、财政部：《关于 2020 年全国教育经费执行情况统计公告》，教育部网站，2021 年 11 月 16 日。

保障部联合印发了《“十四五”时期教育强国推进工程实施方案》（以下简称《方案》），标志着教育强国建设这项重大工程全面启动。

与国家“十四五”规划和2035年远景目标以及《中国教育现代化2035》相对接，针对我国当前教育发展中存在的不足和国家急需发展的关键领域，《方案》从重要意义、指导思想、基本原则、建设任务、资金安排、保障措施等6个方面，提出了“十四五”时期支持教育强国建设的基本要求、重点任务和主要措施。在建设任务方面，《方案》明确教育强国推进工程建设的重点是支持巩固基础教育脱贫成果、职业教育产教融合和高等教育内涵发展，提出了三个领域的建设目标、任务、实施范围和具体项目遴选标准。巩固基础教育脱贫项目旨在补短板，主要是支持欠发达地区特别是深度贫困地区提高学前教育入园率和义务教育巩固率；职业教育产教融合项目旨在树精品，主要是支持通过深化产教融合、校企合作，打造一批精品职业院校；高等教育内涵发展项目重在创一流，主要是支持“双一流”建设、急需领域学科专业建设、国家急需的医学和教师人才培养和高等教育资源布局的优化调整。在资金安排方面，提出由中央预算内投资、地方财政性资金和中高等学校自有资金等多渠道共同筹措，中央预算内投资安排方式是巩固基础教育脱贫成果项目原则上按切块下达投资计划，其他两个领域的项目原则上按项目下达投资计划。在中央预算内投资支持标准方面，区分地方项目和中央高校项目，按照中央和地方事权划分原则、区域发展政策支持等，实行差别化支持政策；地方项目（包括基础教育和职业教育）实行投资比例并投资限额管理，投资的比例根据区域划分确定，同时，按照三类项目明确了相应的投资限额管理的要求。《方案》的实施，将对新时代我国教育高质量发展、加快教育强国建设起到重要的推动作用。

（五）其他方面的改革

2021年，我国教育其他领域的改革也取得了新的进展。一是推动教育服务乡村振兴。2020年12月，中共中央、国务院印发《关于实现巩固拓展脱贫攻坚成果同乡村振兴有效衔接的意见》，提出：“打赢脱贫攻坚战、全面建成小康社会后，要进一步巩固拓展脱贫攻坚成果，接续推动脱贫地区发展和乡村全面振兴”，确定了从脱贫攻坚目标任务完成后（即2021年）到2025年的5年过渡期。在脱贫攻坚期间，教育扶贫工程的实施推动了贫困地区教育和经济社会发展，为打赢脱贫攻坚战发挥了重要作用。为贯彻落实党中央、国务院的部署，教育部成立乡村振兴工作领导小组，于2021年3月召开第一次部会，研究部署巩固拓展教育脱贫攻坚成果同乡村振兴有效衔接工作；教育部等4部门在4月联合印发《关于实现巩固拓展教育脱贫攻坚成果同乡村振兴有效衔接的意见》，提出了5年过渡期内巩固拓展教育脱贫攻坚成果、服务乡村振兴的重大意义、总体要求、重点任务和保障措施，为推动乡村教育振兴和教育服务乡村振兴提供了基本遵循。二是高校考试招生制度改革取得新进展。自2014年国务院《关于深化考试招生制度改革的实施意见》实施以来，高校考试招生制度改革在不断总结经验中稳步推进。2021年改革进展主要是：第三批8个省市的高考综合改革正式落地，第四批7个省高考综合改革启动；高考命题注重育人功能和积极导向作用，增强了试题的开放性和灵活性；教育部在9月印发《关于进一步加强和改进普通高等学校艺术类专业考试招生工作的指导意见》，提出了普通高等学校艺术类专业考试招生工作的总体要求，明确了2021~2024年的改革目标和任务措施；为完善和规范高校高水平运动队考试招生工作，教育部、国家体育总局联合印发《关于进一步完善和规范高校高水平运动队考试招生工作的指导意见》，提出了明确要求和具体措施；10月，教育部办公厅印发《关于做好2022年普通高等学校部分特殊类型招生工作的通知》，就2022年高校艺术类专业招生、高校高水平艺术团招生、高校高水平运动队招生和高校保送生招生等特殊类型招生工作提出了基本要求。三是教育信息化加快推进。2021年3月，教育部印发《关于加强新时代教育管理信息化工作的通知》，针对教育管理信息化方面存在的有效解决系统整合不足、数据共享不畅、服务体验不佳、设施重复建设等突出问题，提出了到2025年教育管理信息化工作的目标和重点任务；加快推进教育信息化，基础设施建设是重要保障，7月，教育部等6部门联合印发《关于推进教育新型基础设施建设构建高质量教育支撑体系的指导意见》，提出了到2025年教育信息基础设施建设的总体要求、重点方向和保障措施；11月，教育部办公厅、工业和信息化部办公厅联合印发《关于提高高等学校网络管理和服务质量的通知》，就高校互联网的管理、环境建设、服务费用、运维服务和安全保障等问题，提出了明确要求。四是教师队伍建设持续加强。教育部等6部门于2021年1月印发《关于加强新时代高校教师队伍建设改革的指导意见》，教育部、财政部在5月印发《关于实施中小学幼儿园教师国家级培训计划（2021—2025年）的通知》；教育部等9部门在7月联合印发了《中西部欠发达地区优秀教师定向培养计划》；5~11月，为加强教师思想政治教育和师德师风建设，教育部在教育系统开展了师德专题教育；12月，教育部党组印发了《关于完善高校教师思想政治和师德师风建设工作体制机制的指导意见》。五是教育评价改革继续深化。为继续贯彻落实中共中央、国务院《深化新时代教育评价改革总体方案》等文件精神，推进教育评价改革，提高义务教育和普通高中办学质量，2021年3月，教育部等6部门联合印发《义务教育质量评价指南》，12月，教育部印发《普通高中学校办学质量评价指南》，同时发布了《义务教育质量评价指标》和《普通高中学校办学质量评价指标》；2月，教育部还印发了《普通高等学校本科教育教学审核评估实施方案（2021—2025年）》，对启动新一轮的审核评估工作作出了部署；3月，国务院学位委员会和教育部共同启动了2021年学位授权点专项合格评估工作；9月，教育部公布了《国家义务教育质量监测方案（2021年修订版）》。六是教育法律法规体系进一步健全。2021年，除颁布《家庭教育促进法》之外，4月29日，十三届全国人大常委会第二十八次会议通过了《中华人民共和国教育法》修改的决定；6月7日，《中华人民共和国职业教育法（修订草案）》在十三届全国人大常委会第二十九次会议上通过初审；4月7日，新修订的《中华人民共和国民办教育促进法实施条例》由国务院正式颁布；5月25日，教育部公布了《未成年人学校保护规定》。七是高校毕业生就业创业制度改革稳步推进。2021年，全国普通高校毕业生约有909万人，高校毕业生就业问题比较突出。为做好高校毕业生的就业工作，9月，国办印发了《关于进一步支持大学生创新创业的指导意见》；5月，教育部成立了全国普通高校毕业生就业创业指导委员会，并于10月印发了《全国普通高校毕业生就业创业指导委员会章程》；教育部加强了高校毕业生就业创业信息报送工作，组织开展了全国高校毕业生就业能力培训基地遴选、2020届全国普通高校毕业生就业创业工作典型案例总结宣传工作，举办了2021届高校毕业生就业促进周系列活动，要求高校做好开发科研助理岗位、吸纳毕业生就业工作等。八是教育督导工作进一步推进。2021年7月，国务院教育督导委员会印发了《教育督导问责办法》；国务院教育督导办印发了《2021年对省级人民政府履行教育职责的评价方案》；国家教育督导检查组完成了对内蒙古、四川、甘肃、新疆、西藏等省（区）义务教育基本均衡发展的督导检查。

二　2022年教育体制改革展望

《中华人民共和国国民经济和社会发展第十四个五年规划和2035年远景目标纲要》以“建设高质量教育体系”为主题，提出了“十四五”时期我国教育发展改革的重点。作为“十四五”规划开局之年的2021年，教育领域的各项规划陆续出台，一些重大的教育发展改革举措正式启动，为“十四五”规划开局起步打下了良好的基础。展望2022年，党的二十大将胜利召开，我国教育体制改革将在新的一年里取得新的进展。

（一）巩固拓展“双减”成果，深化义务教育教学改革

“双减”政策实施以来，学校教育教学改革力度加大，校外培训机构治理成效显著。但是，要根本解决学生负担过重问题，仍任重道远。要达到“双减”目的，必须在巩固“双减”成果的基础上，继续加大改革和治理力度。一是要在转变观念上下功夫。学生负担过重，根本原因是学校、教师、家长有不正确教育观念和人才观念。旧的观念不转变，增负的动力还在，学生负担过重的痼疾就难以根除。从目前社会反映情况看，表面上，学生的负

担有所减轻，但不少教师、学生家长的观念并没有转变，对“双减”政策并没有真正理解和接受，对一些减负措施持有抵触心理。因此，必须把转变观念作为进一步落实“双减”政策的重点。所以，要加大“双减”政策的宣传普及力度，帮助教师和家长确立正确的教育观和人才观。向社会特别是教师、家长讲清楚正确的教育观、人才观是什么，学生负担过重的危害，中央实施“双减”政策的初衷和目的。二是要在配套措施上下功夫。减轻学生负担是一个系统工程，“双减”工作能否持续顺利推进、达到预期的效果，主要是相关方面的配套措施是否跟得上。首先要加强教师队伍建设，完善教师编制，减轻教师负担，通过必要选择程序，将部分素质能力较好的被压减下来的校外培训机构中的从业人员充实到教师队伍；加大义务教育学校教师培训力度，着力提高教师素质能力特别是其作业设计能力；完善薪酬制度和激励机制，充分调动教师参与课后服务的积极性。其次要加快完善家校社协调机制，形成学校、家庭和社会良性互动。加强家庭教育指导服务，着力消解家长对“双减”的顾虑，提高家长科学教育子女的能力；完善学校课后学生辅导和服务制度，提高辅导和服务质量，加强学生个性发展指导；健全公益类社会少年儿童教育和服务机构，为学生提供更加丰富和多样化的校外服务。最后要深化考试招生制度改革，切实重视学生综合素质和能力考核，发挥中高考的积极导向作用。此外，要全面深化教育评价制度改革，彻底扭转唯分数、唯升学的倾向。三是要在提高学校教育教学质量上下功夫。减负提质是“双减”政策的关键，治理校外培训机构的重点是让校外教育回归学校课堂，所以，“双减”成果能否巩固、“双减”政策能否得到全面落实，最终取决于教育良好生态的形成，特别是学校教育教学质量的提高。深化义务教育教学改革，提高学校教育教学质量，首先要坚持立德树人的教育理念，树牢德智体美劳全面发展的教育质量观，使学校的一切工作都聚焦于教育质量的提高，聚焦于学生综合素质能力的提升。其次要深化教学改革。继续推进新课程改革，提高教材质量，优化教学内容，创新教学模式，改进教学方式方法，加强学生学习指导，激发学生学习动力，着力提高学生学习的主动性、积极性、科学性和创新性。最后要健全教育教学质量监测和评价制度，严格落实《义务教育质量评价指南》，加快薄弱学校建设。此外，要加快教育信息化基础建设，推进信息技术与教育教学深度融合，完善优质教育教学资源共享机制。四是要在监督监管上下功夫。加大监管力度，巩固和拓展校外培训机构的治理成果，是进一步落实“双减”政策的重要保证。要完善监管体制，丰富监管形式，畅通监管渠道，提高监管实效，依法加大对违规行为的处罚力度；加快完善校外培训管理制度，健全校外培训机构分类规范，指导校外培训健康发展；认真总结“双减”试点城市经验，加大典型经验的宣传推广力度。

（二）推进乡村教育发展，助力乡村振兴战略

乡村教育是我国教育发展的短板。乡村教育振兴既是乡村振兴的重要方面，也直接关系着乡村少年儿童的教育和成长发展，关系着乡村经济、社会和文化的发展，因此，推进乡村振兴，必须全面贯彻落实中共中央、国务院《关于实施乡村振兴战略的意见》、《关于实现巩固拓展脱贫攻坚成果同乡村振兴有效衔接的意见》和教育部等部门《关于实现巩固拓展教育脱贫攻坚成果同乡村振兴有效衔接的意见》等重要文件精神，持续加大推动乡村教育振兴的力度，特别是加大对欠发达或刚刚实现脱贫地区乡村教育支持的力度。一要推动乡村学前教育的普及和发展，多渠道增加普惠性优质学前教育资源供给，提高乡村幼儿园的保教质量。二要进一步推进城乡义务教育一体化和城乡学校共同体建设，改善乡村学校特别是必须保留的小规模乡村学校的办学条件，提高教育质量，巩固控辍保学成果。三要重视乡村教师队伍建设，完善城乡义务教育学校校长、教师交流机制和保障制度，注重乡村教师培训，提高乡村教师的素质和能力，切实提高乡村教师待遇，激励高校毕业生到乡村学校任教，扩大服务乡村教育的定向免费师范生招生规模，支持和鼓励退休教师到乡村支教。四要发展县域中等职业技术教育，在符合条件的乡镇开办职业高中或中等职业学校，设置适应当地乡村建设需要的专业，培养“三农”发展需要的专业人才并为当地农民提供技术培训和指导服务。五要重视乡村未成年人的家庭教育，做好对家长（监护人）的指导和服务。

六要做好农村留守儿童和困境儿童的关心关爱工作，进一步完善农村学生营养餐改善计划，适当提高寄宿学生的补助标准。七要鼓励企业、社会组织和个人等社会力量支持乡村教育发展，支持城市学校为乡村学校提供对口支援和帮扶。

（三）完善高等教育人才培养体系，推进人才培养自主

习近平总书记指出："中国是一个大国，对人才数量、质量、结构的需求是全方位的，满足这样庞大的人才需求必须主要依靠自己培养，提高人才供给自主可控能力。"① 高等教育是人才特别是高层次人才培养的主阵地，推进人才自主培养，必须完善高等教育人才培养体系。一要加快构建高质量高等教育体系。在稳步扩大高等教育规模、提高高等教育普及率的同时，推进高等教育多元化和多样化发展。优化高等教育结构，完善高等教育体系和人才培养体系，加强学科体系、教学体系和教材体系建设。鼓励高等学校适应经济社会发展需要，合理定位，办出特色。二要坚持高等教育内涵式发展的方向，着力提高高等学校的办学水平和人才培养质量。完善高等学校基本办学条件指标，分类建立高等教育质量评价指标，把人才培养质量和能力作为高等学校评价的核心指标，提高各类高等学校的办学水平。实施高质量人才培养工程，全面提高人才培养的质量，深化教学改革，创新人才培养模式，重视培养学生创新能力和实践能力。三要优化高等教育布局，提高中西部地区人才培养能力。重点支持高等教育发展滞后省份特别是中西部地区高等教育发展，鼓励高等学校特别是地方高等学校面向区域和地方经济社会发展培养急需人才。四要优化学科和人才培养结构，加快培养服务国家战略需要的专业人才。加强基础学科建设，加大基础学科高层次人才特别是基础研究拔尖人才培养的力度；加强应用学科建设，推进应用型高等教育发展，进一步扩大应用型人才培养规模；加强科学与工程技术类学科建设，着力培养

① 习近平：《深入实施新时代人才强国战略　加快建设世界重要人才中心和创新高地》，《求是》2021 年第 24 期。

支撑高水平科技自立自强的专业人才；加强交叉学科建设，加快培养适应新的科技革命和产业革命要求的新型高水平复合型专业人才；加强中国特色哲学社会科学、新闻出版、广播影视、文化艺术、国际传播、互联网宣传等学科专业建设，培养适应文化强国建设需要的高素质专业人才；适时调整学科专业结构和人才培养结构，以适应国家战略需要和经济社会发展对人才需求的变化。五要加快“双一流”建设，发挥高水平大学和学科在科技前沿、关键领域的创新和高层次人才培养中的主力军作用。

（四）深化高校毕业生就业制度改革

就业是重大的民生问题。高校毕业生是就业的主要和重点群体，随着高校毕业生人数不断增加，做好高校毕业生的就业工作已成为党和政府的重点工作之一。预计 2022 年，我国高校毕业生人数将达到 1076 万人，比上年增加 167 万人（高等职业院校首批扩招的 100 万学生毕业），将占到一年新增就业人数（2021 年全年城镇新增就业 1269 万人）的 80%以上。[①] 高校毕业生就业压力陡增，深化高校毕业生就业制度改革迫在眉睫。继 2021 年 9 月国办印发《关于进一步支持大学生创新创业的指导意见》之后，11 月，教育部印发了《关于做好 2022 届全国普通高校毕业生就业创业工作的通知》；2022 年 2 月，国家发改委等 8 部门联合印发了《关于深入实施创业带动就业示范行动　力促高校毕业生创业就业的通知》。实现高校毕业生充分、高质量就业是高校毕业生就业工作的目的，深化高校毕业生就业创业制度改革是做好高校毕业生就业工作的保证。一要加大高校毕业生自主创业支持力度，以创业带动就业。自主创业既是当今高校毕业生就业的一个重要形式，也是吸纳、带动高校毕业生就业的重要途径。同时，要为高校毕业生自主创业提供企业登记、财税扶持、金融支持等方面更加便捷高效的服务和更多的优惠政策，为社会资本支持高校毕业生创新创业提供必要的引导和激励。二要进一步加强高校毕业生就业创业能力培养。高等学校要把创新创业能力培

---

① 教育部高校学生司：《高校毕业生就业工作基本情况》，教育部网站，2021 年 12 月 28 日。

养贯穿教育全过程，提供充分适用、针对性强、质量高的创业就业教育课程和培训。三要拓宽就业渠道，为高校毕业生创造更多就业机会。在完善现行各种吸纳高校毕业生就业的政策项目和适度扩大规模的同时，根据国家和区域发展战略需要，创设新的项目和就业岗位。支持国有企业、事业单位增加就业岗位，通过加大税收减免、贷款优惠等政策实施力度，激励中小企业吸纳高校毕业生。完善社会保障政策，创造必要的机会和条件，支持和引导高校毕业生灵活就业。四要加强高校毕业生就业观念教育。加强政策宣传，合理引导就业期望。完善相关激励措施，鼓励高校毕业生到基层、中西部地区、东北地区、艰苦边远地区等急需人才的地方就业创业。五要为高校毕业生提供专业化的就业创业指导。建设专业化的就业创业教师队伍，吸收行业、企业和相关社会机构或组织的专家参与高校毕业生就业创业指导。重视开展高校毕业生就业创业研究和高校毕业生就业创业指导经验交流活动。全国普通高校毕业生就业创业指导委员会要充分发挥职能作用，为全国高校毕业生就业创业指导提供专业化、高水平的服务。六要为高校毕业生就业提供高质量服务和保障。提供高水平的高校毕业生就业信息服务，完善供需对接机制，丰富招聘组织形式，为高校毕业生就业提供精准服务。完善就业帮扶机制，重视对就业困难毕业生群体特别是低收入家庭、身体残疾等毕业生的关心和帮扶。七要加强高校毕业生就业工作督查，严格落实高校毕业生就业“四不准”规定，坚决杜绝高校毕业生就业过程中的学历、户籍、地域、健康和性别等各种歧视性现象。

（五）支持和规范民办教育发展

据统计，2020 年，全国共有 18.67 万所各级各类民办学校，占全国总数的 34.76%；在校生 5564.45 万人，占全国总数的 19.25%。① 民办教育是我国教育事业的重要组成部分，在我国教育事业发展和人才培养中发挥着重要作用。民办教育能否健康发展，关系着教育事业发展的全局。2021 年 4

① 教育部：《2020 年全国教育事业发展统计公报》，教育部网站，2021 年 8 月 27 日。

月修订颁布的《中华人民共和国民办教育促进法实施条例》，适应新时代我国民办教育发展要求，为贯彻实施《民办教育促进法》、促进民办教育健康发展提供了基本规范。基于我国民办教育的现状，支持和规范民办教育发展，重点要做到：一要加强党对民办学校的领导，扎实做好民办学校的党建工作。全面贯彻落实《关于加强民办学校党的建设工作的意见（试行）》（中办发〔2016〕78号），及中共中央组织部、教育部、民政部、人力资源和社会保障部、市场监管总局印发的《民办学校党建工作重点任务》，推进各级各类民办学校党组织和党的工作有效覆盖，切实保证民办学校党组织政治核心作用发挥和党组织在学校重大事项的决策和监督中的有效参与，保证学校的社会主义办学方向和党的教育方针的贯彻落实。二要完善民办教育分类管理和扶持政策，严格区分营利性和非营利性民办学校，杜绝非营利性学校的各种变相营利行为。在财政、税收、用地和金融等方面对非营利性和营利性民办学校给予差别化扶持。通过优先扶持和奖励等激励措施，引导民办学校重视社会效益，着力提高质量、办出特色。三要着力规范民办义务教育学校的举办。严格公办和民办义务教育学校的界限，克服公办民办不清的现象，加快推进各种“公参民”学校的清理和规范，该转办的转办、该终止的终止。四要加强对民办学校办学的规范和监管。加大对民办学校的办学条件、招生宣传、教育教学、收费和财务运行的规范与监管力度，完善监管、督查机制，对各种不规范的办学行为依法依规予以处理。五要重视对民办学校办学的指导。加强民办教育研究，加大有关民办教育法律法规和政策的宣传力度，充分发挥中国民办教育协会等行业、专业社会组织对民办教育发展和民办学校办学的指导作用。

参考文献

怀进鹏：《深入学习贯彻党的十九届六中全会精神　加快建设教育强国》，《学习时报》2021年11月22日第1版。

怀进鹏：《为加快建设世界重要人才中心和创新高地贡献力量》，《人民日报》2022年1月26日第9版。

教育部：《教育部2022年工作要点》，《中国教育报》2022年2月9日第1、2版。

张赟芳：《积极作为"双减"工作取得明显成效》，《中国教育报》2021年12月22日第1版。

姚晓丹：《909万高校毕业生就业局势总体稳定》，《光明日报》2021年12月29日第8版。

高众：《支持与规范并重　促进民办教育发展》，《中国教育报》2021年5月18日第1版。

中国教育科学研究院：《2021年职业教育改革与发展报告》，《中国教育报》2022年1月4日第5版。

陈志伟等：《2021中国基础教育政策分析》，《人民教育》2022年第Z1期。

孟筱：《乡村振兴视域下乡村教育发展难题与破解之道》，《人民论坛》2019年第28期。

B.9

2021年中国就业体制改革进展与展望

赖德胜　关棋月*

摘　要：　更加充分更高质量就业对于经济社会的繁荣稳定发展起着重要作用，是实现全体人民共同富裕的重要途径。过去一年，我国就业领域面临着新的挑战，比如失业风险加大、结构性就业矛盾更加凸显、新业态从业者的合法权益难以保障、重点群体就业压力增大等。为应对这些挑战，我国不断深化就业体制改革、强化就业优先政策、完善就业公共服务体系，从而确保了就业大局稳定。展望未来，我们要多措并举，不断推动就业扩容提质，确保实现更加充分更高质量就业。具体而言，要进一步深化体制机制改革，强化经济增长对于就业的带动作用，充分激发市场主体活力，提高劳动者技能，构建和谐劳动关系，继续完善就业统计指标体系等。

关键词：　就业体制　就业优先　社会保障

一　实现更加充分更高质量就业面临的新挑战

2021年是“十四五”规划和第二个一百年奋斗目标的开局之年，我国发展仍处于重要战略机遇期，经济稳中向好、长期向好不会变，这为就业大局长期稳定创造了良好条件。但由于新冠肺炎疫情反复和国际形势错综复

* 赖德胜，中共中央党校（国家行政学院）社会和生态文明教研部副主任、教授；关棋月，中共中央党校（国家行政学院）社会和生态文明教研部博士研究生。

杂，各类不确定不稳定的因素仍然较多，实现更加充分更高质量就业仍然面临诸多挑战。

（一）疫情影响下经济下行压力对就业问题的挑战

2020 年初突发的新冠肺炎疫情虽在我国得到了有效控制，但仍呈现零星散发状态。就全球来看，新冠肺炎疫情形势仍然严峻。鉴于疫情防控的需要，全球多个国家和地区仍实行严格的出入境措施，对人员或航班实施严格的熔断或限制措施，造成部分产业全球供应链中断、国际贸易供给端与需求端被破坏，给全球经济发展及贸易往来带来极大冲击。新冠肺炎疫情蔓延下全球经济复苏乏力对我国经济的“倒灌”冲击，使我国面临着经济下行压力增大、市场主体经营困难等问题，进而对我国的就业问题带来挑战。

2021 年 12 月召开的中央经济工作会议指出，当前我国经济发展面临需求收缩、供给冲击、预期转弱三重压力。需求收缩、消费疲弱等因素使得疫情影响下的餐饮业、交通运输业、文娱旅游业等面对面线下服务性行业的就业吸纳能力减弱。这不仅对于就业数量产生影响，同时也对劳动者的就业质量产生影响，对中低收入群体就业和工资增长形成制约，进而导致居民购买力下降。在供给冲击方面，国际疫情蔓延对全球产业链的供给端和需求端均产生了影响。从供给端来看，多类国际大宗商品价格普遍大幅上涨，导致众多行业的原材料价格上升，致使我国经济运行成本提升；从需求端来看，为抑制疫情蔓延，众多经济体被迫采取封国封城和停工减产措施，导致各经济体最终需求全面下滑，对各经济体的生产及出口活动产生负面影响①。在预期转弱问题上，部分市场主体特别是一些小微企业对未来经济前景和市场前景的信心不足，投资意愿不强。加之一些行业的市场竞争日益激烈，平均利润率下降，一些竞争力不强的中小企业在市场中落败，被迫退出市场，对就业带来了较大冲击。

---

① 张志明、耿景珠、杨攻研等：《国际疫情蔓延、全球产业链传导与中国产业链稳定》，《国际经贸探索》2022 年第 2 期。

（二）结构性就业矛盾更加凸显

当前我国的就业结构性矛盾，主要表现在产业结构与就业结构的错配而导致的问题上。伴随着科技进步与产业升级转型，我国劳动力市场正面临着需求岗位与劳动者技能不相匹配的问题，我国高技能人才缺口巨大。根据人社部相关数据，当前我国高技能人才超过5000万人，尽管从总量上看，技能劳动者数量较之前有所增长，但我国高技能人才占技能人才总量的比重仅为28%[①]，与欧美等发达国家相比仍然存在较大差距。技术迭代背景下，用人单位对高技术人才需求量不断增大与技术技能型人才短缺的矛盾较为突出。同时，随着产业结构的转型升级，传统劳动密集型产业升级为以智能化、数字化等新技术群为核心的新产业结构，必然会推动形成新的就业结构和就业形态[②]，导致传统行业在转移中就业岗位减少甚至消失，尤其是在传统制造业中，大量工人失业，面临再就业的问题。

（三）现行劳动法律、社会保障体系与新就业形态不匹配对就业问题的挑战

国家信息中心分享经济研究中心发布的《中国共享经济发展年度报告（2022）》显示，2021年我国共享经济市场交易规模约为36881亿元，同比增长约9.1%。2021年度报告表明，2020年共享经济参与人数约为8.3亿人，其中服务提供者约为8400万人，同比增长约7.7%；平台企业员工数约631万人，同比增长约1.3%。新就业形态的出现与蓬勃发展，为广大劳动者提供了数以千万计的就业岗位，有效缓解了劳动者的就业压力。但传统用工方式以及劳动关系的重大变革，给现行的劳动法律体系带来了冲击。劳动者劳动权益和社会保障面临的挑战主要体现在三个方面。一是劳动关系呈现

① 王俊杰：《高职扩容与人工智能迭代：冲突还是耦合？——兼论高等职业教育变革逻辑及创新路径》，《浙江社会科学》2022年第3期。

② 张成刚：《“稳就业”的经济、制度逻辑与政策实践》，《经济学家》2020年第7期。

虚拟化、灵活化的特征，导致劳动者与新业态企业之间的关系比较松散和模糊[①]。而且，实践中平台企业在用工时往往不与劳动者签订正式的书面劳动合同，致使劳动者在权益受到损害时难以通过现行法律正常维权。2021 年 7 月，人社部等联合发布了《关于维护新就业形态劳动者劳动保障权益的指导意见》，其中对规范用工、优化劳动者权益保障服务等作出了明确规定，但仍需要进一步提高法律位阶和完善相应配套措施。二是新业态从业人员的各项社会保障不完善不充分。由于现行的社保制度主要是基于传统正规就业方式建立的，而如前文所述，目前诸多新业态的从业者与其雇佣单位之间并非传统意义上的劳动关系，这就为我国现行的社会保障政策带来了挑战。大多数平台企业为了降低用工成本，逃避为平台劳动者参保，因此，相当比例的从业人员没有参加相应的社会保险，一旦失业、遇到伤害或死亡事故，无法从失业保险或工伤保险基金中得到补偿，同时也难以从平台企业中得到充分的赔偿。三是劳动者的收入稳定性较差。多数新就业形态的就业岗位基本处于无底薪或底薪较低的情况，且部分行业对劳动者的惩罚严苛（诸如外卖、快递等行业），致使劳动者面临收入不稳定、职业发展动力不足等，这对更加充分更高质量就业的实现带来了挑战。

（四）重点群体“就业难”对就业问题的挑战

自市场化就业机制建立以来，重点群体的就业促进与质量提升问题始终是稳定就业基本盘的重点与难点。《“十四五”就业促进规划》中将重点群体概括为高校毕业生群体、城镇青年群体、农村劳动力转移就业群体及其他重点群体等。在这其中，以高校毕业生群体为主体的青年群体“就业难”问题尤为突出。2021 年年中调查数据显示，我国 16~24 岁城镇青年调查失业率为 15.4%，而同期的城镇调查失业率为 5.0%[②]，这一数值为全国城镇调查失业率的 3 倍。一方面是由于以高校毕业生为代表的城镇青年数量巨

---

① 关博：《加快完善适应新就业形态的用工和社保制度》，《宏观经济管理》2019 年第 4 期。

② 数据来源于中华人民共和国国家统计局：http：//www. stats. gov. cn/。

大。据教育部统计，2022 年，全国普通高校毕业生将达到 1076 万人。伴随着高等教育的大规模扩张，大学毕业生规模不断扩大，就业竞争压力不断增大。然而，尽管我国高等教育规模不断扩大，但部分高校在办学理念与人才培养质量方面还存在这样那样的问题，专业培养和市场需求错位，毕业生所学理论知识与用人单位的实际需求脱节，导致结构性“就业难”问题。另一方面，随着年轻一代思想观念的转变，以大学生为代表的青年群体往往追求更加高质量的就业，他们崇尚自由化、个性化的就业方式，就业期望较高，“宁缺毋滥”的观念也会导致这一群体在就业时面临困难。加之近两年疫情的影响，大学生“延迟就业”“慢就业”等现象日益凸显，这加剧了青年群体的“就业难”问题。此外，农民工群体的“就业难”也是我们面临的一大突出问题。国家统计局公布的数据显示，2021 年我国全年农民工总量达 29251 万人①。这一规模庞大的群体，因受到自身受教育水平不高、能力不足、社会保障存在壁垒等因素的影响，就业环境相对较差。此外，新冠肺炎疫情的影响加重了这一群体的就业压力，比如工作不稳定、工作时间不足、工资收入减少等，因为他们中有相当比例是在餐饮业、零售业、快递运输业等受疫情冲击较大的行业工作。

二 2021年中国就业体制改革的主要进展

2021 年 12 月召开的中央经济工作会议，8 次提及了就业问题，提出要继续做好“六稳”“六保”工作，特别是保就业保民生保市场主体；强化就业优先导向；解决好高校毕业生等青年就业问题；健全灵活就业劳动用工和社会保障政策等。将“稳就业”“保就业”作为做好“六稳”“六保”工作的首要目标，充分彰显了做好就业工作、实现就业目标在经济社会发展以及宏观调控中的重要地位。2021 年我国在深化就业体制改革、强化就业优先政策、完善就业服务体系三大方面不断加力，在世界经济整体低迷的大背景

① 数据来源于中华人民共和国国家统计局：http：//www. stats. gov. cn/。

下，我国城镇新增就业达到1269万人，城镇调查失业率年均为5.1%①，保持了就业大局的总体稳定。

（一）就业体制改革不断深化

为积极推动就业体制改革，缓解疫情对于就业问题的冲击，近两年，中共中央、国务院先后发布了《关于构建更加完善的要素市场化配置体制机制的意见》《关于新时代加快完善社会主义市场经济体制的意见》《"十四五"就业促进规划》等纲领性文件，对就业体制改革进行顶层设计，就业体制机制不断完善。

深化就业体制改革，首先要全面深化经济体制改革。加快完善社会主义市场经济体制，建立更加开放的市场经济体系，充分发挥市场在资源配置中的决定性作用，努力破除阻碍要素自由流动的体制机制障碍。在就业领域，提出要引导劳动力要素合理畅通有序流动、深化户籍制度改革、畅通劳动力和人才社会性流动渠道、加大人才引进力度、营造公平的就业环境等举措。以户籍制度改革为例，"十四五"规划纲要指出，全面取消城区常住人口300万人以下的城市落户限制，全面放宽城区常住人口300万人至500万人的Ⅰ型大城市落户条件②。对此，全国各地多个地区相继出台措施进行户籍制度改革。如广州市于2020年开始，在7个市辖区实施差别化落户政策，进一步降低学历门槛，允许符合条件的全日制大专学历者直接落户，促进工匠实用型人才向新区郊区集聚；放开放宽重点群体落户限制，拓宽积分落户覆盖面。对从事文化、体育、公安、消防、环卫、公共交通、教育、医疗卫生、养老、残疾人照料等工作的特殊技能人员及特殊艰苦行业一线从业人员，给予专项指标保障；为解决无产权住房等人员的落户地址问题，设立了约180个公共集体户等，通过各种措施落实户籍制度改革。南京市于2021年制定了浦口、六合、溧水、高淳四区落户政策暂行办法，除居住证和社保

---

① 《回眸2021中国就业十件大事　地方就业创新事件揭晓》，《中国就业》2022年第2期。

② 《中华人民共和国国民经济和社会发展第十四个五年规划和2035年远景目标纲要》，2021。

要求外，不设其他硬性落户要求，对申请人在江苏省内其他城市的社保年限实行累计认可；取消了南京市年度落户指标限制。成都市通过创新积分申报方式，采用“随到随积”模式，常态化受理群众申报、公布积分结果、办理入户手续等举措有力推进了户籍制度改革。

（二）就业优先政策不断强化

无论是《中共中央关于制定国民经济和社会发展第十四个五年规划和二〇三五年远景目标的建议》，还是《“十四五”就业促进规划》都指出，要继续把就业摆在经济社会发展和宏观政策优先位置，将就业作为保障和改善民生的头等大事，把稳定和扩大就业作为宏观调控的优先目标，聚力支持就业。国家发展改革委办公厅于2021年7月印发了《关于全力做好下半年稳就业保就业有关工作的通知》，强调要全面强化就业优先政策，注重财政、货币、金融、产业、区域、贸易等经济政策与就业政策的衔接配套、协调联动，努力实现经济发展与扩大就业良性互动。这都充分体现了在新的发展阶段我们积极落实就业优先政策，不断健全更加充分、更高质量就业的促进机制。

截至2021年10月，全国市场主体总量已突破1.5亿户。亿万市场主体的磅礴力量承载了7亿多人就业的基本盘，仅个体工商户就带动了近3亿人就业。因此，强化就业优先，关键是稳市场主体，要保障市场主体发展底气足、动能强。在保市场主体方面我们通过实施阶段性大规模减税降费、建立财政资金直达机制、金融系统向实体经济让利等措施稳住就业基本盘。在减税降费方面，财政部出台了继续执行制度性减税政策、突出强化小微企业税收优惠、加大对制造业和科技创新支持力度、继续清理规范收费基金等多项具体措施。如降低增值税税率、进一步加大小微企业和个体工商户的税收减免力度，将小规模纳税人增值税起征点提高到15万元、延续执行企业研发费用加计扣除75%政策，激励企业加大研发投入①，降低航空公司民航发展基金征收标准、加大各类违规涉企收费整治力度，严控非税收入不合理增长

① 陈玥卓、刘冲、侯思捷：《税收红利如何赋能“中国智造”?》，《经济评论》2021年第4期。

等，确保市场主体活力。国家税务总局公布的数据显示，2021 年全年新增减税降费共计约 1.1 万亿元，其中工业企业享受超过 4700 亿元，服务业企业享受超过 6100 亿元。为制造业中小微企业办理缓缴税费 2162 亿元，为煤电和供热企业办理“减、退、缓”税 271 亿元①。持续出台的减税优惠政策举措，既是深化供给侧结构性改革、推进经济高质量发展的重大决策，也是减轻企业负担的重要举措。通过一系列政策组合拳，2021 年，我国 CIER 指数（就业市场景气指数）实现了回升，体现了就业形势总体稳中向好的趋势。

（三）就业服务体系不断完善

就业公共服务是国家基本公共服务的重要组成部分，也是落实就业政策、增强市场供需匹配、实施就业失业管理的重要载体。根据人社部数据，全国区县及以上基本都建立了公共就业服务机构，超过 98%的街道、乡镇都有服务窗口，92%的社区和 79%的行政村都有专兼职工作人员②。经过多年努力，我国公共就业服务体系逐步健全，这对于帮助和促进困难群体就业、实现就业稳中向好具有重大意义。

2021 年 10 月，人力资源和社会保障部、发改委等部门印发《关于实施提升就业服务质量工程的通知》（以下简称《通知》），将公共就业服务作为“稳就业”和“保就业”的着力点、扎实推进全方位公共就业服务的新路径。《通知》中指出，提升就业服务质量，对于实现更加充分更高质量就业、改善民生福祉、促进经济社会和谐稳定发展具有重要作用。因此，我们要切实完善就业支持体系，落实重点群体就业保障。一方面，要关注传统意义上重点群体的就业问题；另一方面，伴随着数字经济以及人工智能的发展，新业态从业人员正在成为新兴的就业重点群体。

2020 年 11 月《教育部关于做好 2021 届全国普通高校毕业生就业创业工作的通知》提出要通过积极拓展政策性岗位、积极拓展市场化岗位、进

① 参见中华人民共和国国家税务总局网站。

② 参见中华人民共和国人力资源和社会保障部网站。

一步提升就业指导服务水平、完善就业统计评价、加强领导和组织保障五大方面共计23项措施加强大学生就业指导，拓宽高校毕业生就业渠道。各地高校会同有关部门，围绕实施乡村振兴战略、服务乡村建设行动，积极开展“特岗计划”“大学生村官”“三支一扶”“西部计划”等基层项目组织招录工作以落实大学生就业问题；在疫情防控常态化下，多地高校就业服务由线下转变为线上线下相结合的全流程模式。通过借助互联网平台技术，将线下讲座活动转移到线上，开展就业直播讲座及网上签约等，为用人单位和毕业生提供线上线下相融合的一站式服务①。

针对新业态从业人员的就业保障问题，2020年中央一号文件首次提出要开展新业态从业人员职业伤害保障试点工作。2021年7月，人社部等8部门联合发布《关于维护新就业形态劳动者劳动保障权益的指导意见》，分类对订立劳动合同、书面协议等作出规范，还提出要通过指导和督促企业依法合规用工、落实公平就业制度，消除就业歧视、健全最低工资和支付保障制度、完善基本养老保险和医疗保险相关政策、建立适合新就业形态劳动者的职业技能培训模式等举措，切实做好新就业形态劳动者各项权益保障工作。

在残疾人就业保障方面，中组部等部门联合发布了《机关、事业单位、国有企业带头安排残疾人就业办法》，要求机关、事业单位、国有企业积极采取措施，按比例安排残疾人就业，依法办理入职手续或签订劳动（聘用）合同；合理确定残疾人取得职业资格和公务员、事业单位人员等入职的体检条件，对于具有正常履行职责的身体、心理条件的残疾人，应依法保障其平等就业权益；安排残疾人就业未达到规定比例的，应当依法采取缴纳残疾人就业保障金等其他方式履行法定义务；到2025年，安排残疾人就业未达到规定比例的省级、地市级编制50人以上的党政机关，至少保证安排1名残疾人。编制67人以上的事业单位，至少保证安排1名残疾人。县级以上残联机关干部队伍中，要有15%以上的残疾人②。

① 许涛：《大学生高质量充分就业探究》，《教育与职业》2022年第4期。

② 王晓慧：《机关事业单位和国企带头安排残疾人就业》，《华夏时报》2021年11月15日。

此外，在其他重点群体的就业问题上，全国多地相继推出以“就业援助月”“春风行动”为主题的公共就业服务举措。例如，青海省针对城镇失业人员、农民工、退役军人、妇女等各类重点群体，会同教育、乡村振兴、退役军人事务、妇联等相关单位，精准举办专场招聘会，提高人岗匹配度和就业率。四川省以辖区内有就业创业意愿的农村劳动力、返乡农民工等为重点对象，由人力资源和社会保障部门联合当地农业农村、扶贫、工会、妇联部门，支持农村劳动力就业创业。北京市通过各区建立岗位信息库，拓宽就业渠道；动员辖区内经营业绩好、社会责任感强的企业拿出一批有保障、无年龄限制、无技能要求、无学历门槛的岗位，拓展困难群众就业渠道；结合辖区内农村休闲旅游、农村电商等新业态，以及农村生产性服务业、生活性服务业和生态建设等领域，收集适合农村劳动力就业的岗位信息等，提高公共就业服务的质量和水平，多措并举帮助人民群众解决就业问题。此外，人社部还通过聚焦企业群众需求，突出问题导向和效果导向，采取更有针对性的举措，持续优化服务。如建立健全政策措施直通企业群众和基层的工作机制，对于与企业群众关系比较密切的政策措施，确保政策出台“四进两知晓”；深化“一件事”集成改革，在2020年和2021年，连续两年实施“人社服务快办行动”，在272个联系点推动企业开办、企业招用员工、失业、退休等10个“一件事”打包办，实现打包事项更融合、证明材料更精简、服务流程更规范、窗口平台更优化、办事指南更明晰，不断完善就业服务体系。

三　中国就业体制改革未来展望

就业是民生之本，就业问题是关乎国民经济健康发展和国家长治久安的重要问题。习近平总书记多次强调：“要坚持就业优先战略，把解决人民群众就业问题放在更加突出的位置，努力创造更多就业岗位。”因此，立足新发展阶段，贯彻新发展理念，构建新发展格局，推动高质量发展，要继续实施就业优先战略，强化就业优先政策，以实现更高质量更加充分的就业。具体来说，要做到以下几点。

一是要进一步深化体制机制改革。要继续加大力气消除影响市场配置劳动力资源的体制障碍，提高劳动力资源的配置效率；完善社会保障制度建设，将各类灵活就业人员充分纳入社会保障体系当中，打破新就业形态劳动者以个人名义加入社保的地域壁垒，拓宽失业保险覆盖范围，保障劳动者得到充分的失业援助；提高医疗保险统筹层次，加快实现养老保险的全国统筹，推进各类基本公共服务均等化，切实保护劳动者的各项社会保障权益；打破区域壁垒，立足不同区域的各种资源优势与人才优势，实现区域产业协同化发展，充分发挥区域间人力资源与市场需求之间的互补性，提高发展水平；打破城乡二元结构，缩小城乡差距。借助乡村振兴战略推动农村地区产业结构转型升级，以农村地区的生态景观、自然资源等来发展旅游、康养等产业，带动农村人口就地就近就业；结合新型城镇化战略，加快农民工市民化进程，不断提高农民工在城市就业的质量。

二是要强化经济增长对于就业的带动作用。增加就业的根本在于经济发展。当前，我国经济由高速转向中高速增长，处于新旧动能转换的关键时期，但我国经济长期向好的基本面不会改变，稳定就业的基础条件也不会改变。对此，要大力推动产业转型升级。具体来讲，就是要由生产型制造向服务型制造转变、由信息技术应用向两化融合转变、由跟随模仿向自主创新转变、由低端产品生产向高端装备制造转变、由产业聚集向产业集群转变、由粗放管理向精益管理转变。同时，坚持以服务实体经济为导向，对金融体系进行结构性调整，完善金融系统各类支持创新的政策，构建经济增长和促进就业的良性循环。在保持经济总量稳定增长、经济结构不断优化升级的同时，努力实现就业规模扩大、就业结构优化、就业质量提升。

三是要充分激发市场主体活力。加快出台经济新形态下推动实体企业改革的相关政策，建立长效机制，确保常态长效，不断增强企业发展信心和市场发展活力；切实降低实体企业各项生产经营成本，充分激发市场主体活力，促进市场主体提质扩量增效；要以问题导向聚焦生产经营、营商环境等重点环节，提升服务效能，切实解决好企业的“急难愁盼”问题；要下大力气打造一流营商环境，激发市场主体的发展活力、竞争活力、创新活力，创造更多的就业机会。

四是要不断提高劳动者技能。当前我国劳动力素质技能水平与劳动力市场需求不匹配的矛盾是就业领域的突出问题。对此，要大力发展职业教育，切实提高劳动者的技能水平，培养符合就业市场所需的技能型人才。根据不同类别、不同层次的职业要求，构建多元化、多层次的职业培训体系；创新技能培训方式，依托互联网技术，实现线上培训与线下实践的联动配合，建设劳动者终身学习数字化平台体系；在教育领域，要提高现有职业院校的办学质量，增加农村青少年等重点群体获得职业教育及高等教育的机会，破除职业教育与普通高等教育互动壁垒，实现职业教育与普通高等教育学习成果双向互通互认、纵向流动，积极推行“学历证书+职业技能等级证书”制度①。同时，不断深化产教融合、校企合作，将产业布局与教育培训相结合，完善人力资本供给结构，提升劳动力供给质量，以应对新技术革命和产业升级的挑战②；建立劳动者终身职业培训制度。加大职业培训投入力度，统筹整合现有培训资源，完善职业培训机制，进一步提升就业创业培训覆盖面和针对性。

五是要构建和谐劳动关系。构建和谐的劳动关系是实现更高质量就业以及更高质量劳动关系的重要保障。当前新就业形态下的劳动者权益保障问题已成为政府和社会公众密切关注的重要问题，要加快出台能够保障全体劳动者合法权益的法律法规。由于目前从事新就业形态的多数劳动者与雇主或是用工平台的用工模式都没有纳入劳动法保护的范畴，因此难以受到现有法律保护，劳动者权益受到侵害事件频发，遇事难以维权。对此，要对现行法律进行调整，尽快修订完善劳动法律法规，例如对新业态劳动者的劳动保护，可以通过完善《中华人民共和国劳动法》《中华人民共和国劳动合同法》的相关规定，拓展对新业态中劳动关系的认定，将新型劳动关系纳入保护范

① 赖德胜：《职业教育推动就业扩容提质》，《群言》2021 年第 11 期。

② 陈晨、刘冠军：《实现高质量就业与提升人力资本水平研究》，《中国特色社会主义研究》2019 年第 3 期。

围，适应企业发展和职工权益保障新需求，充分保障包括新就业形态劳动者的全体劳动者的合法权益。同时，可以借鉴国际上的先进经验，考虑出台特殊行业劳动标准或过渡性劳动标准，制定适应平台经济运营模式的工时工资及劳动安全等劳动标准，引导和督促企业严格落实国家工时制度和特殊工时管理规定，承担企业社会责任①。依法保障全体劳动者的生命安全、薪酬待遇等合法权益，构建和谐健康的劳动关系。

六是要完善就业统计指标体系。就业包括就业数量、就业结构和就业质量等②，设计科学合理的就业全口径统计指标体系，对于为政府出台相关就业政策、为社会和公众提供实用的就业指导具有重要意义。而现有的就业统计指标存在不充分的情况，一方面，伴随着新经济形态的蓬勃发展，诸多灵活就业人员的就业情况较为复杂，现有的统计指标难以真实、充分地反映实际情况；另一方面，伴随着实现更高质量就业这一目标，要构建科学合理的高质量就业的评价指标体系。对此，要对现有就业统计指标进行优化，加快完善就业统计指标体系，尽可能全面真实地反映就业情况。具体来说，可以在借鉴其他国家先进经验的基础上，结合我国当前的实际情况，利用网络和大数据作为支撑与依托，构架全面完善、客观公正的就业统计指标体系。同时，针对新发展阶段我国面临的新形势、新变化，以及“Z 世代”劳动者的特性，对现有的就业质量评价体系进行进一步优化完善，在其中加入更多体现人文关怀、关注劳动者个体发展的评价指标，真正构建起科学、合理、实用的全口径就业统计指标体系。

---

① 吴绮雯：《“十四五”时期高质量就业面临的挑战及解决思路》，《经济纵横》2021 年第 7 期。

② 谭永生：《中国更高质量和更充分就业的测度评价与实现路径研究》，《宏观经济研究》2020 年第 5 期。

B.10
2021年中国社会保障改革进展与展望

李志明*

摘　要： 2021年，中国在加强和完善“十四五”期间社会保障中长期发展规划的同时，还以“一老一小”为重点完善养老与育幼服务体系、加快推进医疗保障制度建设、推进军人及军队相关人员权益保障、加快发展保障性租赁住房、建立新就业形态劳动者劳动权益保障以及积极促进社会福利事业发展，社会保障诸多领域改革取得了新进展。展望2022年，中国将在相关发展规划的指引下，以高质量发展为主题继续深化社会保障领域综合改革，着重加快完善社会保险各项主体制度、推进“一老一小”人口服务体系建设、深化“两多一并”住房制度改革。

关键词： 社会保障　制度建设　权益保障

2021年2月26日，习近平总书记在中央政治局集体学习时首次全面、系统地围绕完善社会保障体系建设发表重要讲话，提出了一系列重大论断，对中国社会保障制度建设具有特别重大的理论与实践指导意义。习近平总书记站在治国理政的全局高度，阐述了社会保障制度建设的战略意义以及未来中国社会保障体系建设的目标与方略，为促进社会保障事业快速发展提供了根本遵循。

这一年中，在习近平总书记重要讲话精神的指引下，中国社会保障改革

* 李志明，中共中央党校（国家行政学院）社会和生态文明教研部教授，主要研究方向为社会政策与民生保障。

取得了巨大成就，制度建设目标日益清晰明确，部分领域制度建设取得了新进展，为“十四五”时期健全多层次社会保障体系的规划部署开好了局、起好了步。

一 2021年中国社会保障制度改革进展

在“十四五”开局之年，按照《中华人民共和国国民经济和社会发展第十四个五年规划和2035年远景目标纲要》（以下简称《纲要》）的部署要求，中国社会保障领域出台了不少具有中长期影响的规划安排，对《纲要》提出的社会保障建设规划作出了更加具体、细致的安排，为未来五年社会保障改革发展提供了基本遵循。2021年6月29日，人力资源和社会保障部印发《人力资源和社会保障事业发展“十四五”规划》，就“十四五”时期健全多层次社会保障体系提出规划要求；6月18日，由民政部、国家发改委联合印发《“十四五”民政事业发展规划》，就“十四五”时期兜底保障、社会救助、儿童福利、残疾人福利等方面制度建设作出规划；9月23日，国办印发《“十四五”全民医疗保障规划》，围绕待遇保障、筹资运行、医保支付、基金监管等重要机制和医药服务供给、医保管理服务等关键领域对“十四五”时期中国医疗保障制度的发展进行了目标规划和任务设定。

具体的改革进展集中在医疗保障、军人保障以及住房保障等领域，新就业形态劳动者权益保障方面也取得了新进步。

（一）以“一老一小”为重点完善人口服务体系

近年来，人口老龄化程度日益加深，2021年我国65岁及以上人口占比达到14.2%，人口已经正式进入中度老龄化阶段。与之相伴随的是人口出生率持续走低，先期采取的放松生育管制的政策措施并没有逆转生育率下降的趋势，中国日益呈现少子老龄化的人口转变趋势，将对中国经济社会发展带来全面、深刻、持久的影响。应对这种人口转变形势及其影响，是一个全局性问题，是一场全面而深刻的经济社会转型变革，但可以从“一老一小”

这两个关键领域率先入手：一方面，优化生育政策，以此有效延缓人口老龄化进程，为积极应对人口老龄化争取更长的“政策缓冲期”；另一方面，完善养老保障体系，减少人口老龄化对经济社会发展带来的影响。2021 年 3 月发布的《纲要》就在“实施积极应对人口老龄化国家战略”专章中要求制定人口长期发展战略，并提出“优化生育政策，以‘一老一小’为重点完善人口服务体系，促进人口长期均衡发展”。随后，相关政策体系和制度框架建设也是按照“一老一小”两手抓的思路来推进的。

在服务生育前端方面，6 月 26 日，中共中央、国务院作出《关于优化生育政策促进人口长期均衡发展的决定》，从“组织实施好三孩生育政策、提高优生优育服务水平、发展普惠托育服务体系、降低生育养育教育成本以及加强政策调整有序衔接”等五个方面对生育配套支持措施作出部署，将优化生育政策作为实现减缓人口老龄化进程、保持人力资源禀赋优势、平缓总和生育率下降趋势、促进人与自然和谐共生等政策目标的重要“先手棋”，同时也将有力地促进中国育幼服务体系、儿童福利制度乃至家庭发展政策体系的建设与发展。

在对生育政策进行调整优化之后，2021 年 11 月 18 日，中共中央、国务院发布《关于加强新时代老龄工作的意见》，围绕“把积极老龄观、健康老龄化理念融入经济社会发展全过程”这一主旨，从构建养老服务和健康支撑相结合体系以及促进老年人社会参与、构建老年友好型社会、培育银发经济等多个方面，加快建立健全积极应对人口老龄化的相关政策体系和制度框架，为在服务养老后端走出一条中国特色积极应对人口老龄化道路提供有效支撑。

（二）加快推进医疗保障制度建设

2021 年中国在医疗保障制度建设方面取得了不少突出进展，体现如下。

第一，推进医疗保障基金监管法治化。近年来，中国不断加大医疗保障基金监管力度，先后连续多年开展打击欺诈骗保专项治理行动，2020 年更是直接从制度层面推进医疗保障基金监管制度改革。在这些监管实践和制度探索的基础上，2021 年 1 月 15 日国务院以行政法规的形式公布《医疗保障基金使用监督管理条例》（以下简称《条例》），以加强医疗保障基金使用监管为切入口，拉开了推进医疗保障法治化的帷幕。该《条例》颁布实施后，将构建起政府监管、社会监督、行业自律和个人守信等四方主体协同共治的医疗保障基金监管体系，为维护医疗保障基金安全、促进基金有效使用提供更加具有现实可操作性的法律依据。

第二，建立健全职工基本医疗保险门诊共济保障机制。扩大基本医疗保险参保人员门诊共济，是国家医疗保障制度改革既定的重要举措。按照2020年2月25日中共中央、国务院印发的《关于深化医疗保障制度改革的意见》的改革任务部署，为解决多发病、常见病的普通门诊费用基本依靠个人账户来支付以致部分参保人个人账户资金不够用、门诊医疗费用负担过重等问题，2021年4月22日，国务院办公厅发布《关于建立健全职工基本医疗保险门诊共济保障机制的指导意见》（国办发〔2021〕14号）。该指导意见着眼于增强门诊共济保障功能，改革了职工基本医疗保险中的个人账户制度，包括缩小个人账户规模、规范个人账户使用范围、加强监督管理以及完善与门诊共济保障相适应的付费机制等。

第三，建立医疗保障待遇清单制度。近年来，由于统一规范的待遇清单制度的缺失，政府对医疗保障制度的权责边界并不清晰，一方面导致社会成员对于基本医疗保障的期望值越来越高，另一方面，部分地方在基本医疗保障具体实施过程中也存在包得太多、管得太宽的问题。这样一来，既挤压了商业健康保险等其他层次医疗保障的发展空间，也加重了基本医疗保障基金的财务压力。因此，在建设多层次医疗保障体系过程中，建立健全医疗保障待遇清单制度，以此来确定基本保障内涵、厘清待遇支付边界、明确政策调整权限以及规范决策制定流程显得尤为重要。2021年1月19日，国家医疗保障局、财政部联合发布《关于建立医疗保障待遇清单制度的意见》（医保发〔2021〕5号），并制定了涵盖医疗保障基本制度、基本政策，以及医疗保障基金支付的项目和标准、不予支付的范围等内容在内的国家医疗保障待遇清单（2020年版）。该意见的出台，标志着中国医疗保障制度日益注重公平取向，并正在走向待遇统一的新发展阶段。

（三）推进军人及军队相关人员权益保障

第一，通过立法规范军人地位和权益保障。维护军人军属合法权益、让军人成为全社会尊崇的职业，是党的十九大作出的战略部署。为了更好地体现和维护军人的尊崇地位，保障他们享有与其职业特点、职责使命和所做贡献相称的地位与权益，2021 年 6 月 10 日，十三届全国人大常委会第二十九次会议表决通过《中华人民共和国军人地位和权益保障法》。这是中国在军人地位和权益保障领域内制定的基础性、综合性法律，是具有中国特色、适应强军要求、体现鲜明导向的军人地位和权益保障的法律规范体系。它始终贯穿“让军人成为全社会尊崇的职业”这条宗旨主线，通过 7 章 71 条具体规范，对军人地位、军人权益及保障、权益救济和法律责任等三个方面的重要事项作出了明确规定，为实现让军人成为全社会尊崇的职业提供了基础制度保证，对于进一步提升军人职业比较优势、推动形成尊崇优待军人的浓厚社会氛围具有重要意义。

第二，改善军人及军队相关人员医疗待遇。提高军人及其家属医疗保障水平、守护军人军属健康，是保障军人军属权益、让军人成为全社会尊崇的职业的内在要求。2021 年 10 月 17 日，中央军委办公厅印发《军人及军队相关人员医疗待遇保障暂行规定》，以维护和提高广大官兵健康水平为中心，从提高基层官兵及其家属的医疗保障水平、提升官兵普惠医疗保障质量、扩大官兵家属军队医疗保障范围、规范军队医疗保障工作制度等四个方面，建立完善军地互补、便捷优质的医疗保障制度，更好地维护军人家庭健康权益，增强部队凝聚力战斗力，提升军人获得感荣誉感。

（四）加快发展保障性租赁住房

近年来，针对住房领域“过于强调投资属性而忽视居住属性、重视发挥市场配置作用而忽视政府保障作用”等不良倾向导致的各种问题[①]，中国

---

① 李志明：《新时代的住房制度及改革》，《人民论坛》2021 年第 22 期。

坚持以人民为中心的发展思想以及“房住不炒”的科学定位，推动建立“多主体供给、多渠道保障、租购并举”的新型住房制度，扩大保障性租赁住房供给，缓解住房租赁市场结构性供给不足，有效改善了城镇户籍住房困难人口住房条件。但是，伴随着城镇化进程而来的流动人口规模的持续扩大，以进城务工人员为代表的新市民以及新就业大学生等青年群体的住房困难问题比较突出，须加快完善包括保障性租赁住房等在内的住房保障体系。2021 年 7 月 2 日，国务院办公厅印发《关于加快发展保障性租赁住房的意见》（国办发〔2021〕22 号），明确了保障性租赁住房的基础制度和支持政策。根据该意见，保障性租赁住房是在公租房、共有产权住房等保障性住房类型之外另一种重要的住房保障形式。不同于主要由政府投资建设和发放货币补贴的公租房保障形式，保障性租赁住房重点是在人口净流入的大城市，采取新建、改建、改造、租赁补贴等多种方式、多渠道筹集房源，致力于解决符合条件的新市民、青年等群体的住房困难问题；政府从土地、审批、资金、税费、金融、公共事业收费标准等多方面给予政策支持，引导多主体投资、多渠道供给。

（五）维护新就业形态劳动者劳动保障权益

近年来，随着“三新”经济的兴起及快速发展，中国依托互联网平台创造了大量的就业机会，新就业形态劳动者数量大幅增加。由于自身劳动关系难以确认，新就业形态劳动者的劳动保障权益遭受侵害的现象日益增多。为更好维护和保障新就业形态劳动者的劳动保障权益，2021 年 7 月 16 日，人力资源和社会保障部等八部门发布了《关于维护新就业形态劳动者劳动保障权益的指导意见》（人社部发〔2021〕56 号）。该意见聚焦实践中新就业形态劳动者权益保障面临的突出问题，要求企业依法合规用工并积极履行用工责任，对符合确立劳动关系情形、不完全符合确立劳动关系情形但企业对劳动者进行劳动管理的新就业形态劳动者权益保障承担相应责任；对平台企业采取劳务派遣、外包等合作用工方式的，应与合作企业依法承担各自的用工责任。

（六）积极促进社会福利事业发展

第一，规划未来十年妇女和儿童福利发展。2021 年 9 月 8 日，国务院印发《中国妇女发展纲要（2021－2030 年）》和《中国儿童发展纲要（2021－2030 年）》，为优化妇女和儿童的发展与成长环境、保障妇女和儿童的合法权益提供了重要保障，也为发展妇女儿童福利事业提供了行动指南。《中国妇女发展纲要（2021－2030 年）》从健康、教育、经济、参与决策和管理、社会保障、家庭建设、环境、法律等八个方面对妇女发展作出了规划设计。其中，该纲要专门就整体社会保障权益、生育保障、医疗保障、养老保险、失业保险和工伤保险、社会救助、妇女福利、养老服务和照护服务、关爱服务等多个方面制定了发展目标、提出了策略措施。《中国儿童发展纲要（2021－2030 年）》从健康、安全、教育、福利、家庭、环境、法律保护等七个方面作出了规划设计。其中，该纲要专门就儿童福利保障和救助、面向儿童的公共服务、儿童医疗保障、儿童营养改善、普惠托育服务、孤儿和事实无人抚养儿童保障、残疾儿童康复救助、流浪儿童救助保护、留守儿童关爱保护、流动儿童服务、儿童之家建设管理和服务、基层儿童保护、未成年人救助保护机构和儿童福利机构，以及基层儿童工作队伍服务能力、社会力量参与儿童保护和服务等多个方面制定了发展目标、提出了策略措施。

第二，促进儿童福利机构优化提质和创新转型。儿童福利机构是指为孤儿和残疾儿童提供照养服务的社会福利事业机构。改革开放以来，中国儿童福利机构得到持续发展，服务能力和养育水平稳步提升，为保障儿童合法权益发挥了重要作用。但是，近年来，人们对儿童福利机构专业服务的需求日益增加，这些机构发展不平衡不充分、质量不高等问题日益显现。为了更好地促进儿童福利机构发展，2021 年民政部等部门发布的《关于进一步推进儿童福利机构优化提质和创新转型高质量发展的意见》（民发〔2021〕44 号）提出，对省级和地市级民政部门设立的儿童福利机构，着力推进儿童养育、医疗、康复、教育、社会工作一体化发展；对县级民政部门设立的儿童福利机构，要在做好儿童移交、档案移交、所代管的儿童财产移交等儿童权益保障工作的前提下，着力推进创新转型。

二　2022年中国社会保障制度改革展望

（一）加快完善社会保险各项主体制度

在养老保险方面，2022 年的工作重点主要集中以下几个方面。一是进一步实施和完善城镇企业职工基本养老保险基金全国统筹。2018～2021 年中央调剂制度实施的四年间，共跨省调剂资金 6000 多亿元，其中 2021 年跨省调剂的规模达到 2100 多亿元，有力支持了困难省份确保养老金按时足额发放。[①] 根据党中央、国务院决策部署，2022 年城镇企业职工基本养老保险基金将在“省级统筹+中央调剂金”制度的基础上开始实施全国统筹制度。全国统筹制度实施后，中国将在进一步加强全国统筹调剂资金管理的基础上，建立中央和地方政府的支出责任分担机制，稳定中央财政补贴力度，明确和压实地方政府的支出责任。二是适当提高退休人员基本养老金和城乡居民基础养老金标准。三是继续完善多层次养老保险体系，特别是规范发展个人养老金等第三支柱养老保险。

在医疗保险方面，预计 2022 年将继续根据制度实践进展情况，围绕中共中央、国务院《关于深化医疗保障制度改革的意见》中提出的需要着力健全的待遇保障机制、筹资运行机制、医保支付机制、基金监管机制以及需要协同推进和优化的医药服务供给侧改革、医疗保障公共管理服务，形成相应的制度安排，出台具体落实的规范性文件，从而为中国医疗保障制度在新发展阶段加快走向成熟、定型奠定基础。

在失业保险、工伤保险、生育保险等方面，2022 年的重点工作将是

① 人力资源和社会保障部：《2021 年第四季度新闻发布会答问实录》。

扩大覆盖面以及提高基金统筹层次。截至 2021 年底，失业保险、工伤保险和生育保险的参保人数分别为 22958 万人、28284 万人、23851 万人，远低于城镇就业人员总数。2022 年，中国将继续着力扩大三项社会保险在城镇就业人员中的覆盖面，特别是扩大对灵活就业人员的制度覆盖面、推进新就业形态职业保障制度建设。与此同时，中国还将加快推进工伤和失业保险省级统筹。基本医疗保险和生育保险合并经办，将在目前基本实现地市级统筹的基础上，推动省内制度政策、经办服务和信息系统的规范统一，积极稳妥推进省级统筹。在长期护理保险制度探索方面，则是继续推进试点工作，为构建全国统一的长期护理保险制度框架积累经验。

（二）持续推进“一老一小”人口服务体系建设

2022 年，中国将继续围绕实施积极应对人口老龄化国家战略、促进人口长期均衡发展完善相关配套政策。具体来说，一是围绕“养老”这一关键领域，持续优化城乡养老服务供给，构建居家社区机构相协调的养老服务体系，特别是在日间照料、助餐助洁、康复护理等社区居家养老服务以及农村互助式养老服务等重点领域持续探索；二是为落实三孩生育政策优化生育政策配套，实施婴幼儿照护费用的个人所得税专项附加扣除，发展普惠性托育服务，建设生育友好的社会环境。

（三）继续深化“两多一并”住房制度改革

党的十九大报告提出要加快建立多主体供给、多渠道保障、租购并举的住房制度。这是当前和未来相当长一个历史时期内中国住房制度改革的目标导向和核心任务。2022 年，中国将继续推进“两多一并”住房制度改革，一方面加快发展保障性租赁住房，推进保障性住房建设；另一方面，支持商品房市场更好满足购房者的合理住房需求。此外，中国还将在“新的发展模式”方面加强理论研究和实践探索，促进住房制度健康发展。

参考文献

习近平：《促进我国社会保障事业高质量发展、可持续发展》，《求是》2022 年第 8 期。

郑功成：《面向 2035 年的中国特色社会保障体系建设——基于目标导向的理论思考与政策建议》，《社会保障评论》2021 年第 1 期。

鲁全：《新时代中国社会保障体系建设的路径——兼论“十四五”时期社会保障改革新要求》，《行政管理改革》2021 年第 4 期。

B.11

2021年中国养老服务发展回顾与展望

叶响裙*

摘　要： 2021年正值“两个一百年”历史交汇的新起点，也是“十四五”开局之年。我国加强养老服务顶层设计，对新时代养老服务体系建设作出系统部署；大力推进基本养老服务发展，致力于让全体老年人享有基本养老服务；持续推进重点领域改革试点，增强养老服务供给能力；推进农村互助养老发展，补足养老服务短板。展望2022年，需要全面推进基本养老服务体系建设，完善兜底性养老服务，进一步推动居家和社区养老服务高质量发展，着力构建老年健康支持体系，更好地满足老年人的健康养老服务需求。

关键词： 养老服务　人口老龄化　居家养老　互助养老　健康老龄化

2021年正值“两个一百年”历史交汇的新起点，也是“十四五”开局之年。面对人口老龄化加快发展的基本态势，我国实施积极应对人口老龄化国家战略，加快推进养老服务体系建设，针对养老的“急难愁盼”问题，因地制宜进行改革探索，不断推动养老服务高质量发展，以满足老年人多方面需求。

---

* 叶响裙，中共中央党校（国家行政学院）公共管理教研部教授。

一 2021年养老服务发展状况

（一）加强顶层设计，完善政策规划

我国老年人口规模大，老龄化发展速度快。国家统计局发布的统计公报显示，2021 年末全国人口 141260 万人，60 岁及以上人口为 26736 万人，占全国人口的 18.9%，其中 65 岁及以上人口为 20056 万人，占全国人口的 14.2%。“十四五”时期，我国将迈向中度老龄化阶段。为积极应对人口老龄化的挑战，我国加快推进养老服务体系建设，加强顶层设计和统筹规划，进一步明确新时代养老服务发展的目标和重点。

2021 年 3 月，《中华人民共和国国民经济和社会发展第十四个五年规划和 2035 年远景目标纲要》发布，就“实施积极应对人口老龄化国家战略”设立专章，提出“健全基本养老服务体系”“构建居家社区机构相协调、医养康养相结合的养老服务体系”“强化对失能、部分失能特困老年人的兜底保障”等重要部署，指明了“十四五”乃至更长时期养老服务体系建设的方向和重点任务。

2021 年 11 月 18 日，《中共中央国务院关于加强新时代老龄工作的意见》（以下简称《意见》）印发。《意见》对未来一段时期我国推进老龄工作做出了全面部署，体现了新时代推进老龄工作的新理念、新思路，将积极老龄化理念贯穿于积极应对人口老龄化国家战略的落实工作中，在构建为老服务体系的同时，注重扩大老年人社会参与，加强老年人权益保障，构建老年友好型社会。《意见》进一步明确了养老服务体系建设的重点方向，提出了养老服务体系建设的重点任务，特别是突出了健康老龄化的要求，提出推进老年健康支撑体系建设，加强老年人健康教育和指导，开展关爱行动等，强调养老服务和健康服务需要紧密结合，更好地满足老年人健康养老的需求。

在我国即将进入中度老龄化阶段的关键节点，以上政策规划，立足新时

代新战略，围绕养老服务发展的核心问题，对新时代老龄工作尤其是养老服务体系建设作出了全面部署，切实推进了养老服务体系的建设与完善。

（二）建立基本养老服务清单制度，推进基本养老服务发展

新时代养老服务体系建设的一个核心内容，是让全体老年人享有基本养老服务、建立基本养老服务制度。2021 年 9 月，民政部召开了全国基本养老服务体系建设推进电视电话会议，部署推进基本养老服务体系建设。之后中共中央、国务院印发的《关于加强新时代老龄工作的意见》，首次在中央层面部署建立基本养老服务清单制度。通过列清单的方式，进一步明确基本养老服务的内涵要求，回应基本养老服务“服务谁、怎么服务、由谁提供服务”这些关键问题，从而凝聚共识、增强合力。

目前，我国居家和社区养老服务改革试点范围中，已明确要求建立基本养老服务清单制度。相关地区结合各地经济社会发展实际，制定实施了一些地方性法规和政策，积累了一定的经验。基本养老服务立足于保基本，其目的是保障全体老年人的基本生存发展权，使全体老年人在享受基本养老服务方面实现机会均等和规则公平。基本养老服务面向全体老年人，但着重聚焦失能半失能老年人对于照护服务的迫切需要，以满足失能照护需求为核心，优先保障特殊困难老年人的养老服务需要。基本养老服务由政府主导提供，明确政府提供基本保障的主体地位，同时发挥家庭、市场和社会的作用，形成政府主导、市场和社会参与、家庭尽责的多元合作供给格局，为全体老年人提供基本的养老服务保障。

各地按照中央的部署要求，结合当地经济社会发展条件，推动基本养老服务体系建设，形成各具特色的地方方案。

北京市精准保障基本养老服务对象，为健全基本养老服务体系提供了坚实支撑。一是通过开展老年人能力综合评估，建立评估信息系统，明确基本养老服务对象。二是明确基本养老服务清单，有效匹配养老服务资源和养老服务需求。各区和街乡镇指导养老驿站制定基本养老服务责任清单和服务清单，并予以公示。三是大力推进养老机构建设，提升长期照护服务质量。为

确保基本养老服务对象“住得上”养老机构，稳步推进兜底养老设施建设，全面实施乡镇敬老院改造提升工程，提升公办养老机构的兜底保障服务能力。推进医养结合，促进养老机构服务质量不断提升。①

上海市加大对基本养老服务的财力保障力度，不断提升服务供给能力和水平，着力探索构建超大城市的基本养老服务体系。一是注重制度建设。明确 9 个基本服务项目清单，形成了基本养老服务制度体系。二是加大财力投入。通过发放建设补贴等方式，支持“保基本”的养老机构发展。构建社区养老“15 分钟服务圈”，构建多层级的农村养老服务网，对经济困难老年人发放养老服务补贴，同时，推进“适老化改造”、关爱社区高龄独居老年人等系列服务项目。三是抓住关键环节。如建立老年照护需求评估体系，为老年人享受基本养老服务提供可靠依据；实施老年综合津贴制度，目前惠及近 400 万名老年人。试点长期护理保险制度，目前覆盖超过 43 万人。

贵州省在完善养老服务政策体系、强化基本养老服务法制保障的基础上，立足本地实际，将基本养老服务制度的建立列入新时代推进西部大开发形成新格局的重点工作，将基本养老服务发展中的困难和问题纳入省政府高质量发展督查激励清单。制定全省统一的老年人能力评估标准，建立基本养老服务对象需求精准识别机制。创新基本养老服务支撑环境，提升服务水平。建立完善基本养老服务标准体系，有力地提高基本养老服务规范化、标准化水平。针对养老服务质量安全监管重点难点，建立完善基本养老服务综合监管制度。

此外，重庆市聚焦特困对象，关爱困难群体，突出兜底线、保基本、强普惠，坚持政府主导，强化政企联动，充分发挥多元主体作用。杭州市持续优化基本养老服务供给，探索“兜底式”“家院式”“安养式”等“三式联动”，使基本养老服务提供更精准、更便捷、更专业。各地因地制宜、探索创新，为健全我国基本养老服务体系提供了宝贵的实践经验。

---

① 北京市民政局：《北京：精准保障基本养老服务对象》，《中国民政》2021 年第 19 期。

（三）持续推进改革试点，增强养老服务供给能力

2021 年，为满足强劲增长的养老服务需求，我国持续推进养老服务改革试点，不断优化养老服务供给。

持续推进居家和社区养老服务改革试点，促进居家社区机构养老协调发展。居家和社区养老是绝大多数老年人首选的养老方式。我国持续多年开展居家和社区养老服务改革试点，从理念引导、设施建设、服务提升、经费保障等方面进行了全面探索。目前，全国已有 203 个地区开展了居家和社区养老服务改革试点，社区养老服务基本覆盖城市社区和半数以上农村社区。2021 年，在中央专项彩票公益金支持下，我国 42 个项目地区开展了居家和社区养老服务提升行动，让老年人在自己家里就能接受专业化的照护服务。与此同时，推进居家适老化改造，为老年人提供安全便捷的生活环境。

持续推进养老机构改革，提升养老服务专业化水平。推进养老服务放管服改革，全面放开养老服务市场，营造公平竞争的市场环境，鼓励社会力量兴办养老机构，支持公立养老机构民营化运营，不断增加优化养老服务供给。截至 2021 年底，我国养老服务机构和设施数达到 35.7 万个，床位数为 813.5 万个。其中，养老机构护理型床位占比达到 50%。

持续开展医养结合试点，初步形成连续性服务供给模式。目前已在 90 个城市开展医养结合试点，试点地区从实际出发，加强规划布局和政策保障，积极探索建立行之有效的医养合作机制，创新医养结合服务模式，努力构建覆盖城乡的医养结合服务网络，为老年人提供连续、便捷、高效的连续服务供给，切实满足老年人健康养老的需要。从全国来看，目前已初步形成多样化的医养结合服务模式，几乎所有试点单位的养老服务场所都实现了基本医疗卫生服务的覆盖。

持续推进长期护理保险试点，加强养老服务资金保障。目前在 29 个城市开展长期护理保险试点，探索为失能半失能老年人提供照护服务的筹资方式。与此同时，推动老年人困难补贴、护理补贴、高龄补贴制度实现省级全

覆盖。截至2021年年底，全国有512万老年人享受养老服务补贴、109万老年人享受护理补贴，3205万老年人享受高龄津贴。

（四）推进农村养老服务发展，补足养老服务短板

构建多层次农村养老服务网络。第七次全国人口普查结果显示，全国农村60岁及以上老年人口比重高达23.81%，高出城镇7.99个百分点。从全国看，我国农村地区的老龄化率高于城市，而且，城乡间的老龄化差距还呈现不断扩大的趋势。在推进养老服务体系建设过程中，各地积极探索推进农村养老服务创新，克服农村地区经济保障不足、基础薄弱等现实障碍，初步构建起了多层次农村养老服务网络。

对农村留守和空巢老年人提供关爱服务。中国老龄协会统计显示，全国老年人口中约有50%是空巢老人，由于农村地区大规模的劳动年龄人口到城镇工作，农村空巢老人比例更高。党中央、国务院高度关注农村留守、空巢老年人养老问题，制定实施了一系列关爱农村留守和空巢老年人的有关政策。总的来说，我国对农村留守和空巢老年人提供的关爱服务包括以下三方面：一是将农村空巢老人作为普惠性居家和社区养老重点服务对象。按照相关政策安排，优先为其提供老年人餐桌、适老化改造以及日间照料等服务。二是推进“党建+农村养老服务”，强化基层党组织的主导作用，整合组织各种社会资源，为农村老年人尤其是农村留守或空巢老年人提供各类服务。将空巢老年人作为重点对象，开展农村兜底项目建设。三是构建专门面向农村留守和空巢老年人的关爱服务体系。依托村委会或志愿机构组织实施定期巡访制度，或者采用政府向社会组织购买服务的方式，定期到留守和空巢老年人家里进行探访，及时提供各类照护服务。

推进农村互助养老服务发展。当前我国农村互助养老的蓬勃发展，具有深厚的社会文化基础：传统熟人社会普遍维系着人与人之间的互助关系，目前生活在农村的村民仍然具有传统社会共同体的这种互助精神。发展农村互助养老，即支持引导低龄老年人照顾高龄老年人、身体健康的老年人照顾生活难以自理的老年人，有效破解了农村养老服务供给困境，充分发挥了老年

人自身潜力，拓宽了老年人参与社会活动、提供养老服务的渠道，将非正式的社会交往和互助行为整合进老年人养老服务体系，促进了养老服务供给中多元主体的合作互惠，增强了老龄社会的凝聚力。互助养老在我国农村地区发展势头良好，得到普遍推广的是互助幸福院模式。互助幸福院在政府的引导支持下建立，是政府、市场和社会多方主体共同合作建立的服务平台，组织化程度较高，建立了较稳定的管理服务和评估机制，有一定的专业技术支撑，能有效解决困难老年人的生活照料和护理问题。

二　2022年养老服务展望与建议

（一）全面推进基本养老服务体系建设

健全基本养老服务政策体系。建立全国范围内跨部门互认的老年人能力综合评估制度，依据科学的评估标准确定基本养老服务的对象。全面建立基本养老服务清单制度，明确界定基本养老服务的项目和标准。

明确发展基本养老服务的主体责任。基本养老服务并非完全由政府大包大揽。政府负责制定政策规划、标准，统筹多方面资源，组织相关政策的实施，对服务进行规范监管。同时，鼓励支持社会组织、企业、家庭和个人等多元主体参与服务的提供，充分发挥市场配置资源的作用，充分激发社会力量的积极性，从而增加和优化服务的供给。

完善兜底性养老服务。加强针对城乡特困老年人的养老保障，健全城乡特困老年人供养服务制度。对于有集中供养需求的特困老年人，均落实集中供养。全面推进特困人员供养服务设施建设，每个县（市、区）至少建有1所县级供养服务设施（敬老院），为失能、部分失能特困人员提供专业照护，形成县、乡、村三级农村养老服务兜底保障网络，加强兜底性养老服务。

持续推进农村基本养老服务发展。结合不同地区经济社会发展实际制定发展规划。探索构建互助养老服务网络，支持鼓励城市养老机构到农村开展养老服务，针对农村失能、半失能老年人的生活照料等重点难点问题，探索切实可行的养老服务模式。

推动基本养老服务与相关社会保障制度的有效衔接，建立完善基本养老服务体系与长期护理保险、基本养老保险、老年津贴、基本医疗保险等制度的协同机制，强化基本养老服务的政策支持和资源保障。

（二）持续推动居家和社区养老服务高质量发展

加快社区养老服务设施和机构建设。对于新建城区、新建居住（小）区，要按标准配套建设社区养老服务设施。对于老旧城区、已建成居住（小）区，要有效利用改造闲置的办公用房、楼堂馆所等，补齐社区养老服务设施。通过开展社区养老服务机构和设施规范化建设，构建“一刻钟”养老服务圈，增强养老服务的可及性和便捷性。

不断创新社区居家服务形式。发挥社区作为居家养老依托平台的作用，重点发展日间照料、短期托养、志愿互助等服务；针对老年人日常服务需求，大力发展助餐、助洁、助行等基本生活照料服务；加快发展精神慰藉、康复护理等上门服务。进一步规范和推广嵌入式养老服务、巡访关爱、适老化改造，探索建立智慧养老、时间银行等新型服务。

持续扩大和优化养老服务供给。加大对社区养老服务的支持力度。通过政府购买服务、发放财政补贴等措施，扶持专业机构发展。强化科技赋能，帮助老年人跨越“数字鸿沟”，通过社区养老服务机构和社会组织等对老年人开展公益智能应用技术培训，使老年人能享用智能时代的高科技产品和服务。制定完善家庭养老支持政策。全面推广喘息制度、照料假等政策，使与老年人同住并给予照护的家庭成员享有税收和社会保障方面的优惠政策，引导和强化子女赡养、照料老年父母的责任，进一步强化家庭养老功能。

进一步推广和规范家庭养老床位。家庭养老床位的建设发展，使老年人在家里就能获得专业化的生活照料和护理服务，不仅满足了老年人居家养老的需求，而且降低了服务成本。我国今后将进一步加大家庭养老床位的发展力度，扩大家庭养老床位试点范围和覆盖面，在总结各地试点经验的基础上，完善政策措施，发挥家庭养老床位的优势和功能，使更多的老年人养老不离家，在家里就能获得便捷的照护服务。与此同时，加强对家庭养老床位管理和服务的监管，将家庭养老床位纳入养老服务综合监管，制定实施相关的标准和规范，确保家庭养老床位为老年人提供安全、规范的服务。

（三）着力构建老年健康支持体系

面向全体城乡居民，构建健康干预与引导体系。提高全人口各个时期的健康水平是健康保障的关键。我国要加强对各年龄段人群的健康干预，实现“以治病为中心”向“以人民健康为中心”的转变，构建全生命周期健康干预与引导体系。要以社区卫生服务机构为依托，为居民建立健康档案，将健康关口前移，及时发现健康风险因素，积极开展疾病预防工作，加强对常见病、慢性病的综合干预，同时强化个人是健康第一责任人意识，促进老年疾病早发现、早诊断、早治疗，以连续性的健康服务助力实现健康老龄化。

聚焦特殊老年群体，切实满足健康养老刚需。满足失能老年人长期照护需求既是养老服务体系建设的重点，也是难点。我国已明确建立长期照护服务体系的政策目标，着力解决老年人“急难愁盼”问题，对支持长期照护服务机构建设、建立长期照护服务资金保障制度等具体内容，已做出了系统的部署安排。未来，需要在总结各地试点实践经验的基础上，建立全国统一的长期护理保险制度，建立以社会护理保险为主，以商业保险、社会救助和福利津贴为补充的多层次护理保障制度。与之相应，建立一套统一科学的护理等级评定标准和评估制度，实现服务供需精准对接。与此同时，要加快长期照护专业人才培养，确保长期照护服务得到有效供给。

多方发力，补齐老年健康服务资源不足的短板。从实际情况看，当前我国基层老年健康服务能力不足、老年医疗护理员数量有限等现实问题比较突出。[①] 今后，我国要以应对人口老龄化为导向，加快城乡医疗卫生服务体系建设，推进基层医疗卫生服务机构建设，加强基础医务人员队伍建设，普遍

---

① 郝晓宁：《全面推动健康养老服务体系建设》，《中国社会报》2021 年 12 月 15 日。

实施家庭医生签约制度，增强基础医疗卫生服务机构为老服务功能，提高服务水平。要加快形成个人预防、医院治疗、居家护理相结合的老年医疗保健体系。要积极探索医养结合的服务方式。建设医养康养数据库和信息服务系统，打造医疗养老健康综合服务平台，为老年人提供个性化、智能化服务，更好地满足老年人的健康养老服务需求。

B.12

2021年中国医药卫生体制改革进展与展望

胡 薇*

摘 要： 2021年是“十四五”规划的开局之年，医药卫生体制改革提质增效的趋势愈加明显。这一年，改革在推动公立医院高质量发展、推广三明医改工作经验、加强公共卫生服务体系建设、推动药品集采常态化方面取得明显进展，优质医疗资源均衡布局、医保制度改革和中医药发展也稳步推进。但新冠肺炎疫情的反复也为改革的持续深化带来重大影响。在迈向高质量发展的新阶段，医药卫生体制改革仍需在健康中国的道路上持续发力，不断推动优质高效的整合型医疗卫生服务体系的发展。

关键词： 高质量发展 三明医改 公共卫生 药品集采

2021年是“十四五”规划的开局之年，也是新冠肺炎大流行的第二年，医药卫生体制改革蹄疾步稳，但也面临越来越复杂的挑战。这一年，多项有关医改的“十四五”规划出台，规划基本都围绕“健康中国”展开。整体来看，规划更加注重协同性，更加注重政府主导性，更加注重预防和风险防范。2021年，在新冠肺炎疫情的反复冲击下，我国的医药卫生服务体系经受了巨大的考验，同时也在公立医院高质量发展、药品集采、医保付费和公共卫生体系建设上取得了重大改革进展。

* 胡薇，博士，中共中央党校（国家行政学院）社会和生态文明教研部副教授。

一　2021年医药卫生体制改革总体趋势

（一）典型经验助推医改破局

将地方经验上升至可复制、可推广的中国式医改模式一直是学界和政府关注的焦点。2009 年新医改以来，地方改革经验颇多，曾涌现出“北京模式”“上海模式”“镇江模式”“罗湖模式”“三明模式”“天长模式”等多种地方模式，涉及政府办医体制、医联体建设、编制改革、医保支付、药品流通多个领域和省市县多个层级，但在相当长时间内都不具备全国复制与推广的条件。2015 年，国务院深化医药卫生体制改革领导小组决定选择江苏、安徽、福建、青海 4 省开展综合医改试点，并在 2016 年增至 11 省份，希望能加快形成符合实际、可推广、可复制的改革经验和模式。2016 年，在《深化医药卫生体制改革 2016 年重点工作任务》中，首次提出要“总结完善福建省三明市改革做法和经验”。2017 年在中央全面深化改革领导小组第三十三次会议上，习近平总书记指出，三明医改的方向是正确的、成效是明显的，要注意推广。2019 年《关于进一步推广福建省和三明市深化医药卫生体制改革经验的通知》明确要求推广三明经验。2021 年，习近平总书记在三明实地调研，再次肯定了三明医改的经验。同年，国务院发布 2021 年医改重点任务，强调“进一步推广三明市医改经验”，并于年底发布《关于深入推广福建省三明市经验深化医药卫生体制改革的实施意见》和《关于抓好深入推广福建省三明市经验深化医药卫生体制改革实施意见落实的通知》，对三明医改经验进行了较为全面的总结，并为各地学习推广三明经验下达了具体调度指标。“三明医改”真正从地方探索上升为可复制可推广的中国式的医改经验。从“总结完善”、“注意推广”、“进一步推广”到“深入推广”，从局部试点到取得经验与共识，再到获得中央肯定并向全国推广，三明医改经验的提炼与推广意味着我国医药卫生体制改革经过十几年的艰难探索，逐渐形成了一条较为明晰的中国特色的医改之路。

（二）医药卫生体制高质量发展

党的十九大指出，我国已进入高质量发展的新阶段。对医药卫生体制改革来说，高质量发展要求医药卫生体制改革必须紧紧围绕满足群众多层次、多元化的健康需求，推动医疗供给侧改革，不断提升医疗服务的能力、改善群众的就医体验、提升就医的质量。近几年，医药卫生体制改革“高质量发展”的趋势明显，如在加强公立医院绩效管理、提高医疗服务质量、改善群众就医体验、提高医保支付能力等方面做了大量工作，2018 年发布了《关于坚持以人民健康为中心推动医疗服务高质量发展的意见》。但总体来看，“高质量发展”的趋势虽有但旗帜还不够鲜明、措施也并不具体。而 2021 年则以“公立医院高质量发展”为突破口，先后印发《国务院办公厅关于推动公立医院高质量发展的意见》《公立医院高质量发展促进行动（2021-2025 年）》《关于抓好推动公立医院高质量发展意见落实的通知》等 3 个重要文件，从 5 个方面、27 项二级指标对推动公立医院高质量发展作出了明确要求。此外，医药领域发布的《“十四五”国家药品安全及促进高质量发展规划》、医保领域发布的《“十四五”全民医疗保障规划》、医疗领域印发的《“十四五”优质高效医疗卫生服务体系建设实施方案》都明确了高质量发展、内涵式发展的目标方向。

（三）扩容与均衡配置优质医疗资源

医疗资源供给不足和供给不均衡一直是困扰医改的顽疾。新医改以来，我国医疗服务总量供给不断增加，医疗资源的均衡配置也取得明显成效。“十三五”期间，每千人口卫生技术人员数从 6.12 人增加至 7.57 人，每千人口床位数从 5.37 张增加至 6.46 张，政府卫生支出占 GDP 的比重从 1.86%增加至 2.17%。[①] 但是优质医疗资源的供给依然远远不足，与群众对健康的需求差距较大。如何扩容并均衡配置优质医疗资源成为当前和今后一

① 国家卫生健康委员会编《2021 中国卫生健康统计年鉴》，中国协和医科大学出版社，2021。

个时期医疗供给侧改革的重要课题。

优质医疗资源的均衡配置需综合考虑分层、分级、分类的医疗资源发展，考虑城乡差异和地区差别，是一项更为复杂的改革。2021 年，国家发改委等四部门印发《“十四五”优质高效医疗卫生服务体系建设实施方案》，要求通过公共卫生防控救治能力提升工程、公立医院高质量发展工程、重点人群健康服务补短板工程、促进中医药传承创新工程等，一体化推动优质医疗资源扩容和区域均衡布局。为此，国家卫健委印发了《医疗机构设置规划指导原则（2021-2025 年）》，为科学制定地方的医疗机构行政规划、优化卫生资源配置作出了顶层设计。同年，还启动了第二批委省共建国家医学中心和国家区域医疗中心项目，出台了推动公立医院高质量发展的意见和评价指标体系、开展了整合性医疗卫生服务体系试点、推动村（居）建立公共卫生委员会、新设立了国家疾病预防控制局等，从多角度入手全面推动优质医疗资源均衡发展。

二　2021年医药卫生体制改革主要亮点

（一）公立医院高质量发展

公立医院在我国医疗卫生服务体系中一直发挥着主力军的作用，在持续三年的新冠肺炎疫情防控中，公立医院更是承担了最紧急、最危险、最艰苦的救治工作。2021 年 2 月 19 日，中央全面深化改革委员会第十八次会议肯定了公立医院在疫情防控中的重要作用，强调要推动公立医院高质量发展。这次会议还通过了《关于推动公立医院高质量发展的意见》，赋予公立医院极其重要的战略地位，指出要加强公立医院的主体地位，通过系列努力实现公立医院发展方式的“三个转变”，在新体系、新趋势、新效能、新动力、新变化等五个方面取得全方位的突破。2021 年“两会”期间，习近平总书记直接指出：“在抗疫斗争中，公立医院是中流砥柱。下一步，要继续巩固、强化、壮大公立医院，这一条是明确的。”

公立医院一直是医改的核心。新医改十几年来，围绕它的改革举措颇多，但与群众多样化高层次的医疗服务需求相比，公立医院的发展方式还比较粗放，运营管理的精细化程度还不高。随着人口老龄化、城镇化和疾病谱系变化的叠加，以公立医院为核心的医疗服务体系必须寻求更高效、更精细、更具创新性的发展模式，高质量发展是必由之路。2021 年，公立医院高质量发展采取试点先行、点面结合的方式推进。在点上，选取若干家大型高水平三级甲等医院为试点，面上选择 11 个综合医改试点省份进行先行先试。改革虽主要围绕公立医院展开，但实际涉及多方面的综合性改革，其中很多还是长期以来的医改热点与难点，如人事管理制度改革、薪酬分配制度改革、医疗服务价格改革、医保支付方式改革、医院绩效管理等。此后，《深化医疗服务价格改革试点方案》等多项医保改革方案和高质量发展评价的指标体系接连发布，高质量发展的指挥棒逐渐清晰。

预计未来一个时期将进一步强化公立医院的主体地位，加大公立医院政策支持力度。2021 年国家卫健委在回复人大代表的一项建议中①，曾明确表示“公立医院编制非但不能弱化，还需进一步强化保障措施”。公立医院的地位应如何强化？其强化是否会进一步强化公立医院的垄断地位？这些都会对医疗服务供给的多层次、多元化发展带来复杂影响。

（二）公共卫生体系迎来新变革

突袭而至的新冠肺炎疫情将我国公共卫生服务体系的短板再次暴露在社会面前。2020 年在中央深改委第十二次会议上，习近平总书记指出，要针对这次疫情暴露出来的短板和不足，抓紧补短板、堵漏洞、强弱项，完善重大疫情防控体制机制，健全国家公共卫生应急管理体系。当前，公共卫生服务体系的短板主要在于长期以来医防分裂、疾控人才严重流失、疾控体制不顺、公共卫生应急能力不强等。这些问题在新冠肺炎疫情突发时被进一步放

① 国家卫生健康委：《对十三届全国人大三次会议第 7818 号建议的答复》，www. nhc. gov. cn/wjw/jiany/202102/f2683ab90b604514b7480d47dd3cb73c. shtml，2020 年 9 月 3 日。

大，疾控部门的预警能力不足、公共卫生应急管理权限碎片化、医疗机构的公共预防职能严重弱化等问题受到社会广泛关注。

新冠肺炎疫情为国家疾病预防体系改革按下了加速键。2021 年 5 月，国家疾控局挂牌成立，作为国家卫健委的二级局，它被寄予极高的改革期望，但直到 2022 年初，“三定”方案才出炉。新成立的疾控局为副部级单位，主要职能为疾病预防控制与应急监督，其中“建立健全跨部门、跨区域的疫情信息通报和共享机制”明显指向新冠肺炎疫情初期信息发布上权威性不足的问题。此外，将对医疗卫生机构和公卫机构的监督与执法功能合而为一，归国家疾控局管理，赋予其卫生执法权。方案还赋予新疾控局以“领导各级疾病预防控制机构”“推动公共卫生服务与医疗服务高效协同、无缝衔接”“完善公共卫生重大风险评估、研判、决策机制，提高评估检测敏感性和准确性”等职能。毫无疑问，国家疾控局的成立提升了疾控部门的权威性，也将原来相对分散的传染病防控、卫生监督等职能合并，改革基本实现了提升行政级别、扩大编制等目标。

但是“三定”方案还留有诸多改革疑问：一是没有理顺各级疾控中心的体制，即是否垂直管理。二是一些职能仍被分割。如慢病管理被归为卫健委，而公共卫生的应急职能则一分为二，一部分在疾控局的应急处置司，另一部分则在卫健委的医疗应急司，这可能还会产生公共卫生应急的碎片化。三是解决“医防分离”问题没有实质性突破。

（三）药品集采进入常态化

2018 年中央深改委通过《国家组织药品集中采购试点方案》，由新成立的国家医保局组织对 11 个地区进行药品集中带量采购。至 2021 年底，国家已组织六批集中带量采购，共采购 234 种药品，价格平均降幅达到 53%，其中心脏支架平均降价 93%、人工关节平均降价 82%。[①] 2021 年，集采首次新

① 《深化药品和高值医用耗材集中带量采购改革进展国务院政策例行吹风会》，www.gov.cn/xinwen/2022-02/11/content_ 5673163.htm，最后检索时间：2022 年 6 月 28 日。

增胰岛素以及人工关节采购，下一步还将扩展到骨科脊柱类耗材采购。此外，监测数据也表明公立医院对采购药品的使用量远高于约定采购量，尤其是基层医疗卫生机构。这说明，集中带量采购对缓解群众看病贵的问题是具有明显作用的。

为规范药品集采，特别是保障药品的安全性和生产的稳定性，国家药监局2018年发布《国家药监局关于加强药品集中采购和使用试点期间药品监管工作的通知》，2021年发布《加强集中带量采购中选医疗器械质量监管工作方案》，并开展了相关专项检查工作。工信部开展了国家集中采购药品生产的动态监测，及时掌握企业的生产销售数据，确保中标药品的稳定供应。同时，支持中选企业对现有生产线进行智能化、规模化的改建，提升生产水平。2020年，国家医保局发布《关于建立医药价格和招采信用评价制度的指导意见》，对涉及失信的医药企业采取适当措施，保证医药价格的合理回归。2021年9月，国家医保局发布首期《价格招采信用评价“严重”和“特别严重”失信评定结果》，5家企业上榜，其中华北制药被取消自2021年8月11日至2022年5月10日参与集采的资格。医药招采的规范性、制度性越来越强。

目前，集采还只是覆盖临床使用的一部分，大量药品与耗材的中间价格仍然十分虚高，对医保基金和群众来说负担仍然较大。因此，在前期改革探索的基础上，必须进一步扩大集采的范围，使之成为常态化的制度。2022年初，国务院常务会议决定常态化、制度化开展药品和高值医用耗材集中带量采购。2021年，《国家医疗保障局办公室关于做好国家组织药品集中带量采购协议期满后接续工作的通知》和《国务院办公厅关于推动药品集中带量采购工作常态化制度化开展的意见》发布，为下一步集采常态化发展开始铺路。集采的常态化、制度化意味着集采的品种、覆盖的领域和覆盖的地区将进一步扩大。

（四）医保撬动作用不断凸显

医保在医药卫生体制改革中发挥战略性购买作用，是撬动“三医联动”

的关键节点，其作用主要体现在以下几个方面：一是药品与高值医用耗材集采；二是医保目录谈判；三是医保付费改革。此外，还对分级诊疗、社会办医、互联网医疗、医联体建设等多项改革有影响。2021 年，医保除在国家集采上有重大进展之外，在医保目录谈判和医保付费改革上也是蹄疾步稳。

在医保目录谈判方面。2021 年新版国家医保目录发布，医保目录谈判共涉及 117 个药品，谈判成功率为 80.34%。74 个新增药品中涉及慢性病用药 20 种、罕见病用药 7 种、新冠肺炎治疗用药 2 种，预计 2022 年新版目录可为患者减负超过 300 亿元。[①] 为推动谈判药品落地，2021 年 5 月，国家医保局和卫健委联合印发的《关于建立完善国家医保谈判药品“双通道”管理机制的指导意见》要求将临床价值高、需求迫切、费用高、替代性不高的药品纳入“双通道”，即定点医疗机构和定点零售药店两个渠道，以此保证谈判药品的供应。

在医保付费改革方面。自 2019 年 DRG 付费国家试点启动以来，截至 2021 年 6 月，全国 DRG/DIP 试点城市超过了 200 个。[②] 2021 年底，《国家医疗保障局关于印发 DRG/DIP 支付方式改革三年行动计划的通知》发布，要求分阶段、分批次推进付费制度改革，目标是到 2024 年底全国所有统筹地区全部开展 DRG/DIP 付费改革，到 2025 年底 DRG/DIP 支付方式覆盖所有符合条件的开展住院服务的医疗机构。此后，多省份如陕西、福建、安徽、辽宁等地都发布了地方版的三年行动计划。DRG/DIP 付费含有“结余留用、超支自理”的逻辑，是倒逼和鼓励医院提高管理与服务效率，特别是加强病案首页管理、信息化和数据化建设、临床管理标准化规范化建设的重要手段。三年行动计划的发布预示医保付费改革将持续深化并不断制度化，对医疗机构内控管理提出越来越高的要求。

此外，医保在以总额预付推动紧密型县域共同体建设中也发挥了重

① 国家医疗保障局：《国家医保局 人力资源社会保障部关于印发〈国家基本医疗保险、工伤保险和生育保险药品目录（2021 年）〉的通知》（医保发〔2021〕50 号）。

② 《国新办举行推动公立医院高质量发展的意见 国务院政策例行吹风会》，http://www.nhsa.gov.cn/art/2021/6/7/art_14_5223.html，最后检索时间：2022 年 8 月 3 日。

要作用。2021 年，在深入推广三明医改经验的意见中，着重提出要“探索对紧密型县域医共体实行医保资金总额付费”。2022 年中央一号文件即《中共中央国务院关于做好 2022 年全面推进乡村振兴重点工作的意见》也提出，要“深入推进紧密型县域医疗卫生共同体建设，实施医保按总额付费，加强监督考核，实现结余留用、合理超支分担”。一些地方，如广东、山东、安徽等地的医共体已开始“按人头付费总额预算管理”改革。

（五）基层医疗服务能力持续强化

医疗服务资源分布不均衡的主要表现之一就是基层医疗服务能力薄弱，特别是农村基层医疗服务能力薄弱。医疗机构区域设置不合理、设施设备陈旧、人员流失严重、财政投入不足、公共卫生防御能力差等一直是基层医疗卫生机构的痛点。2021 年，基层医疗卫生能力提升主要有以下几方面重要工作。

一是加强社区医院建设。2020 年，在前期试点的基础上，国家卫健委发布《关于全面推进社区医院建设工作的通知》，2021 年又发布《关于加快推进社区医院建设的通知》，要求科学规划社区医院布局，突出社区医院贴近群众的服务优势，严格管理，加强人才培养培训。2022 年全国基层卫生健康会议透露，2022 年将新建 500 家以上社区医院。二是开展基层卫生综合试验区试点。按照《国家卫生健康委办公厅关于开展基层卫生健康综合试验区建设的通知》的要求，2021 年启动了山西介休等 8 个市县改革，一些省（自治区）也同步开展了省级基层卫生健康综合试验区建设，如山东、新疆等。试点内容包括县域卫生人才一体化配备管理、完善稳定长效的多渠道补偿机制、深化人事和分配制度改革等多项举措，目标是及时形成具有示范效应的地方经验。三是扩展家庭医生签约服务。2022 年初，国家卫健委等 6 部门联合发布《关于推进家庭医生签约服务高质量发展的指导意见》，要求通过扩展家庭医生队伍、丰富签约服务方式、全面实行弹性化服务协议和签约服务回访等，稳步推进家庭医生签约覆盖率的提升，实现 2035 年签约服务覆盖率75%以上，重点人群签约服务覆盖率85%以上。四是加强基层公共卫生委员会建设。2021年《关于加强村（居）民委员会公共卫生委员会建设的指导意见》要求，力争用2年时间实现公共卫生委员会机制全覆盖、能力普遍提升、作用有效发挥，初步建立起常态化管理和应急管理动态衔接的基层公共卫生管理机制。这是疫情之下对基层公共卫生应急能力的一次全面提升。

三　下一步改革趋势

（一）持续深化医药卫生体制改革

在社会各界的共同努力下，我国医药卫生体制改革取得了长足的进展，特别是在减轻群众看病负担、提升区域医疗服务水平、深化公立医院改革、提高医保控费能力等方面取得了明显的进步。但是，随着人民生活水平的提高，特别是全球化、城镇化、老龄化和疾病谱系的变化，医疗卫生事业将面临越来越复杂的挑战。一方面，全球化的突发传染病疫情不断涌现，将持续考验世界人口大国的基层防疫能力和医疗服务能力；另一方面，进入高质量发展阶段后，国家对卫生事业的投入和医保基金的承压能力将面临持续紧缩的压力。此外，人口将加速老龄化，对经济、社会和卫生健康事业产生复杂而深远的影响，这些都对我国医疗卫生事业发展提出新的挑战。

当前，我国医药卫生事业的结构性短板非常突出，如优质医疗资源的供给不足、基层医疗卫生服务能力薄弱、公共卫生体制仍不完善、老年人和儿童等一些重点人群的医疗服务供给不足等。医疗卫生事业的发展与人民群众日益增长的对健康服务的需求相比具有一定的差距，与扎实推进共同富裕的要求相比具有一定的差距。未来，医药卫生体制改革还需不断在扩增量、优存量上持续发力。

（二）进一步提升基层医疗卫生能力

由于城乡差距、地区差异的长期存在，以及医疗机构编制、薪酬制度改革的限制，我国基层医疗卫生服务能力的提升一直比较缓慢。特别是在农村，乡村医生老化、乡村医生流失、村级卫生室建设滞后等问题十分突出。新冠肺炎疫情的冲击使政府、学界和社会普遍认识到基层医疗卫生服务体系的重要性，如何让基层做好人民健康的“守门员”变得非常重要。提升基层医疗卫生能力需综合发力，从财政补助、人才培养、薪酬改革等多方面同时着手。2021 年，多项改革措施用于提升基层服务能力，除前述的社区医院建设、家庭医生签约服务、公共卫生委员会建设等改革之外，还包括：人均基本公共卫生服务经费补助新增 5 元，统筹用于基本公共卫生服务和疫情防控工作，乡村医生基本公共卫生服务补助资金可“先预拨、后结算”；[①] 对实施基本药物制度的村卫生室，人均基本药物补助标准由 8 元提高至 10 元，转移支付资金主要用于乡村医生的收入补助；[②] 医学专业高校毕业生可免试申请乡村医生职业注册；[③] 实行村级医疗卫生巡诊派驻制度[④]等。可以预见，随着新冠肺炎疫情防控的常态化和乡村振兴战略的不断推进，基层特别是乡村的医疗卫生服务能力将获得有效提升。

（三）构建优质高效的整合型医疗卫生服务体系

整合型医疗卫生服务体系是基于为群众提供全方位、全周期的健康服务理

---

① 国家卫生健康委、财政部、国家中医药局：《关于做好 2021 年基本公共卫生服务项目工作的通知》（国卫基层发〔2021〕23 号）。

② 《国家卫生健康委办公厅关于做好 2021 年基本药物制度补助项目工作的通知》，www. nhc. gov. cn/jws/s7882/202106/b22ca05dda134e809608fe76f4c6869f. shtml，最后检索时间：2022 年 6 月 28 日。

③ 《国务院办公厅关于印发深化医药卫生体制改革 2021 年重点工作任务的通知》（国办发〔2021〕20 号），www. gov. cn/zhengce/content/2021-06/17/content_ 5618799. htm，最后检索时间：2022 年 6 月 28 日。

④ 《国家卫生健康委办公厅关于做好村级医疗卫生巡诊派驻服务工作的通知》（国卫办基层函〔2021〕465 号），www. nhc. gov. cn/jws/s3581r/202109/677a977876ce 4f4da150e191eb612b35. shtml，最后检索时间：2022 年 6 月 28 日。

念而构建的预防、诊断、治疗、康复、临终关怀等一体化的整合性较强的医疗卫生服务体系，包括医疗资源的均衡配置、医联体建设、分级诊疗、基层服务能力提升、信息化建设等多项内容，涉及当前医改的绝大部分举措。在《"十四五"优质高效医疗卫生服务体系建设实施方案》中，"优质高效整合型医疗卫生服务体系"成为"十四五"改革的主要目标，整合型医疗卫生服务体系的特征是体系完整、布局合理、分工明确、功能互补、密切协作、运行高效、富有韧性。2021 年，国家还选取了山西、浙江、广西 3 个省份的 6 个县作为试点。

"整合型医疗卫生服务体系"的概念是医改进入较深阶段后提出的一个更明确的综合性改革目标，而实际上，"整合"的方向一直蕴含在新医改以来的改革措施当中。实践中，促进"整合"的重要手段是医联体建设，但医联体建设并不是整合型医疗的全部内涵。"整合"强调的是功能互补、密切协作，它应该是一个更连续、更均衡的服务体系，涉及公共卫生机构、医院、基层医疗卫生机构等多个卫生链条，既有内外横向整合，也有内部纵向整合，还包括功能整合。而医联体建设则具有明显的以医院为中心、以大医院为龙头的特征。此外，整合型医疗卫生服务还应高度关注医疗机构与家庭、社区之间无缝隙衔接的服务，即连续型医疗服务。

参考文献

陈浩等：《我国疾病预防控制中心人员流动情况分析》，《上海预防医学》2017 年第 1 期。

武海波、梁锦峰：《健康中国背景下的整合型医疗服务研究概述》，《卫生软科学》2021 年第 11 期。

邓清文、魏艳、陈英耀：《公立医院高质量发展的探索实践及实现路径》，《中国医院管理》2022 年第 1 期。

刘茜、蒲川：《基于重大疫情防控的医防融合策略研究》，《现代预防医学》2021 年第 8 期。

仇雨临、翟绍果：《医保在医改中发挥基础性作用的实现路径》，《中国医疗保险》2016 年第 12 期。

B.13

2021年中国儿童早期照顾服务发展与展望

陈　偲*

摘　要： 2021年，我国儿童早期照顾服务政策进一步发展，政策目标主要聚焦于提供积极的生育支持，注重推动儿童早期照顾服务的体系化、落地化、精细化、创新化发展。在服务发展方面，发展继续加速但供需缺口仍存在；随着政策空间进一步调整，独立的市场化托育服务机构、托幼一体化服务、家庭式托育、早教机构转型托育服务的发展面临机遇与挑战；家庭科学养育指导服务发展仍处于探索阶段，公共化支持项目相对较少，在服务形式、对象、频率、内容等方面存在不足。未来，需进一步树立社会投资理念，继续增加托育服务供给、发展普惠性服务；发挥政策引领作用，构建积极健康的托育服务体系；探索为家庭提供全覆盖、公益为主的科学养育指导服务。

关键词： 儿童早期照顾服务　托育服务　家庭科学养育指导

2021年，我国进入“十四五”时期，在经济社会运行总体平稳、持续优化的同时，人口红利逐步减少，人口老龄化、低生育率等问题凸显。一方面，我国人口老龄化进入急速发展新阶段；另一方面，2021年人口增长再次创下新低，出生人口为1062万人，人口自然增长率为0.34‰[①]。在此背

* 陈偲，社会保障学博士，中共中央党校（国家行政学院）报刊社编辑。

① 《2021人口增长创历史新低，原因何在？统计局回应》，https://baijiahao.baidu.com/s?id=1722173521938250801&wfr=spider&for=pc。

景下，鼓励生育成为公共政策。在儿童早期照顾赤字普遍存在的背景下，儿童早期照顾服务已成为社会的迫切需求，也是生育支持政策的重要组成部分。本文对2021年儿童早期照顾服务的政策与实践发展进行梳理，并在此基础上展望未来。

一 2021年儿童早期照顾服务的政策发展

自2019年国务院出台《关于促进3岁以下婴幼儿照护服务发展的指导意见》（以下简称《意见》）以来，我国逐渐形成儿童早期照顾服务的政策体系，在顶层设计基础上，全面覆盖托育机构设置标准、服务管理规范等多个领域。在明确家庭育幼基础地位的同时，提出兜底性、适度普惠性、规范化等服务发展要求。在此基础上，2021年，我国儿童早期照顾服务政策进一步发展，具有以下特点。

首先，儿童早期照顾服务的主要政策目标在于提供积极的生育支持。随着人口老龄化以及生育率的下降，儿童早期照顾服务从增进民生福祉（如减轻家庭负担、促进女性就业、提供生育支持等）、促进儿童早期发展、提升经济发展新动能等多重目标，开始聚焦于减轻家庭育幼负担、提供生育支持、促进人口长期均衡发展的目标。2021年3月14日，我国通过了《中华人民共和国国民经济和社会发展第十四个五年规划和2035年远景目标纲要》①，在第四十五章“实施积极应对人口老龄化国家战略”中提出“健全婴幼儿发展政策”的专节，强调发展普惠托育服务体系、健全支持婴幼儿照护服务和早期发展的政策体系。2021年6月，《中共中央 国务院关于优化生育政策促进人口长期均衡发展的决定》指出②，到2025年，积极生育支持政策体系基本建立，普惠托育服务体系加快建设，生育、养育、教育成

① 吕红平、耿之璇：《生育支持政策：推动实现适度生育水平的重要保障》，《人口与健康》2022年第1期。

② 吕红平、耿之璇：《生育支持政策：推动实现适度生育水平的重要保障》，《人口与健康》2022年第1期。

本显著降低，生育水平适当提高。

随着政策目标的进一步明确，发展儿童早期照顾服务的紧迫性更加显现。为应对新的人口形势，在促进生育率增长的同时，保障女性的劳动参与既符合家庭的主观意愿也符合劳动力供给需要，因而，在运用必要的时间支持工具（如长度适当的产假、育儿假）和兜底性的经济支持工具基础上，服务支持工具是关键，过长的假期和育儿津贴都容易影响女性的劳动参与。在此目标下，我国进一步扩大服务覆盖范围、提升可及性，加深服务的普惠性程度。例如，对服务的数量供给已提出定量指标要求（每千人口拥有 3 岁以下婴幼儿托位数由 2020 年的 1.8 个提升到 2025 年的 4.5 个），对服务在数量、质量、价格等方面的要求也将进一步契合更多家庭的生育支持需求，努力实现服务价格可承受、质量有保障、方便可及。

其次，积极推动儿童早期照顾服务体系化、落地化发展。一是国家发改委作为牵头部门，积极协调各职能部门提出做好《国务院办公厅关于促进养老托育服务健康发展的意见》贯彻落实工作的通知，系统提出健全政策体系、扩大服务供给、打造发展环境、完善监管服务等 4 个方面 23 项改革创新措施，加快建立“一老一小”相关工作机制①。二是对于仍处于发展初期的儿童早期照顾服务，重视发挥示范引领作用，在全国范围内开展婴幼儿照护服务示范城市创建活动②、促进托育综合服务中心的建设③，努力形成可复制、可推广的经验。三是各地出台多项托育服务支持政策，包括一次性建设补贴如免租金免装修的优惠政策和新开班级的补助、按年或按月支付的持续性运营补贴、一次性的示范机构奖励补贴等。

① 《国家发展改革委办公厅关于做好〈国务院办公厅关于促进养老托育服务健康发展的意见〉贯彻落实工作的通知》（发改办社会〔2021〕192 号），中华人民共和国国家发展和改革委员会官方网站。

② 《关于开展全国婴幼儿照护服务示范城市创建活动的通知》（国卫人口发〔2021〕17 号），https：//baijiahao. baidu. com/s？id=1699445994550 507297&wfr=spider&for=pc。

③ 《国家卫生健康委办公厅关于印发托育综合服务中心建设指南（试行）的通知》（国卫办人口函〔2021〕629 号），http：//www. nhc. gov. cn/rkjcyjtfzs/s7786/202201/a04dfa5f28a44396b11021fc5cdf92bf. shtml。

最后，推动服务的精细化、创新化发展。一是引入常态治理与非常态治理相结合的思维，重视对服务潜在风险的预防。例如，国家卫健委专门出台《托育机构婴幼儿伤害预防指南（试行）》，提出“伤害不是意外，可以预防和控制”，并在安全管理、改善环境、加强照护等方面为伤害预防提供技术指导和参考①。在儿童友好城市建设的有关文件中也指出提升灾害事故防范应对能力，有效防范应对各类灾害事故风险。二是推行空间友好理念，引入“1 米高度看城市”儿童视角，推进儿童友好理念融入城市规划建设，推进城市公共空间适儿化改造②。三是推动创新发展。推进“互联网+托育服务”，提供互联网直播互动式家庭育儿服务；鼓励探索家庭托育点等托育服务新模式新业态。四是加强人才队伍建设，教育部印发的《职业教育专业目录（2021 年）》中增设了婴幼儿托育等相关专业，为服务发展进一步提供专业化人力资源支撑③。此外，国家卫健委还分别发布了托育机构负责人、保育人员的培训大纲，推进培训体系建设，建立定期评估机制、动态的竞争管理机制。

二　儿童早期照顾服务的发展与挑战

（一）服务发展继续加速，但仍存在一定供需缺口

自 2019 年起，我国进入托育服务发展的元年，托育服务迎来井喷式发展。自《意见》公布后，仅在工商部门登记的有明确托育标识的企业，数量就相当于过去 10 年的 3 倍④。2021 年，根据企查查数据，经营范围涵盖

---

① 《国家卫健委办公厅关于印发托育机构婴幼儿伤害预防指南（试行）的通知》（国卫办人口函〔2021〕19 号），2021 年。

② 《关于推进儿童友好城市建设的指导意见》（发改社会〔2021〕1380 号），http：//www.gov.cn/zhengce/zhengceku/2021-10/21/content_ 5643976. htm。

③ 《教育部印发〈职业教育专业目录（2021 年）〉 加强布局婴幼儿托育等大健康相关专业》，《中国妇女报》2021 年 3 月 23 日。

④ 《3 岁以下婴幼儿超 4700 万，你的宝宝谁来带?》，http：//m. xinhuanet. com/gd/2020-12/25/c_ 1126904564. htm，最后检索时间：2021 年 2 月 16 日。

托育服务、登记状况为在业和存续的新成立企业约 2.9 万家，约为 2020 年新增数量的 2 倍、2019 年的 6 倍[①]。尽管如此，托育服务仍存在较大的供需缺口，当前我国 3 岁以下儿童的入托率不到 6%。根据“十四五”规划提出的 2025 年每千人口拥有 4.5 个 3 岁以下婴幼儿托位数的要求进行测算，全国托位数将达到 627.5 万个，在 2020 年基础上增加 488 万个，3 岁以下儿童的入托率约为 14.1%[②]。面对目前存在的托位缺口，我国的托育服务还有很大的发展空间。

与此同时，更多的儿童是在家庭中接受养育和照料，“十四五”规划指出，“加强对家庭照护和社区服务的支持指导，增强家庭科学育儿能力”。目前，家庭科学养育指导服务的发展仍然不够充分，具有一定零散性、覆盖范围较窄。部分地区的调查表明，超过 90%的家庭都表示有科学养育指导需求，但超过 75%的家庭表示没有接受过指导[③]，需要通过 0~3 岁儿童身心发展规律和科学育儿知识的了解，帮助减轻家庭养育压力、提升儿童发展水平。

（二）政策空间进一步调整，托育服务的发展面临转型挑战

在政策空间进一步调整和转换的情况下，托育服务发展面临转型挑战。托育服务的供给方主要有独立的市场化托育服务机构、发展托幼一体化的幼儿园、家庭式托育、办托育的早教机构、公立托育机构等。为更好地实现托育服务的发展，可进一步分类了解各市场主体的发展状况。

对于独立的市场化托育服务机构而言，面临着较大转型压力。一是政策空间更多向普惠性托育服务开启，更多的托育机构可能将由营利导向转型为非营利与普惠导向。在此背景下，原有增收模式可能被打破，机构的运营风

---

① 数据于 2022 年 2 月 12 日登录企查查网站查询获取。

② 佘宇：《未来 10 年，中国托育服务将如何发展?》，https：//www.sohu.com/a/511233156_779108。

③ 陶金玲、陆佳静：《婴幼儿家庭保教指导需求调查与分析》，《陕西学前师范学院学报》2020 年第 11 期。

险进一步升级，亟须找到新的发展模式和空间，2018 年以来普惠令下的民办幼儿园关停并转以及新增园所大幅减少就是值得关注的现象。在发展预期方面，资本投入托育行业的热情有所降低，近 3 年来已有十余家融资数千万元的直营或加盟托育品牌退出市场。二是政策指标进一步明确后，部分存量托育机构面临合法性挑战。2019 年以来，国家持续出台一批托育服务政策指导文件，托育服务机构迎来了突飞猛进的发展。但自 2020 年以来，国家与地方各类托育配套政策、各类服务标准指标进一步明确，截至 2021 年 6 月 30 日共有 4000 多家机构通过了备案，还有 1 万多家正在积极申请[①]。仍有部分较早开设的机构在能否成功备案等方面面临未知，或者面临一些如二次消防、技防、安防改造的环境建设重复性投资，甚至有不少早年创办且已招生满员的托育机构最终重新更换场地或终止经营。三是纯市场化的独立托育服务机构前期建设投入成本高、资金周期长、筹建运营经验尚不充足，面临着更大的市场转型压力。并且，独立托育服务机构的单一托育业务暴露出利润增长性与抗市场风险能力的不足，导致办学成本高企[②]。

对于幼儿园这一市场主体而言，托育服务的政策空间逐渐开启。首先，托幼一体化模式是托育服务发展的新趋势。在市场主体层面，随着我国新生人口的减少，未来幼儿园入园需求人数将会缩减，并且目前全国各地的部分幼儿园已经出现学位过剩的情况，其中大多数为民办园。因而，幼儿园面临着将生源储备向 3 岁以下儿童延伸的动力。并且，幼儿园在选址、消防验收、户外场地、厨房设备等硬件设施以及师资、管理人员人才队伍方面具有向托育服务转换和延伸的先天优势、较低成本。在政策层面，托幼一体化是增加托育服务供给的重要手段。其中，“十四五”规划中提出鼓励幼儿园发展托幼一体化服务，2021 年新出台的生育政策中也指出鼓励和支持有条件的幼儿园招收 2~3 岁幼儿。在家庭层面，由于幼儿园已有的运营经历积累了安全保障、品质、信任等社会资本，并且大多数幼儿园为公办园、普惠

① 陈琳：《“十四五”托育服务发展专项规划将编制》，《新京报》2021 年 7 月 22 日。

② 《2020~2021 中国托幼产业发展白皮书》，贝好国际托育，2022 年 1 月 26 日，第 14 页。

园，家庭愿意选择此类托育服务。尽管具有诸多优势，幼儿园也面临着市场体系、政策标准、人才供给等诸多转型障碍。例如，幼儿园行业规模化程度和品牌形象的差异化程度比较低，原有师资缺口和人才质量不高的问题依然存在，在普惠性等纠正过度市场化的政策倾向下投资人对于政策边界和投资回报更加关注和敏感。

对于较低成本、小型化、社区化的家庭式托育，目前还处于政策探索阶段。2020 年底，我国首次在全国性政策文件中提出“要建立家庭托育点登记备案制度，研究出台家庭托育点管理办法，明确登记管理、人员资质、服务规模、监督管理等制度规范”①，自此政策窗口进一步被打开。随后，2021 年 4 月的《健康中国行动 2021 年工作要点》显示，研究起草《家庭托育点管理办法》是当年的工作要点之一②，家庭式托育点也被纳入国家“十四五”规划，河北等部分地方出台了家庭托育点的登记管理办法。当前，家庭式托育的相关政策法规还未正式出台，面临着发展中的难题，例如，营业场所上尚不能使用家庭的自有住宅，如何合理监管家庭托育点、协调托育服务点所在地方的邻里关系等。

在“双减”政策之下，部分原本关注学龄前儿童学科教育培训的早教机构的政策空间被进一步挤压，“早教+托育”模式成为转型方向之一，并且托育服务的开展有助于其形成稳定的消课率、带来定时定量的收入来源，增加了其转型的动力。《2021 年中国托幼产业转型的现状与需求调查报告》显示，在市场化托育机构中，声明已实施早托一体的机构比例已经超过 51%，超过托幼一体化比例（39%）③。然而，在延伸托育服务业务的过程中，早教机构尽管具有强市场竞争力的销售运营能力、一定的环境建设与师资基础，但其场地的合规性、人员资质、课程设置等方面均与托育机构有一

① 《国家发展改革委办公厅关于做好〈国务院办公厅关于促进养老托育服务健康发展的意见〉贯彻落实工作的通知》（发改办社会〔2021〕192 号），中华人民共和国国家发展和改革委员会官方网站。

② 《〈健康中国行动 2021 年工作要点〉印发》，https://baijiahao.baidu.com/s?id=1697343664898599293&wfr=spider&for=pc。

③ 《2020~2021 中国托幼产业发展白皮书》，贝好国际托育，2022 年 1 月 26 日，第 160 页。

定差异性，需要进一步加强监管、规范管理。

此外，对于托育服务行业的市场发展而言，尽管整体成长速度加快、发展机遇良多，但托育行业仍处于发展初期，缺乏真正的头部机构建立行业标准、带来模式示范，缺少行业估值、成熟基建配套，整个行业还没有进入回报期。未来，普惠性服务、托幼一体化、家庭托育点等将是发展重点。

（三）家庭科学养育指导服务的系统性发展有待提升

为家庭提供科学养育指导是发展儿童早期照顾服务的重点之一。儿童的生长环境可被视为一个生态系统，家庭作为微观系统之一对儿童生存和发展发挥着重大的影响力，是承担儿童早期照顾责任的主体。并且，即使我国托育服务在未来一段时间充分发展，儿童照顾仍有相当一部分需要在家庭内进行，家庭外的服务始终不能替代家庭成员的义务履行、家庭养育功能的实现。

目前，我国家庭科学养育指导服务的系统性发展还有待提升。尽管政策文件中已作出相关规定，但与托育服务相比，家庭科学养育指导服务政策发展较为缓慢，更多是一些倡导性和原则性规定，缺乏定量化的目标、具体的项目支撑等。总体上，家庭科学养育指导服务发展仍处于探索阶段。目前家庭主要是通过大众媒体、网络媒体等市场主体获取儿童早期养育知识，形式上既有电视、广播、书籍、视频等单向度传播，又有育儿论坛、自媒体等互动式传播，形成高度发达的儿童早期养育知识传播链条，有效支撑了家庭的需求，其中，不足之处在于存在知识供给质量不合规的情况，甚至在市场驱动下存在夸大育儿焦虑的嫌疑。与此同时，公共化支持项目相对较少，并且，在形式上，以社区、社会组织开展的父母课堂、亲子活动课程、网络信息服务等集体方式为主，个性化的、深度的入户指导、专家咨询指导等相对缺乏；在对象方面，主要针对一般家庭，缺少对单亲、低收入等特殊家庭的服务；在频率上，服务的频次规律性不强、密度不大，未形成体系化服务；在内容上，没有形成统一的服务内容和流程，服务效果难以保障。诸多调查研究表明，家长虽然对早期养育较为重视，但在实践中依然存在困扰家庭的养育问题，在教养观念、内容、技能的科学性等方面存在缺失，并且，超过九成的家庭希望获得可负担性强、质量有保障的科学养育指导服务，当前的公共化服务难以支撑家庭需求。

三　未来展望

（一）树立社会投资理念，继续增加托育服务供给、发展普惠性服务

按照"十四五"规划设立的 2025 年 4.5 个托位/千人的目标，我国的托育服务使用率将在 14%以上。在此目标下，我国的托育服务供给需求缺口将得到较大程度弥补，不过与 2014 年 OECD 国家 34%的平均入托率相比还有一定距离。据测算，2030 年 3 岁以下儿童预计为 3343 万人，如需达到 34%的平均入托率，则托位数需要超过 1100 万个。此外，近期的调查数据表明，超过七成的家庭具有使用托育服务的意愿[①]。尽管关于托育服务的未来发展目标还有诸多需考量之处，但继续增加服务供给尤其是普惠性托育服务是大的趋势。

而在此过程中，托育服务供给的增加一定程度上意味着财政投入的增加，是需要衡量与关注的问题。尽管社会支出是一种公共财政的消费，并带来一定压力，但从社会投资视角出发，它们也可以成为一种"开发性投资"[②]。以托育服务的建设发展为例，首先，托育服务的发展符合公共利益，既有助于推动生育率的提高，也是对未来人力资本的投资，可有效提升女性就业率和劳动力素质。其次，普惠性托育服务的增加既有助于缓解家庭的经济压力，也可以避免家庭成员因儿童照顾而减少就业机会、带来家庭收入的减少，有助于家庭提升消费能力、降低风险预期。最后，托育服务的普及有助于缩小城乡、不同类型的家庭在照顾时间、质量等方面的

① 陈偲、李志明：《完善生育支持政策体系——基于社会投资和家庭友好视角》，《开放导报》2022 年第 2 期。

② 杨典：《展望"十四五"：抓民生也是抓发展》，《中国纪检监察》2020 年第 21 期。

差距。因而，需树立社会投资理念，增加财政投入，从中长期的角度进行科学决策。

（二）发挥政策引领作用，构建积极健康的托育服务体系

面对较大的供需缺口，需进一步发挥政策引领作用，把握市场转型趋势，构建积极健康的托育服务体系。

第一，多种渠道支持普惠性托育服务的发展。面对托育服务的发展目标，应充分考虑土地规划、服务人口半径、家庭收入等情况，统筹托育服务设施数量、规模和布局，在条件允许的情况下可考虑进一步加大普惠性托位的比重。通过场地支持、税收优惠等政策措施，支持托育机构发展、降低运营成本；结合托育服务实践，在规范化管理的基础上，通过政策调整重点解决机构选址难、成本高等难题；可进一步拓展增量资源，鼓励利用机关、企事业等单位的自有土地等提供托育服务。

第二，积极支持市场主体应对政策空间调整带来的转型挑战。我国的托育服务政策经历了逐步发展的过程，在此过程中也出现了托育机构的政策预期与政策发展不一致的情况，例如带来了资本涌入过快但后期场地不合规等问题。未来，需尽可能确保政策发展的稳定性，保护托育机构发展的积极性。对于面临转型挑战的独立托育服务机构，一是进行充分的市场调研、托位测算，制定标准适宜的支持政策，促进部分有意愿转型并符合基本条件的托育机构发展为普惠性托育服务机构。二是重视托育服务质量的提升，促进形成具有差异性的品牌体系，以家庭需求为导向，努力提供多层次多样化服务，并需重视行业规则的建立、引导头部企业的发展，发挥行业的自组织功能。

第三，鼓励发展托幼一体化服务。托幼一体化服务是目前国际、国内流行的趋势，我国上海等部分地区也在实践和政策层面进行了探索。未来，由于新生人口的减少，闲置的幼儿园学位可能会进一步增长，为托幼一体化的发展提供了可能。下一步，可考虑设置统一的托幼一体化扶持政策，重点关注财政支持、人员编制等，对公办园和普惠性民办园进行同等支持。

（三）重视发展家庭科学养育指导服务

未来，可探索为家庭提供公益性育儿指导服务。在服务内容上，可通过入户指导、亲子活动、家长课堂等多样化方式，提供面向儿童和家长的养育方式指导、儿童早期发展干预服务等，包括儿童健康和发展、家庭管理、照顾者的照料技能、情感和社会参与等方面。

在服务对象上，同时面向普通家庭和处境不利家庭提供科学养育指导服务，在一般性的科学养育指导内容基础上，还可包含挖掘服务对象自身潜力的服务如就业等。在服务主体上，可统筹社区、托育机构、医疗机构、专业社会组织等相关服务资源，一方面，社区具有在地性，并拥有相关的公共和社会资源，可有效联结服务与家庭，另一方面，托育机构、医疗机构等具有专业性优势，并有利于拓展其自身市场领域、推动市场价值与社会价值的实现。在服务质量方面，服务内容的标准化和规范化是关键。由于家庭的个性化、灵活化需求会更高，家庭科学养育指导服务的专业性是重点，可参考编写相关教程，对于教师的基本资质、实践性要求作出明确规定。

B.14

保障性租赁住房政策的实施及评估*

马秀莲　魏以晴**

摘　要： 2021年中国推出了一种新的保障房形式，即保障性租赁住房，旨在解决大城市新市民、青年人的住房困难问题。本文介绍了该政策出台的来龙去脉、政策主要内容及重点，以及目前实施情况。有鉴于保障性租赁政策尚在完善之中，本文选择了重点城市进行政策评估。评估发现，各地计划筹建数量能够覆盖较大比例的新增需求，且主要提供短期、中期租赁服务。评估认为，鉴于保障性租赁对于广大没有资格享受公租房的新市民、青年人而言是一种托底形式，在大量供给之外，它还应该租金更可负担、服务更加长期稳定。

关键词： 保障性租赁住房　青年人住房　新市民　住房政策

2021年，国办正式印发了《关于加快发展保障性租赁住房的意见》（以下简称《意见》），要求在人口净流入的大城市发展保障性租赁住房（以下简称“保租房”），解决新市民、青年住房困难问题。保租房成为继公租房、共有产权房后的又一保障房新品种，“公租房-保租房-市场租赁房”的三分租赁体系必将对我国租购并举的住房体系建设产生重要影响。本文重点

* 基金项目：国家社会科学基金一般项目“法国社会市场经济经验借鉴下的中国住房制度继续改革和长效机制建设研究”（19BJL080）的成果。

** 马秀莲，中共中央党校（国家行政学院）社会和生态文明教研部副教授；魏以晴，中共中央党校（国家行政学院）社会和生态文明教研部硕士研究生。

介绍保租房政策出台的背景、具体内容、目前实施情况等，并在此基础上选择重点城市进行了政策评估。

一　政策出台背景

（一）新市民、青年的住房挑战

保租房政策的出台，与“流动中国”下青年人大量涌向大城市但是面临居住困难有直接关系。第七次全国人口普查数据显示，2020 年我国常住人口城镇化率 63.89%，城镇人口已达 9.02 亿，其中 3.31 亿为流动人口，占 37%。生命历程和城市等级关系的研究发现，退休的老人倾向于离开都市，到气候舒适、自然风光宜人的小城市甚至农村居住、生活；青年人则反之，他们主要涌向大都市①。对中国新生代流动人口的研究发现，无论他们来自几线城市，都集中流向二线以上尤其是一线、新一线城市②。让这些年轻人住有所居，成为高房价的大城市面临的巨大挑战。

（二）从公租房到市场租赁

2010 年，我国推出了公租房制度，在“城镇中等偏下收入住房困难家庭”之外，首次将“稳定就业的外来务工人员”“新就业无房职工”纳入保障对象范围，尝试借由保障手段解决新市民（及青年）的住房问题。但是，公租房并没能成为一项更具包容性的住房政策。对 40 个大城市公租房准入标准的研究显示，只有 8%的外来人口有资格申请公租房③。2021 年 8 月 31 日国新办“住有所居”新闻发布会上，主管部门明确指出：“公租房主要是

① David A. Plane and Jason R. Jurjevich, “Ties That No Longer Bind? The Patterns and Repercussions of Age-Articulated Migration”, *The Professional Geographer*, 2009, 61 (1): 4-20.

② 穆学英、崔璨、崔军茹：《空间机会结构视角下的住房分化——基于中国新生代流动人口的实证研究》，《社会学研究》2022 年第 2 期。

③ 马秀莲、范翻：《住房福利模式的走向：大众化还是剩余化？——基于 40 个大城市的实证研究》，《公共管理学报》2020 年第 1 期。

为了解决城镇住房和收入双困家庭。目前，城镇户籍的低保、低收入住房困难家庭，已经做到了应保尽保，基本上解决了这个问题。”[①]

另一项政策是发展租赁市场。2015年住建部提出：“培育和发展住房租赁市场……进城务工人员主要通过租赁方式解决住房问题。”[②] 随后出台的《国务院关于深入推进新型城镇化建设的若干意见》强调：“以满足新市民的住房需求为主要出发点，建立购房与租房并举、市场配置与政府保障相结合的住房制度……对不具备购房能力或没有购房意愿的常住人口，支持其通过住房租赁市场租房居住。”[③] 住房租赁市场建设在“十三五”期间如火如荼地展开，并很快形成了“多主体供给、多渠道保障”的格局[④]。

但是，随着蛋壳等长租公寓爆雷现象的发生，住房租赁市场进入规范调整期。2020年底中央经济工作会议要求：“完善长租房政策”“规范发展长租房市场”“整顿租赁市场秩序，规范市场行为，对租金水平进行合理调控”。

（三）保租房浮出水面

现实呼唤一种市场更加规范有序、租金水平更加合理可控的租赁形式的出现。2020年11月，“十四五”规划和2035年远景目标建议首次提出：“扩大保障性租赁供给”。年底，中央经济工作会议对此进行了重申：“解决好大城市住房突出问题……高度重视保障性租赁住房建设。”到了2021年3月，政府工作报告明确要求“尽最大努力帮助新市民、青年人等缓解住房困难”，首次在新市民之外，将“青年人”列为住房困难群体，并强调：“解决好大城市住房突出问题……切实增加保障性租赁住房”。2021年7月2日，《意见》出台，保租房制度正式确立。

---

① 《国新办就努力实现全体人民住有所居有关情况举行发布会》，http://www.china.com.cn/zhibo/content_ 77721597.htm#fullText。

② 住房和城乡建设部：《住房城乡建设部关于加快培育和发展住房租赁市场的指导意见》（建房〔2015〕4号）。

③ 国务院：《国务院关于深入推进新型城镇化建设的若干意见》（国发〔2016〕8号）。

④ 马秀莲：《“多主体供给、多渠道保障”：住房租赁市场建设进展》，载龚维斌主编《中国社会体制改革报告No.9（2021）》，社会科学文献出版社，2021，第184~193页。

二　政策基本内容与实施情况

（一）政策基本内容

1. 供给方式、目标群体及产品

保租房本质上是一种市场供给。它遵循“多主体供给、多渠道保障”以及“谁投资、谁所有”原则，强调充分发挥市场机制作用，尤其鼓励专业化、规模化的住房租赁企业参与，主要为符合条件的新市民、青年提供建筑面积不超过70平方米，租金原则上低于同地段、同品质市场租赁住房的小户型住房。

2. 六项政策支持

同时，政府从土地优惠、简化审批流程、中央资金补助、降低税费、民用水电气和金融等六个方面提供配套支持。其中，土地政策的支持力度最大，允许采用出让、租赁或划拨等方式供应土地；鼓励采用新建、改建、改造、租赁补贴等多种方式提供住房，尤其鼓励在集体建设用地和新供应国有建设用地之外，对存量土地和存量房屋进行开发利用。存量开发既可以降低成本，也有利于将保租房布点在城市产业园区及周边、交通站点附近和重点片区内，以促进职住平衡。其中，产业园区配套建设用地面积占比从7%上升到15%，提升部分主要用于建设宿舍型保租房；鼓励利用企事业单位自有闲置土地建设保租房，变更土地用途时无须补缴土地价款（原划拨的土地继续保留划拨方式）；非居住存量房屋改建保租房，可不变更土地使用性质、不补缴土地价款[①]。

3. 加强监管及其他主体责任

各城市要建立健全住房租赁管理服务平台，加强对保租房建设、出租和运营管理的全过程监督。在因城施策原则下，科学确定“十四五”期间目标和任务以及年度计划，定期向社会公布，坚持供需匹配。

① 国务院办公厅：《国务院办公厅关于加快发展保障性租赁住房的意见》（国办发〔2021〕22号）。

（二）实施情况

1. 以40个城市为重点

2021 年，中国人口流入多、房价高的 40 个重点城市筹集了 94.2 万套保租房，预计可以解决近 300 万新市民、青年的住房困难。2022 年全国将新筹集 240 万套保租房，继续加大供应力度①。目前，人口流入多的 4 个一线城市和 15 个新一线城市已经全部出台保租房相关政策②。

2. 占新增供给的30%～45%

目前，19 个一线、新一线城市中，17 个城市已经公布“十四五”期间保租房的目标任务，其计划筹建量普遍占新增住房供应总量的 30%～45%。一线城市中，北京提出，“十四五”期间保租房筹建总量占到住房建设总量的 40%③，达 40 万套（间）。上海也提出占总量的 40%以上、47 万套（间）以上的筹建目标，并计划到“十四五”期末累计建设筹措保租房 60 万套（间）以上④。深圳市计划“十四五”期间筹集 40 万套（间），供应分配 20 万套（间）⑤。广州计划到 2025 年完成 60 万套⑥。新一线城市除郑州和天津外，其他均公布了“十四五”期间的筹集目标。佛山、南京、青岛、苏州、杭州、宁波和西安等都力争达到 30%；其他城市则给出了目标数量：重庆 40 万套（间），成都、武汉各 25 万套（间），东莞力争达到 15 万套，长沙

---

① 《国务院新闻办就推动住房和城乡建设高质量发展举行发布会》，http：//www.gov.cn/xinwen/2022-02/26/content_5676490.htm。

② 新一线城市是第一财经·新一线城市研究所依据品牌商业数据、互联网公司的用户行为数据及数据机构的城市大数据对中国 337 个地级以上城市进行排名后得出。在《2021 城市商业魅力排行榜》中，15 个进入新一线名单的城市依次是成都、杭州、重庆、西安、苏州、武汉、南京、天津、郑州、长沙、东莞、佛山、宁波、青岛和沈阳。

③ 北京市人民政府办公厅：《北京市关于加快发展保障性租赁住房的实施方案》（京政办发〔2022〕9 号）。

④ 中国网地产：《上海：“十四五”期间计划新增建设筹措保障性租赁住房 47 万套（间）以上》，http：//house.china.com.cn/2112307.htm。

⑤ 深圳市住房和建设局：《深圳市住房发展“十四五”规划》。

⑥ 广州市人民政府办公厅：《广州市人民政府办公厅关于进一步加强住房保障工作的意见》（穗府办〔2021〕6 号）。

15 万套，沈阳 6 万套。

3. 六方面配套政策稳步推进

一是土地支持政策。从“利用农村集体经营性建设用地、企事业单位自有闲置土地、产业园区配套用地、存量闲置房屋和新供应土地”等五个方面发力，目前利用存量土地和房屋的保租房建设达到 70%。深圳、天津和佛山等均发布了非改居文件，使之成为保租房提供的重要渠道。

二是简化和再造审批流程。上海、杭州、南京、宁波、成都和武汉等城市均建立了部门联审机制，对非居住存量房屋和土地改建的保租房项目进行认定，然后可根据项目认定书快速办理立项等手续。

三是中央和地方财政补助。2021 年已有 40 个城市获得了中央 28 亿元的预算内投资补助。地方财政也提供了一定的补助，如东莞向未获得上级资金补助的项目提供市财政资金补助。

四是落实税收优惠政策。《意见》出台不久后，财政部、税务总局、住建部联合发布了《关于完善住房租赁有关税收政策的公告》，以落实增值税和房产税优惠。青岛等城市已经发公告免收城市基础设施配套费。

五是执行民用水电气价格。北京、上海、广州和青岛均出台了有关保租房项目认定的相关文件。经认定后，项目可享受税收优惠、民用水电费等一系列支持政策。

六是落实金融支持政策。国家发改委下发的《关于进一步做好基础设施领域不动产投资信托基金（REITs）试点工作的通知》，将保租房项目纳入试点范围。证监会发布的《深入推进公募 REITs 试点　进一步促进投融资良性循环》要求抓紧推动试点项目落地①。北京、重庆住建委均与银行签订了合作协议。“十四五”期间，国开行、农行、建行、招行等四家银行将为北京的保租房项目提供不高于当期 LPR 的长期低息贷款②；国开行和建行

① 《保障性租赁住房的“春天”：公募 REITs 呼之欲出》，https://baijiahao.baidu.com/s?id=1728306900709934349&wfr=spider&for=pc。

② 北京市住房和城乡建设委：《北京市加强保障性租赁住房认定服务管理　项目单位凭认定书可享受多项支持政策》。

重庆市分行将分别为重庆的保租房建设提供总量不低于 400 亿元的融资支持，利率根据具体项目按照基准利率下浮①。

三　政策评估：能否实现角色定位?

保租房成为介于公租房和市场租赁之间的一种中间租赁形态，这体现在提供方式、政府规制、补贴幅度、租金水平、目标群体、户型面积等多个方面②。但是，对于广大新市民、青年人而言，它到底是一种中间租赁（intermediate rental）还是托底形式，它能否胜任这一功能定位？本文将从保租房在城市住房阶梯中的实际位置、能满足多大需求，以及能否提供长期稳定的服务等三方面加以评估，并以武汉、天津和东莞作为样本进行分析（同时参考其他城市）。③

（一）实际位置：中间还是托底?

表 1 显示，从租金水平来说，保租房处于公租房和市场租赁之间的中间水平。但是，当从准入标准、支付能力角度考察时，保租房是中间还是托底，取决于每个城市公租房制度的具体设置。

1. 天津

天津的公租房只保障户籍较低收入人群。其保障对象是人均年收入 3 万元及以下、人均财产 11 万元及以下，且人均住房建筑面积 12 平方米及以下

---

① 《“十四五”时期重庆保障性租赁住房发展获金融支持》，http：//zfcxjw. cq. gov. cn/zwxx_166/zwyw/202203/t20220311_ 10490972. html。

② 马秀莲：《保障性租赁住房：一个中间租赁的国际比较视角》，《行政管理改革》2022 年第 7 期。

③ 19 个一线、新一线城市中，只有 8 个明确给出了准入标准。其中外来常住人口数（根据七普数据）居前的分别为上海（1048 万人）、东莞（831 万人）、武汉（702 万人）、天津（648 万人）。上海公租房并不针对户籍较低收入住房困难家庭，比较特殊，故未予以考虑。其余 3 个城市分别处于南部沿海、华北及中部地区，有一定的代表性，成为考察样本。

的户籍家庭[①]。这一收入标准相当于 2012 年（政策初次出台时）当地城镇居民可支配收入的 100%，但是到了 2019 年只相当于它的 70%了。与此同时，天津规定，保租房的对象之一是“在租住区无自有住房的本市户籍居民”。换句话说，户籍无房居民可以申请保租房；倘若人均年收入下降到了城镇居民可支配收入的 70%（且符合其他标准），还可以申请公租房。对于户籍居民而言，保租房和公租房分别是中间租赁和托底。但是，对于广大在津正式就业且无自有住房的非本市户籍的新市民、青年人而言，保租房是仅有的托底选择。

2. 武汉

武汉的公租房向本地户籍较低收入家庭、无房新就业职工和外来务工人员三类人群开放。对本地户籍人口，公租房的准入标准是：（1）上年度月人均可支配收入低于 3000 元；（2）人均住房建筑面积低于 16 平方米。这一收入标准相当于 2013 年（政策初次出台时）当地城镇居民可支配收入的 120%，但是到 2019 年只相当于它的 70%了。武汉还将这一收入标准扩展到了无房新就业职工和外来务工人员[②]。即如果收入下降到了当地城镇居民可支配收入的 70%（且符合其他标准），无论本地还是外来人口，都有机会申请公租房[③]；当高于这一收入水平，则可以申请保租房。因此，武汉的保租房具有更广泛的中间租赁性质。

3. 东莞

东莞的公租房也同时向三类群体开放。对于本地户籍人口，公租房的准入标准是：（1）人均月收入在当年最低生活保障线 4 倍（即 4400 元/月）及以下，相当于 2020 年当地城镇常住居民人均可支配收入的 90%；（2）人均住房建筑面积低于 18 平方米；（3）家庭人均资产在最低生活保障线年标

① 天津市人民政府：《天津市人民政府关于印发天津市公共租赁住房管理办法的通知》（津政规〔2020〕5 号）。

② 外来务工人员只提供最多 36 个月的租金补贴，且收入准入线提高到了 3500 元。

③ 武汉市人民政府办公厅：《市人民政府关于加快发展保障性租赁住房的意见》（武政办〔2021〕116 号）；武汉市住房保障房管局、市财政局：《市住房保障房管局　市财政局关于明确公共租赁住房保障标准和租赁补贴标准的通知》（武房发〔2020〕13 号）。

准 20 倍（即 26.4 万元）及以下。所以，人均年收入高于当地城镇常住居民人均可支配收入 90%的户籍家庭，可以申请保租房；如果收入下降到了 90%以下（且符合其他标准），就有机会申请公租房[①]。因此对于户籍家庭，保租房和公租房分别是中间租赁和托底。

东莞的公租房同时保障外来人口中的新就业职工和新入户人员（但均需要至少全日制大学本科学历）以及外来务工人员（需要“社会养老保险逐月缴费累计满 5 年”）。可以看出，这些群体均为地方发展所需的优质劳动力，在外来人口中可能收入更高，但是有机会享受公租房。反而那些收入可能更低的外来人口只有保租房作为托底。

综上，保租房对于户籍人口而言是一种中间租赁，但是对于多数无资格享受公租房的新市民而言，它仍然是一种托底形式。

（二）能满足多大需求?

由于保租房一定程度上具有托底性质，有必要对其覆盖能力进行考察。一个角度是考察对新增需求的覆盖。前文指出，一线、新一线城市计划保租房供给占新增住房供给总量的 30%~45%，比例相当可观。自如研究院发布的《2021 年广深长租市场观察》揭示，广州、深圳两地当下合计超过 2300 万人租房居住。目前广州常住人口 1876.6 万人，租房率 53%，995 万人共租房约 448 万套（间）；深圳市常住人口 1756 万人，租房率 77%，1352 万人共租房约 600 万套（间）[②]。未来广州、深圳还将新增租客 262 万人，按上述比例换算，两地还需分别新增 50 万和 67 万套（间）租赁住房。广州计划“十四五”期间筹集 60 万套保租房，因此能够覆盖全部新增租赁需求；深圳计划“十四五”期间建设筹集 89 万套（间）住房，其中保租房 40 万套（间），因此能够覆盖约 2/3 的新增租赁需求。

另一个考察角度是应保尽保。按此角度，目前计划供应的保租房只能覆盖

① 东莞市人民政府：《东莞市公共租赁住房管理办法》（东府〔2019〕37 号）。

② 《广深租房群体合计或超 2300 万人，未来还将新增 262 万租房需求》，https://baijiahao.baidu.com/s?id=1720378222477960056&wfr=spider&for=pc。

表 1　天津、武汉、东莞保租房（及公租房）比较

指标		天津	武汉	东莞
"十四五"筹建目标		尚未出台	25 万套(间),其中 2021 年 2.16 万套(间)	不少于 10 万套,力争达到 15 万套
保障对象		新市民、青年人; 重点:环卫、公交、快递、家政等基本公共服务群体	新市民、青年人; 符合人才租赁房承租条件的对象	新市民、青年人
准入标准	保租房	1. 本市户籍:在租住区无房; 2. 非本市户籍新市民、青年人:在津正式就业且无自有住房	正常缴纳社会保险且无自有住房; 符合人才租赁房承租条件的对象	在本市就业创业并正常缴存社会养老保险或公积金或工资薪金个人所得税的职工; 外市企业及机构派驻东莞人员、在本市实习人员及到本市求职的应届毕业生
	公租房	1. 市内六区、环城四区非农业户籍; 2. 上年人均年收入≤3 万元; 3. 人均财产≤11 万元; 4. 人均住房建筑面积≤12 平方米	1. 城镇较低收入住房困难家庭:①上年度人均月收入<3000 元(单身居民<3500 元);②人均住房建筑面积<16 平方米; 2. 无房新就业职工:①本市城镇户籍或有效居住证;②大学及以上学历;③毕业未满 6 年;④上年度人均月收入<3000 元(单身居民<3500 元);⑤本市无房;⑥正常缴纳社保或公积金; 3. 外来务工人员(提供不超过 36 个月的租金补贴):①有效居住证;②申请人月均收入<3500 元;③在本市中心城区注册登记的用人单位就业;④连续缴纳社保和住房公积金 1 年以上且处于在缴状态;⑤本市无房	1. 户籍较低收入住房困难家庭:①人均月收入≤当年低保线的 4 倍(4400 元);②人均住房建筑面积<18 平方米;③人均资产≤当年低保线年标准的 20 倍(26.4 万元); 2. 其他(满足以下若干条件): ①在本市工作且与用人单位签订至少 1 年劳动合同,该单位在本市为其缴纳社会养老保险、缴存住房公积金;②无自有住房;③至少全日制本科学历;④新参加工作未满 5 年;⑤申请人在本市工作及参加社会养老保险逐月缴费累计满 5 年;⑥人才入户未满 3 年。 2.1 本市户籍新就业职工:①+②+④; 2.2 非本市户籍新就业职工:①+②+③+④; 2.3 外来务工人员:①+②+⑤; 2.4 新入户人员:①+②+③+⑥

续表

指标		天津	武汉	东莞
租金标准	保租房	低于同地段同品质市场租金	不高于同地段同品质市场租金的 85%	低于同地段同品质市场租金
	公租房	同地段同品质市场租金的 70%~80%左右(计算得出)	1. 家庭人均收入低于 830 元(最低收入保障标准)的,其租金按照公有住房租金标准的 50%收取。2. 家庭人均收入高于 830 元低于 1660 元(低收入保障标准)的,其租金按照项目评定租金的 30%收取。3. 家庭人均收入高于 1660 元的,其租金按照项目评定租金的 70%收取	1. 符合经济适用住房条件的本市低收入住房困难家庭,按本市公有住房租金标准收取; 2. 不符合经适房申请条件的本市中等偏下收入住房困难家庭和新就业无房职工(外来务工人员、新入户人员),分别按不超过公租房所在地同区域、地段、品质普通商品住宅平均租金的 60%和 80%确定
租期		原则上半年至 3 年,合同到期可续租	尚未公布	单次租赁合同期限不超过 5 年

注：根据相关城市最新文件整理。

人口净流入大城市符合条件的新市民、青年人的一部分。以前述案例为例，一旦完成“十四五”计划，保租房将分别占该市租赁住房总量的12%（广州）和6%（深圳）。由此可以推断，市场化租赁仍然是满足新市民、青年人住房租赁需求的主要方式。

（三）长期稳定的服务？

作为托底，保租房能否成为一项较为长期稳定的居住选择？这需要从运营期限和租期两方面来考察。在运营期限方面，从目前各地已公布的标准来看，原则上不少于5~10年。如东莞将运营期限分为四类：（1）集体经营性建设用地以及其他存量土地建设的项目，应长期作为保租房运营和管理；（2）新供应用地集中建设项目，运营期限在用地出让条件中约定；（3）通过其余方式筹集建设并享受财政补助的项目，运营期限为10年；（4）其他项目对运营期限不作要求。南京市规定持续运营期限不宜低于六年，享受中央、省、市专项奖补资金的项目不宜低于10年。在租赁期限方面，通常低于5年。如东莞规定单次租赁合同期限不超过5年；天津市规定原则上不少于半年、不超过3年，合同到期可以续租；上海规定原则上不少于1年、不超过3年；南京和青岛均规定原则上不超过3年；合肥规定单次原则上不超过5年。

综上，保租房对于新市民、青年人而言更多是托底而非中间租赁形态；其计划建设量能够覆盖较大部分新增需求，但是对于整个租赁市场而言仍然比例较小；它主要提供3~5年的短期到中期服务。

四　结论与政策建议

目前，旨在填补大城市新市民、青年人群体住房保障空缺的保租房制度已经基本确立，并且正在40个人口流入多、房价高的大城市积极筹建。为了增加供给，政府借由土地、税费等多种配套政策鼓励更多市场主体参与，尤其鼓励利用存量土地、存量房屋进行改造、改建，以降低成本、促进职住平衡。

从提供方式、政府规制、补贴幅度、租金水平、目标群体、户型面积等多方面，保租房都被设计成介于公租房和市场租赁之间的一种中间租赁形态。但是，初步的评估显示，这仅仅在有资格享受公租房（主要限于本地户籍收入住房困难家庭以及少部分非户籍人口）的前提下才成立。对于大量没有资格享受公租房的新市民、青年人而言，保租房仍是一种托底形式。

保租房的托底性质，决定了它的提供应该大量、可负担、稳定。首先是大量，即能够提供足够的量，满足广大新市民、青年人的需要。评估发现，“十四五”期间，主要城市的保租房筹建量占到新增住房供给的30%~45%。但是，仍然需要足够的时间积累来让保租房占到整个租赁住房总量的相当比例。

其次是可负担性，它是指市民、青年人负担得起。目前保租房仅仅是通过“低于同地段同品质市场租金”的定价以及小户型建设等，来提升其可负担性。但是对于究竟如何与新市民、青年人的收入水平相匹配这个问题，似乎还未真正破题。未来政策需要进一步将“新市民、青年人的支付能力—租金水平—供方/需方补贴水平”统一起来考虑。

最后是稳定，即在新市民、青年人实现向上的住房流动之前，为其提供较为长期、稳定的服务。目前保租房的运营期只有十年，租赁服务期只有3~5年，阶段性非常强。如此政策设计的一个前提是，住房流动的上升通道是畅通的；否则，保租房就应作为一项较为长期性的制度安排来加以设计。这需要重点解决两个问题。一是主体的长期性问题。应首选那些能够接受较低利润水平的主体（比如家庭、低利润公司、社会组织、具有一定公益性质的国企等）来提供保租房。二是项目提供的长期性问题，应重点解决资金问题，比如，由政府提供低息的长期抵押贷款（抵押贷款期可以与运营服务期一致），从而既解决了资金瓶颈问题，又借此实现了对项目的长期性约束。

现代社会组织体制篇

Modern Social Organization System

B.15 工会维护新就业形态劳动者权益回顾与展望

李睿祎*

摘　要： 信息技术的迅猛发展，催生了大量新经济、新技术、新产业、新业态，涌现了大量新就业形态劳动者，他们权益实现的“短板”引发的问题也引起各界高度关注。各级工会认真贯彻习近平总书记重要指示和党中央决策部署，依法履行维护职工合法权益、竭诚服务职工群众的基本职责，把快递员、送餐员、卡车司机等灵活就业群体、各类平台就业群体吸引过来、组织起来、稳固下来。目前，维护新就业形态劳动者权益工作取得了一定成效，但仍然存在不少短板，需要社会各界从不同角度多管齐下，共同为新就业形态劳动者织牢“安全网”、打起“防护伞”。

* 李睿祎，中华全国总工会研究室副主任，行政管理学博士、副研究员，主要研究方向为劳动关系与工会理论政策。

关键词： 新就业形态劳动者　新业态　工会

一般而言，社会越是进步，它的容量就越大，劳动分工也越来越发达。[①]当前，新一轮科技革命和产业变革加速演进，以5G、移动互联网、大数据、云计算、人工智能等为代表的信息技术迅猛发展，催生了大量新经济、新技术、新产业、新业态，涌现了大量新就业形态劳动者。在他们为支撑经济社会发展、保障和改善民生做出重要贡献的同时，其权益实现"短板"引发的问题也引发各界高度关注。各级工会认真贯彻习近平总书记重要指示和党中央决策部署，依法履行维护职工合法权益、竭诚服务职工群众的基本职责，从源头参与、建会入会、维权服务等方面入手，努力为新就业形态劳动者系上"安全带"、戴上"安全帽"，织密安全网。

一　勤劳的小蜜蜂：新就业形态劳动者"脱颖而出"

2020年5月23日，习近平总书记在全国政协经济界联组会上指出，新冠肺炎疫情突如其来，"新就业形态"也是脱颖而出；要顺势而为；要及时跟上研究，把法律短板及时补齐，在变化中不断完善。[②]习近平总书记多次在不同场合强调要维护新就业形态劳动者合法权益，在2019年新年贺词中给快递小哥点赞，赞扬他们是美好生活的创造者、守护者；2019年2月，到北京市前门石头胡同的快递服务点看望"快递小哥"等劳动者，称赞他们像"勤劳的小蜜蜂"；在2021年2月27日中央政治局第二十八次集体学习时强调，要健全农民工、灵活就业人员、新业态就业人员参加社会保险制

① 〔法〕涂尔干：《涂尔干文集（第一卷）：道德社会学卷——社会分工论》，渠敬东译，商务印书馆，2020，第316页。

② 《习近平在看望参加政协会议的经济界委员时强调：坚持用全面辩证长远眼光分析经济形势　努力在危机中育新机于变局中开新局》，《人民日报》2020年5月24日第1版。

度[①]；在3月15日中央财经委员会第九次会议上强调“推动平台经济规范健康持续发展”[②]；4月27日在广西考察时再次强调，要完善多渠道灵活就业的社会保障制度，维护好卡车司机、快递小哥、外卖配送员等的合法权益[③]；在2022年春季学期中共中央党校（国家行政学院）中青年干部培训开班式上指出，要做好新就业群体的思想引导和凝聚服务工作[④]；3月5日参加内蒙古代表团审议时强调，要健全灵活就业人员社保制度，扩大失业、工伤、生育保险的覆盖面[⑤]，等等。这些重要论述体现了以习近平同志为核心的党中央对新就业形态劳动者的高度关注，为做好新就业形态劳动者合法权益维护工作指明了前进方向、提供了根本遵循。

关于新就业形态劳动者的概念，目前我国还没有统一定论。早在20世纪60年代，联合国国际劳工组织就使用了“非正规就业”这个词。国际劳工组织在2015年6月第104届国际劳工大会上通过的第204号《关于从非正规经济向正规经济转型建议书》中，呼吁成员国采取紧急和适当措施，改善非正规就业人员的收入、社保等状况。在联合国2015年9月25日可持续发展峰会上通过的17个可持续发展目标（Sustainable Development Goals，SDGs）中，SDG8即包括改善非正规就业在内的促进经济可持续增长和实现体面劳动。近年来随着互联网的发展，我国各级党委和政府相关部门就包容审慎和规范平台经济发展、保障新就业形态劳动者合法权益，出台多个政策文件。2015年10月，党的十八届五中全会公报首次使用“新就业形态”这一提法，指出“推动新技术、新产业、新业态蓬勃发展”“要加强对灵活就

---

① 习近平：《促进我国社会保障事业高质量发展、可持续发展》，《求是》2022年第8期。

② 《习近平主持召开中央财经委员会第九次会议强调：推动平台经济规范健康持续发展　把碳达峰碳中和纳入生态文明建设整体布局》，《人民日报》2021年3月16日第1版。

③ 《习近平在广西考察时强调：解放思想深化改革凝心聚力担当实干　建设新时代中国特色社会主义壮美广西》，《人民日报》2021年4月28日第1版。

④ 《习近平在中央党校（国家行政学院）中青年干部培训班开班式上发表重要讲话强调：筑牢理想信念根基树立践行正确政绩观　在新时代新征程上留下无悔的奋斗足迹》，《人民日报》2022年3月2日第1版。

⑤ 《习近平在参加内蒙古代表团审议时强调：不断巩固中华民族共同体思想基础　共同建设伟大祖国　共同创造美好生活》，《人民日报》2022年3月6日第1版。

业、新就业形态的支持"[①]。此后，"新就业形态"在中央文件中多次被沿用。从2016年开始，近6年有5年的政府工作报告提到"新就业形态"。"十四五"规划纲要指出，"培育新技术、新产品、新业态、新模式"，"促进平台经济、共享经济健康发展"，"健全灵活就业人员社保制度"等。这些文件并没有对新就业形态概念有统一明确的规定，现在泛指在新一轮工业革命带动下，基于互联网等新技术、新业态、新模式产生的不同于传统就业模式的各类就业形态。

关于新就业形态劳动者的分类，现已出台的相关文件按照劳动关系和劳动报酬类型等做了分类。在2021年7月人力资源和社会保障部、国家发展和改革委、交通运输部、应急部、市场监管总局、国家医保局、最高人民法院、中华全国总工会（以下简称"全总"）共同印发的《关于维护新就业形态劳动者劳动保障权益的指导意见》中，按照确立劳动关系情形、不完全符合确立劳动关系但企业对劳动者进行劳动管理和个人依托平台自主开展经营活动、从事自由职业三种类型进行了分类。2021年9月北京市就业工作领导小组印发的《关于促进新就业形态健康发展的若干措施》中，界定了三类新就业形态劳动者，一是依托互联网平台，与平台企业不完全符合确立劳动关系情形，根据平台规则完成工作和接受劳动管理，获取劳动报酬的劳动者；二是依托平台，依法从事个体经营或个人自主利用自己的体力、专业技能等依法从事劳务、咨询、设计等活动，并取得劳动报酬的劳动者；三是与平台企业，或加盟、代理、外包平台业务的合作企业，劳务派遣企业建立劳动关系或形成事实劳动关系，完成平台企业、平台、平台内经营者等所赋予工作任务的劳动者。

近年来，新就业形态劳动者呈井喷式、几何式增长。2018年国际劳工组织发布的《统计图景：非正规经济中的女性和男性》（Women and men in the informal economy：A statistical picture）（第三版）统计了100多个国家的

① 《中国共产党第十八届中央委员会第五次全体会议公报》，《人民日报》2015年10月30日第1版。

数据，结果显示，全球约有 20 亿工人，即超过六成的就业人口从事非正规就业。国家信息中心发布的《中国共享经济发展报告》显示，2017～2019 年参与共享经济活动的人数，分别为 7 亿人、7.6 亿人和 8 亿人。2021 年《中国共享经济发展报告》显示，2020 年共享经济参与者约为 8.3 亿人，其中服务提供者约 8400 万人。我国有 2 亿灵活就业人员，2000 多万货车司机，700 多万外卖配送员，350 万一线快递员，300 多万网约车司机。相比新就业形态劳动者数量的迅猛增长，这一群体权益维护相对滞缓，引起社会广泛关注。企查查数据显示，5 年来互联网企业劳动争议案件从每年新增 1 万多件增长到 4 万件。新就业形态劳动者较传统行业劳动者而言，“新”主要体现在工作地点、工作时长、劳动关系、劳动报酬的灵活性和多样性上，这些都不同于传统标准的劳动关系、一般劳务关系、全日制的就业方式，直接导致这一群体权益实现的“非标准化”。

劳动关系认定存在一定困难。新就业形态劳动者用工主体多元化、线上化，身份多样化、复杂化，与平台之间关系松散化、算法化，导致对新就业形态劳动者劳动关系认定存在一定困难，很难用传统标准的劳动关系人格、经济和组织的从属性进行界定。有的平台企业为了降低用工成本，“用人不养人”，不与劳动者签订劳动合同，使用中介服务、劳务合同、承揽合同等形式替代。有的平台企业将外卖员引导注册为个体工商户，将网约“配送员”的法律身份转变为“配送个体户”，北京致诚农民工法律援助与研究中心发布的《外卖平台用工模式法律研究报告》显示，目前全国共有超过 190 万家经营范围包含外卖递送服务的个体工商户，外卖平台与骑手间劳动关系认定率不足 1%。从最初有明确劳动关系的自雇外卖员，到使用中介机构的劳务派遣，再到外包、“配送个体户”，即所谓的传统、众包、专送或“个体工商户”，平台逐步消解自身用工主体责任。数据显示，外卖平台从直接雇佣骑手发展为把业务外包给配送商，认定劳动关系的概率从 100% 降到 0.32%。

现有劳动法律适用性不足。我国现行的劳动法律体系大多是基于传统的典型劳动关系建立起来的，仅对建立明确劳动关系、签订劳动合同的劳动者给予法律保护。《劳动法》明确规定适用范围为“在中华人民共和国境内的企业、个体经济组织和与之形成劳动关系的劳动者”。劳动关系的确立和认定是劳动者依法享有社会保险、离职经济补偿金、加班工资、最低工资保障等各种劳动保障的前提和依据。新就业形态劳动者劳动关系的模糊性和不确定性，使《劳动法》《劳动合同法》及其他法律法规中对经济权益保障、劳动保护条件、劳动争议处理等方面的规定对这一群体难以适用。近些年，不少与新就业形态劳动者相关的劳动争议案件，由于劳动关系认定的问题，出现了不少“同案不同判”的现象。同样，劳动关系认定基础上劳动者权利的救济措施——劳动仲裁和劳动监察，对这一群体也很难发挥作用。

职业风险较高、保障水平偏低。我国的社会保障体系与劳动关系的确认是紧密关联、绑定在一起的。由于部分新就业形态劳动者与平台企业的关系没有被认定为劳动关系，不能完全纳入我国现行的建立在劳动关系基础上的社会保障体系，存在“漏保”、“脱保”、“断保”甚至“裸奔”现象，有人将新就业形态劳动者形容为“有就业无门槛、有劳动无单位、有风险无保险”。特别是快递员、网约送餐员等群体，风里来雨里去，职业风险相对较大，职业伤害保障需求迫切，但由于存在制度障碍而无法直接参加工伤保险。全总调查显示，9%的从业者从平台以外单位参加社会保险，33%通过城乡居民社保、灵活就业人员社保等渠道参加社会保险，33%没有参加任何社会保险。《社会蓝皮书：2022 年中国社会形势分析与预测》指出，超过 1/4 的新业态青年没有任何保障。据调查，截至 2019 年底，北京市快递员分别仅有 7. 80%、15. 60%、4. 96%、21. 63%、3. 19%和 2. 84%享受公司提供的养老保险、医疗保险、失业保险、工伤保险、生育保险和住房公积金①。2018 年北京市总工会调查显示，仅有 16. 44%的劳动者回答平台提供了意外伤害保险②。上海市公安局交警总队数据显示，上海市 2017 年平均

① 对外经济贸易大学教授廉思课题组：《悬停城乡间的“蜂鸟”——来自北京市快递小哥群体的调查报告》，《光明日报》2019 年 10 月 11 日第 7 版。

② 孙艳：《分享经济下劳动者权益如何维护?》，《劳动午报》2018 年 1 月 23 日第 11 版。

每 2.5 天就有约 1 名外卖骑手伤亡。

工作超时长、劳动强度大。一些平台企业劳动定额不够公开透明，利用“算法”优化劳动力、需求配置、考核业绩，单方制定修改接派单规则、提成比例、奖惩规定，不少平台规定劳动者在线时长必须达到一定标准的“在线率”，网约配送员等被平台企业精准算法控制，有上班无下班、无意识加班普遍存在，很多外卖平台骑手没有节假日和足够休息时间，每天工作十几个小时，单位时间的劳动付出超出能承受的正常范围。《社会蓝皮书：2022 年中国社会形势分析与预测》指出，网约配送员、网络主播、网络文学写手等新业态青年平均每周工作 6 天、每天工作近 9 小时，最长的日工作时长平均为 11.8 小时；51.8%的新业态青年每天工作超过 8 小时，20.4%的每天工作 12 小时及以上；47.9%的一周 7 天都在工作，74.5%的一周工作 6 天及以上。北京市调查显示，86.81%的平台从业者每周平均工作 6 天以上，31.6%的工作 7 天。

新就业形态劳动者入会比例较低，也是这一群体维权难的重要原因。从工会组织看，我国工会现有的建会条件和建会方式，更多适用于有固定单位和标准劳动关系的单位和职工，不少新就业形态劳动者工作地点灵活、不固定，流动性大、分散性强，不具备标准劳动关系，线上易召集、线下难联系，与工会属地化组建和管理为主的传统方式不适应，入会后的经费使用和保障、服务方式和内容、管理模式和手段等都与传统工会区别较大，这些都增加了工会组织覆盖和工作覆盖的难度。从劳动者看，劳动者年龄结构、文化层次、兴趣爱好的变化，导致对团体和组织依赖性降低，加之新就业形态劳动者的高流动性、零散性，对团体和组织的依赖程度较传统产业职工更低，对工会认知度偏低，入会意愿不高，已入会的会员黏度不高、归属感不强。从平台企业看，不少平台企业对工会不了解不熟悉，认为不但多一个“婆婆”，还存在缴费负担，存在消极抵触情绪，认为与平台网约劳动者没有劳动关系，不愿组织平台企业建立工会，也不支持新就业形态劳动者建会或加入平台企业工会，因此有人称平台企业是工会组建“隐秘的角落”。

二　我想有个家：组织新就业形态劳动者加入工会

习近平总书记多次强调，工会组织要维护好新就业形态劳动者合法权益。新就业形态劳动者已经成为我国职工队伍的重要组成部分，数量庞大、涉及面广泛，这不仅是我国产业和职业发展的新趋势，也是职工队伍发展的新特点，对新时代工会工作提出了新课题。只有把这部分群体组织起来、稳固下来，才能更好地维护他们的权益，为他们做好服务工作，组织他们加入工会组织中来，是为其提供维权服务最基础的环节。

全总从2018年初开始部署推进"三新"领域职工的入会工作，以开展"货车司机入会集中行动"为牵引，大力推进货车司机、快递员、护工护理员、家政服务员、商场信息员、网约送餐员、房产中介员、保安员等八大群体入会。2018年，全总印发《推进货车司机等群体入会工作方案》，确定将河北等5省（区）以及上海宝山、南京等5市（区）作为开展货车司机入会集中行动试点单位。同时，强化经费保障，2019年设立货车司机、快递员等群体入会专项资金500万元，带动各级工会在"八大群体"入会上加大投入力度。

2021年以来，全总坚持党建带工建、工建服务党建，将八大群体拓展至新业态领域新就业形态劳动群体，制定《关于推进新就业形态劳动者入会工作的若干意见（试行）》，聚焦货运、快递、网约车、外卖配送等重点行业开展入会集中行动。2021年7月，以货车司机、网约车司机、快递员、外卖配送员等4个群体为重点，启动新就业形态劳动者集中行动。针对平台企业建会难、新就业形态劳动者入会难的问题，全总和各级工会加强对入会条件、组织形式、活动方式、服务手段、激励保障等问题的研究论证，推进平台企业、头部企业及其关联企业依法普遍建立工会组织。在建会模式上，推行重点建、行业建、兜底建。其中，"重点建"，以头部平台企业建会为重点，在引导平台企业广泛组织自有职工入会的同时，鼓励企业工会直接吸纳新就业形态劳动者入会；"行业建"，将建立行业工会联合会作为抓手，加快建设综合性新就业形态工会联合会，通过头部企业建会带动关联企业建会工作；“兜底建”，指导有条件的村（社区）建立工会组织，主动做好辖区内新就业形态劳动者入会服务工作，确保流动分散的新就业形态劳动者入会有门、应入尽入。目前，顺丰、京东等4个重点行业12家头部企业全部建会，2021年1~10月，全国新发展新就业形态劳动者工会会员超过350万人。在入会渠道上，适应新就业形态群体网上高度活跃的新特点，简化程序、优化方式，推行网上申请入会、流动窗口入会、职工沟通会现场入会等多种便捷入会方式，依托相关货运平台开展网上入会试点。在会员管理上，建立完善会员实名制基础数据库，引导各地加快会员实名制管理，及时将新就业形态群体会员纳入数据库动态管理，逐步实现职业清晰、统计精准等。在经费保障上，探索多元化投入，建立新就业形态群体入会工作经费保障机制，安排重点群体入会工作专项经费，将新就业形态群体入会与服务工作补助列入重点工作项目补助预算，鼓励地方工会积极争取财政资金支持。

地方工会打破传统建会的条条框框，多措并举吸引新就业形态劳动者入会。北京工会明确先工作覆盖、再依法规范建会“两步走”工作思路，推进维权和服务“两个向前一步”，截至2022年5月，北京市累计发展新就业形态劳动者会员30.04万人，组建新就业形态联合工会361个。上海工会采用“三先三再”工作法（先服务再入会、先活动覆盖再组织覆盖、先企业外入会再推进企业建会），推动建会2062个，发展会员48万人。山西工会采用线上线下相结合的方式吸引货车司机入会，入会后量身定制精准化服务。浙江工会通过服务前置吸引新就业形态群体入会，通过“个体网上入会+网点联合覆盖”“线上入会+线下服务”，及单独建会、联合建会、行业建会、区域建会等多种方式，扩大工会组织覆盖面。安徽工会建立货车司机网上入会审批办理“周转池”制度，让申请入会的司机先进“家”再分流。福建工会对龙头企业提供掌上入会服务，实现从企业建会到全平台建会的突破。广东省总工会发布“广东新业态入会”小程序——粤工惠，简单操作几步入会后，便可免费加入工会会员专属意外医疗互助保障计划。越来越多的新就业形态劳动者走进“工会大家庭”，组织化程度持续提高。

三　工会角色功能新要求：当好新就业形态劳动者的娘家人、贴心人

2021 年 7 月，国务院常务会议提出“适应新就业形态，推动建立多种形式、有利于保障劳动者权益的劳动关系”。2022 年 3 月 11 日，在十三届全国人大五次会议记者会上，李克强总理回答关于灵活就业等新就业形态劳动者提问时指出：针对他们的劳动权益、社会保障等问题，政府要逐步完善政策，也就是说要给这些“骑手”们系上“安全带”，既解灵活就业等新就业形态之燃眉之急，又激发市场活力和社会创造力。这对全社会关心关爱新就业形态劳动者发出强烈信号，也对各级党政和工会组织提出明确要求。针对新就业形态劳动者劳动关系认定难、社会保障欠缺、生存状态较差、组织程度偏低、权利救济困难等问题，各级工会按照全国人大常委会副委员长、全国总工会主席王东明的要求，把做好新就业形态劳动者工作作为重点任务。全总成立以全总党组书记、副主席、书记处第一书记陈刚为组长的推进新就业形态劳动者工会工作领导小组，聚焦做好建会入会和维权服务工作，采取系列措施大力推进。

2021 年以来，工会与有关部门密切配合，密集出台了多个涉及规范新就业形态、维护新就业形态劳动者权益的政策文件。6 月，交通运输部、全总等部门联合印发《关于做好快递员群体合法权益保障工作的意见》。7 月，人力资源和社会保障部、全总等 8 部门共同印发《关于维护新就业形态劳动者劳动保障权益的指导意见》，这是首个从国家层面对新就业形态劳动者群体权益保障作出系统规定的政策性文件；7 月，市场监管总局、全总等 7 部门联合印发《关于落实网络餐饮平台责任切实维护外卖送餐员权益的指导意见》；10 月，交通运输部、全总等 16 个部门发布《关于加强货车司机权益保障工作的意见》；11 月，交通运输部、全总等 8 部门联合印发《关于加强交通运输新业态从业人员权益保障工作的意见》。2022 年 1 月，国家发展改革委等 9 部门联合印发《关于推动平台经济规范健康持续发展的若干

意见》。全总与最高人民法院联合下发通知，聚焦新就业形态劳动者，加强工会参与劳动争议线上线下调解工作。

全总单独出台《关于切实维护新就业形态劳动者劳动保障权益的意见》《关于推进新就业形态劳动者入会工作的若干意见（试行）》《关于做好疫情期间常态化送温暖和帮扶工作有关事项的通知》《关于做好常态化疫情防控形势下促进企业发展维护职工权益工作的通知》等系列文件，强调各级工会要及时摸清新就业形态劳动者诉求，拓展“司机之家”等户外劳动者服务站点、工会帮扶（服务）中心等服务设施功能，依托园区、楼宇、商圈为广大职工提供爱心物资、临时休息等服务。截至 2022 年 1 月，全国已有 20 个省份出台配套相关实施方案。在 2022 年 3 月全国政协十三届五次会议上，全国政协总工会界别提交了《关于进一步维护新就业形态劳动者权益　促进平台经济可持续发展的提案》，探索研究保护劳动者和平台经济发展之间保持动态平衡的现实路径。

各级工会联合政府相关部门开展调研，探索建立新就业形态劳动者权益协商协调机制，指导头部平台企业召开职代会，开展集体协商、签订集体合同工作。河北、湖北、安徽等地探索建立网约送餐行业集体协商机制，北京、江苏、四川等地探索建立快递行业集团协商机制，协商制定配送单价、劳动保护等相关行业劳动标准。在头部平台企业开展提升职工生活品质、塑造幸福生活环境试点，协调设立货车司机、外卖配送员意外伤害保险、大病险等普惠精准服务项目。全总配合人社部开展维护新就业形态劳动者劳动保障权益专项行动，推动平台企业依法规范用工，推进职业伤害保障试点工作。开展“工会进万家·新就业形态劳动者温暖行动”服务月活动，2021 年 11 月以来，各级工会共筹集款物 5.29 亿元，走访慰问新就业形态劳动者 534.23 万人次。

针对新就业形态劳动者职业特点和需求，各级工会为他们提供文体活动、职业素质提升、心理健康教育和法律服务。全总开展全国新就业形态劳动者思想状况调研，组织中央主要媒体重点宣传先进典型，快递员秦文冲被中央媒体“劳动者之歌”栏目广泛报道，《工人日报》等工会媒体开设“新就业形态劳动者入会集中行动”“抗击疫情中的快递员”等专题专栏。2021年“五一”国际劳动节，饿了么蓝骑士宋增光成为首位获得全国“五一劳动奖章”殊荣的外卖骑手；2022年全国“五一劳动奖”和全国工人先锋号评选表彰首次专门提出要注意推荐新就业形态劳动者，表彰了货车司机等9名新就业形态劳动者，货车司机龙兵、外卖送餐员张硕当选为2022年全国“最美职工”，充分表明广大新就业形态劳动者的贡献越来越得到社会的认可。推动在新就业形态领域、互联网企业建设职工书屋和便利型阅读站点，扩大对新就业形态劳动者的信息与知识传播。开展全国工会系统机关干部赴基层蹲点活动，全总机关15个基层蹲点工作组共50名干部，就新就业形态领域用工等问题深入近百家企业开展现场调研，累计指导新建基层工会1536个，发展会员23.75万人。全国省市县三级工会共下派1.3万名工会干部，组成4488个蹲点工作组，累计指导新建立基层工会1.7万个，新发展会员131.86万人，其中新就业形态劳动者会员56.35万人。全总联合交通运输部开展“货车司机职业发展与保障行动”，将新业态女性劳动者纳入“关爱女职工专项基金”服务范围。探索建立精准普惠服务项目，投入1320万元常态化送温暖资金，帮助解决新就业形态劳动者急难愁盼问题。

四　爱心驿站：你的困难就是工会的牵挂

以货车司机、快递小哥、外卖配送员、网约车司机为代表的大部分新就业形态劳动者，在工作时间内没有固定的休息、吃饭、喝水的固定场所，“司机之家”、“爱心驿站”、户外劳动者服务站点，就是为这一群体提供的“服务区”，使他们能够暂时歇歇脚。这也是工会打通为新就业形态劳动者服务“最后一公里”的具体举措。

全总在2016年初印发《关于推进户外劳动者服务站点建设的通知》，要求各地工会依托工会困难职工帮扶中心、站点和社会力量，建立以环卫工人、出租车驾驶员、交通警察、快递员等户外劳动者为主要对象的服务站点体系，解决户外劳动者饮水、就餐、如厕和休息等难题；鼓励有条件的乡镇（园区）建立服务站点，推动改善户外劳动者工作条件。2019 年印发《关于进一步规范和做好工会户外劳动者服务站点建设工作的通知》，在金融系统试点探索以标识互挂互认等方式协同社会资源，深化户外劳动者服务站点建设工作。2020 年印发《关于规范工会户外劳动者服务站点相关工作的指导意见》，对户外劳动者服务站点建设原则、管理规则、资金使用、监督评估等方面做出规定。各级工会在“爱心驿站”、户外劳动者服务站点上加大资金投入力度，河南省总工会拿出 2000 万元实行站点补贴，成都市总工会引入社会组织开展站点日常维护运营工作。工商银行在全国建设 1.55 万家“工行驿站”，建设银行在 1.4 万多个网点开设“劳动者港湾”，实现全国范围全覆盖。据统计，全国有 9.6 万余个工会户外劳动者服务站点，服务户外劳动者群体 6200 余万人。

为了改善道路运输从业人员工作和生活环境，交通运输部、全总于 2018 年联合发起，在高速公路服务区、普通国省干线公路服务站、骨干物流通道货物集散地、物流园区共同开展“司机之家”建设，集聚住宿餐饮、停车安保、宣传教育、配套服务等基本功能，让货车司机在路上能“喝口热水、吃口热饭、洗个热水澡、睡个安稳觉”。2018 年 6 月，交通运输部、全总在河北、山东等 10 个省份开展“司机之家”建设试点，如今“司机之家”已经成为工会组织团结引领货车司机的重要服务阵地和服务品牌。截至 2022 年 1 月，全国验收合格、投入运营的“司机之家”共 848 个，首批 295 个“司机之家”已上线百度地图。

在新冠肺炎疫情期间，多地工会出台关心关爱新就业形态劳动者、关爱在途货车司机的暖心举措，江苏省总工会开展“工会陪你在路上”关爱货车司机主题活动，向经停江苏省内高速公路卡口等地的货车司机赠送贴心服务；山东省交通工会协调高速服务区为货车司机提供免费核酸检测；杭州市发布《关于印发杭州市关心关爱货车司机十条举措的通知》；宁波北仑区工会建立“移动探头”志愿队、搭设“暖心帐篷”、发放告知书，帮助滞留期间的货车司机解决急难愁盼问题。

五　明天更美好：维护新就业形态劳动者权益在路上

2018年10月29日，习近平总书记在同全总第十七届领导班子成员集体谈话时指出，工会要通过多种有效方式，把快递员、送餐员、卡车司机等灵活就业群体、各类平台就业群体吸引过来、组织起来、稳固下来，使工会成为他们愿意依靠的组织；在2020年11月24日全国劳模大会上强调，采取多种手段，维护好快递员、网约工、货车司机等就业群体的合法权益。2018年10月召开的中国工会十七大指出，“推动建立适应新业态的用工和社保制度，建立健全互联网平台用工等新就业形态劳动标准体系”。十三届全国人大常委会第三十二次会议2021年11月24日审议通过对《工会法》的修改，明确了新就业形态劳动者参加和组织工会的权利，规定：工会适应企业组织形式、职工队伍结构、劳动关系、就业形态等方面的发展变化，依法维护劳动者参加和组织工会的权利。做好新就业形态劳动者权益维护工作，是新时代工会组织贯彻落实习近平总书记重要指示精神和党中央决策部署、巩固党长期执政的阶级基础和群众基础的现实需要，是工会履行维护职工合法权益、竭诚服务职工基本职责的必然要求，是构建和谐劳动关系、推动高质量发展、促进社会大局稳定的重要举措，也是广大新就业形态劳动者面对疫情冲击和经济下行压力的迫切愿望。

目前，维护新就业形态劳动者权益工作取得了一定成效，但仍然存在不少短板，比如，平台企业与劳动者之间关系的认定及规范仍需进一步探索，劳动权益保障仍存在不足，等等。解决这些困难和问题，需要从不同角度多管齐下，共同为新就业形态劳动者织牢“安全网”、打起“防护伞”。

（一）从国家和政府层面看，加快健全法律制度，强化督促检查

习近平总书记强调，新业态虽是后来者，但依法规范不要姗姗来迟，要

及时跟上研究，把法律短板及时补齐，在变化中不断完善[①]。一是加快调整现有劳动法律体系的立法框架，建立多元劳动法律制度，扩大法律适用范围，完善劳动保障标准，加快健全平台经济法律法规，及时弥补规则空白和漏洞。二是强化督促检查，推动政策落地见效。目前国家层面已经出台多个维护新就业形态劳动者权益的政策文件，涉及范围广，触碰问题多，落实难度大，要加强已出台的政策衔接，形成政策合力，加大对现有相关政策落实情况的执法检查力度，开展新就业形态劳动者权益保障工作检查，强化法律执行和监督。建立健全适应平台经济发展特点的新型监管机制，明确平台企业的责任和义务，确认行业主管部门的监管职责，探索建立重点领域行业信用评价、谈话提醒、通报公告等奖惩机制，有效遏制侵害劳动者权益的短期行为。三是补齐保障短板，发挥商业保险作用。从顶层设计上调整相关政策规定，精确评估不同行业灵活就业群体的工伤风险，合理确定保费费率，明确行业风险分类，推动工伤保险扩围，覆盖更多灵活就业群体，畅通他们参加工伤保险的政策渠道。四是强化部门联动，合力做好维权服务工作。建立国家层面新就业形态劳动者权益保障工作部际联席会议机制和协调机制，研究解决政策落实和推进工作中遇到的共性和突出问题。各相关部委要督促各地结合实际出台配套政策，细化任务措施，提升维权实效。鼓励社会舆论监督，形成厚植平台经济自律机制的沃土。国家信息中心 2022 年 2 月发布的《中国共享经济发展报告 2022》也指出：未来我国将适应新就业形态的发展，构建更为精准和差异化的劳动者权益保护模式，提高劳动保障覆盖率和保障力量。

（二）从平台企业看，主动承担社会责任，促进职工长远发展

一是畅通沟通渠道。在企业内部建立沟通对话机制，与平台从业人员就派单规则、提成比例、福利待遇、社保缴纳、技能培训等开展集体协商，建

① 《习近平在看望参加政协会议的经济界委员时强调：坚持用全面辩证长远眼光分析经济形势 努力在危机中育新机于变局中开新局》，《人民日报》2020 年 5 月 24 日第 1 版。

立劳动争议处理、投诉和反馈机制，将劳动者的权益保护纳入平台服务标准。二是加强岗位培训。建立科学规范的安全教育培训机制，加强入职前安全教育和岗位培训，畅通新业态从业人员职业技能等级评价渠道。三是严格行业自律。落实平台企业治理规则，科学制定订单分配、定价支付、工作时间、处罚措施等规则和算法，规范管理操作，推动平台经济规范健康持续发展。

（三）从工会层面看，做到工会组织和工会工作“双覆盖”

一是拓宽建会入会新途径。健全党建带工建、工建服务党建机制，将建会入会工作融入推进新兴领域党建工作体系中去，推动将新就业形态劳动者入会和服务工作纳入党建工作考核体系，指导相关头部平台企业在部分地区开展建会入会试点，加强乡镇（街道）、村（社区）工会建设，逐步建立完善纵横交织、上下贯通的组织体系。二是探索维权新举措。加强源头参与，推动劳动法律法规政策完善，与行业协会、头部企业或企业代表组织围绕行业计件单价、抽成比例、工作时间、休息休假、奖惩制度等开展协商，会同有关部门推动制定加强新就业形态行业集体协商工作的意见；引导平台企业履行社会责任，在规章制度制定及算法等重大事项确定中依法履行民主程序，探索通过平台企业职代会、区域（行业）职代会、行业劳资恳谈会及其他民主管理形式，为新就业形态劳动者搭建理性有序表达合理利益诉求的渠道。三是创新服务新方式。开发 App，开展线上培训，开展职业教育培训、岗位技能培训、职业技能竞赛，组织心理健康教育和各类文体活动，开展“文化送温暖”和专题慰问演出，帮助新就业形态劳动者适应城市生活、缓解精神压力。四是加强政策宣传和思想引领。坚持不懈用习近平新时代中国特色社会主义思想教育引领职工，充分利用工会报刊、网站、“学习强会”、职工书屋等阵地宣传党的创新理论，宣传劳动法律法规及政策规定，为新就业形态劳动者提供法治宣传教育和法律服务，帮助他们提高政策水平、提高法律素养，树立依法维权意识。积极为新就业形态劳动者鼓与呼，挖掘新就业形态劳动者先进典型，提高全社会对他们的职业尊重，凝聚起劳动创造幸福的强大动力。

B.16
我国社会组织非营利性监管的现状、问题和对策

赵小平　张敬通*

摘　要： 随着中央提出三次分配，慈善事业上升到国家战略高度，加强社会组织非营利性监管的重要性和紧迫性凸显。《"十四五"民政事业发展规划》强调，要落实财务、会计、票据、税务、资产管理政策，完善社会组织非营利性监管制度，规范社会组织涉企收费、对外投资、关联交易、募捐捐赠等行为。社会组织违反非营利性的行为主要集中在资源获取、使用和分配三个环节，其原因包括现实利益诱惑、外部监督不足和内部治理缺失三个方面，建议下一步继续加大政社分离的工作力度、建立健全优胜劣汰的选择机制、强化外部监管的薄弱环节、倒逼内部治理规范、充分发挥基层党组织的监督引领作用。

关键词： 社会组织　非营利性监管　政社分离　外部监督　内部治理

一　引言

近10年来，我国社会组织发展取得了明显成效，组织数量从2012年的49.93万家增加到2020年的89.4万家，社会捐赠款物总量从2012年的578.8

* 赵小平，北京市社会科学院社会学所副研究员。张敬通，中共中央党校（国家行政学院）政法教研部政治学理论专业硕士研究生。

亿元增加到2020年的1520亿元[①]。但与此同时，我国社会组织的发展也存在一些严重问题，违反社会组织“非营利性”的行为就是其中之一[②]。

非营利性是社会组织的本质特征[③]。坚守社会组织的非营利性是社会组织监管的底线要求。《中华人民共和国民法典》第87条规定，为公益目的或者其他非营利目的成立，不向出资人、设立人或者会员分配所取得利润的法人，为非营利法人。因此，非营利性至少包括4个方面的内容：一是行为目的之公益性；二是不向出资人、设立人或者会员分配所取得利润；三是任何单位和个人不得私分、侵占和挪用社会组织资产；四是不违反、不非法套取国家针对社会组织非营利性的优惠政策和资源支持。

开展非营利性监管是履行社会组织监管职责的重要内容。《“十四五”民政事业发展规划》强调，要落实财务、会计、票据、税务、资产管理政策，完善社会组织非营利性监管制度，规范社会组织涉企收费、对外投资、关联交易、募捐捐赠等行为。近年来，在社会组织的日常管理、等级评估和执法监察过程中可以发现，社会组织打着“非营利性组织”之名，通过关联交易、变相分红、虚假捐赠等形式进行非法敛财和偷逃税款的现象具有一定的苗头性和倾向性。并且相关情况十分复杂，有些属于游走于法律法规边缘的模糊行为，增大了监管难度。与一般的违法违规不同，社会组织的这类行为伤及公众道德底线，损害我国公益事业的公信力，一经曝光便会引起巨大社会反弹，不仅给社会组织健康发展带来极大损害，而且可能直接扰乱经济社会秩序[④]。随着中央提出第三次分配概念，社会公益资源必然大量增加，在此背景下加强社会组织非营利性监管的需求愈加迫切。

---

① 杨团、朱健刚主编《中国慈善发展报告（2021）》，社会科学文献出版社，2021，第125页。

② 关爽、李春生：《走向综合监管：国家治理现代化背景下社会组织治理模式转型研究》，《学习与实践》2021年第7期。

③ 刘序明：《守住社会组织公信力底线》，《中国党政干部论坛》2020年第2期。

④ 陈晓春、肖雪：《非营利组织的法治化监管》，《上海师范大学学报》（哲学社会科学版），2017年第5期。

二　研究框架和方法

（一）研究框架

1. 针对社会组织非营利性方面存在的问题，重点从三方面进行梳理

一是在资源获取环节违反非营利性的问题，比如：利用公益性捐赠税前扣除资格帮助关联企业减税、私设“小金库”或变相分红等行为。二是在资源使用环节违反非营利性的问题，比如抽逃原始资金、对外违规借款、利用社会组织名义套取国家的优惠政策等行为。三是在资源分配环节违反非营利性的问题，比如直接分红、变相分红等做法。

2. 针对社会组织非营利性方面存在的问题，按两种类型展开分析

从动机上讲，社会组织违反非营利性的情况可分为主观有意和客观无意两种类型。主观有意行为又可细分为两种类型：一是“知法犯法，侥幸心理”。对此类行为要加大监测力度、畅通举报渠道、依法及时予以惩处，同时建立黑名单制度，让违反非营利性原则的社会组织“寸步难行”。二是“利用制度漏洞，打制度擦边球”。对此类行为除了要加强监督举报之外，还应当及时优化制度以堵塞漏洞，同时建立灰名单制度，对相关社会组织予以警戒。以上这两种情况的出现，都与组织内部治理缺失和外部监管不足有直接的关系。客观无意是指社会组织因为不清楚相关法律法规等原因无意违反了非营利性的行为，对此可按照其危害的实质予以不同程度的处罚，同时还应当加强对社会组织开展相关法律法规的培训与宣传工作。本课题重点研究第一种类型。

（二）研究方法

相较于其他各类市场主体，社会组织总体数量少，法律法规的普及率低，且违反“非营利性”原则的问题属于比较隐秘的负面信息，一般难以获取查证。基于此，本研究主要通过以下五种方式进行研究：一是利用等级评估和抽查审计等时机对部分社会组织进行实地调研；二是与社会组织领域的财务税务专家、等级评估专家和法务专家座谈交流；三是对监督执法部门内部掌握的相关案例和历年社会组织等级评估过程中发现的典型案例进行分析；四是对具有行业使命感的社会组织代表进行深度访谈；五是对政府已经公开的对社会组织的惩处案例进行梳理。

三　社会组织违反非营利性的主要表现

（一）资源获取环节中违反“非营利性”的主要表现

社会组织的资源（通常表现为资产）是其生存发展和践行宗旨使命的物质基础，在资源获取环节容易出现以下四类违反非营利性的典型行为。

1. 逃避国家税款行为

这种情况即帮助企业偷逃国家税款，即社会组织利用公益性捐赠税前扣除资格帮助企业逃税。例如，2013~2016 年，汕尾市扶贫基金会涉嫌虚增扶贫捐款和协助企业逃税，时任理事长林志华等 3 人还违规兼职取酬。2018 年，审计署将上述问题线索移送广东省纪委调查。2019 年 1 月，广东省纪委给予时任分管副市长骆金堤党内严重警告处分；汕尾市纪委给予林志华等 3 人党内严重警告处分，并责令辞去扶贫基金会相关职务，退回兼职报酬[①]。

2. 借社会组织身份在市场中赚钱敛财

第一种情况是社会组织帮助企业通过“公益牌”来打开市场，然后获得企业佣金。第二种情况是社会组织（通常是行业协会商会）通过评奖、授牌、会费来帮助企业站台，然后趁机收钱敛财。这种情况在国字头的行业协会商会中比较常见。第三种情况是一些半官方背景的社会组织（通常是行业协会商会）通过“打行政牌”、当“红顶中介”，诱迫市场主体以各种形式交纳费用。

---

① 《2021 年第 5 号公告：审计署移送违纪违法问题线索查处情况》，https：//www. audit. gov. cn/n4/n19/c10179954/content. html。

3. 实物捐赠价值不公允，甚至虚假捐赠的问题

有的基金会接受企业的实物捐赠，但缺乏对价值的公允评价，导致捐赠物实际使用价值远远低于其入账登记价值，造成实物捐赠价值不公允，甚至虚假捐赠的问题。比如，某基金会最大的项目为图书捐赠，希望解决贫困地区孩子读书的问题。基金会与出版社合作，选择捐赠的图书，再分发到各个贫困地区学校。近年来纸质图书价格越来越贵，所以捐赠纸质图书的数量和规模逐渐缩小，改向学校捐赠电子图书馆。捐赠的电子图书馆对电脑有特殊的要求，客户端软件要求必须是 Windows XP 操作系统，而且没有后续的技术服务，现实中也存在学校接受了捐赠但是不能使用的情况。

4. 公益组织被人利用骗取社会公益资金

一些别有用心的人或机构，利用部分社会组织的公益身份或公募资格，骗取并侵占社会公益资金。

（二）资源使用环节中违反“非营利性”的主要表现

资源使用环节是社会组织践行非营利性理念的重要环节，也是非营利性容易出现问题的环节。

1. 资产管理的问题

第一种情况是原始资金抽逃或亏空。一些社会组织通过各种形式将原始注册资金抽逃出来，有的是还给出资方，有的是另作他用。为了规避制度的约束，原始资金已经抽离的社会组织往往在年检或评估之前再补注资金，等检查结束又将其转出；有的社会组织为出资方虚列劳务费，逐渐“归还”原始资金；还有的组织干脆置之不理。

案例：GM 艺术公益基金会年末净资产不足

2019 年某市社会组织等级评估中发现，GM 艺术公益基金会在 2017 年和 2018 年两年度年末净资产余额分别为 141 万元和 163 万元，均未达到注册资金 200 万元。

第二种情况是对外违规借款。有的社会组织向理事或相关单位与个人违规出借资产，有的甚至成为呆账、烂账。

2. 资金使用的问题

第一种情况是对委托第三方执行的公益资金缺乏必要管理。比如，有的基金会在资助其他组织开展项目或购买企业服务的过程中，对公益资金的使用缺乏监管，对服务的质量缺乏把控，造成公益资源的浪费，甚至被非法侵占。比如，2018 年某市社会组织等级评估中发现，YW 慈善基金会下设 12 个专项基金，但管理制度简单、监督留痕较少，存在较为明显的监管风险点。

第二种情况是社会组织用公益资金购买关联方服务却没有披露，存在侵吞公益资产的嫌疑。比如，SY 公益基金会将两个资金量分别为 140 万元和 230 万元的公益项目委托理事担任执行董事的公司运作，没有任何关联方交易的公允性证明材料（如比价、遴选、招投标文件等），合同也没有费用预算，对项目经费使用情况也未实施监督。

第三种情况是从事活动与宗旨和业务范围不符。比如，民政部针对中华儿慈会“9958”的“吴花燕”事件的责令改正书中指出中华儿慈会为吴花燕募捐的行为，不符合中华儿慈会的宗旨和业务范围，责令中华儿慈会妥善处理募捐款项并及时向社会公布。

第四种情况是借社会组织套取国家或集体的优惠政策和资源。一些企业或个人利用社会组织非营利性的特定属性，向政府或集体申请土地、场地、资金、项目，但实际上利用这些资源从事营利性活动。

第五种情况是公益组织侵占、滥用善款。有的公益组织在项目运作中违背公益原则，侵占、滥用社会善款，社会影响很坏。比如，丽江妈妈联谊会（孤儿学校）原负责人胡曼莉因在管理使用善款过程中，存在善款私存，借伙食费、教育费敛财，财务造假等问题，于 2000 年 12 月 10 日被张春华（美国妈妈联谊会负责人）以侵犯知情权、善款使用违背捐赠者意愿为由，告上法庭。云南省高院责令“丽江妈妈联谊会”返还未按美国妈妈联谊会捐赠意愿使用的 907890 元人民币，后又作出对“丽江妈妈联谊会”给予撤销登记的行政处罚，并对其下属的孤儿学校进行重新登记注册。

3. 受益对象选择违反非特定性原则

受益对象的选择应当遵守非特定性原则是公益机构保证公益性的重要原则之一。有的社会组织基于捐助者或发起人的特殊偏好，指定某个特定的对象作为受益者，也是违反非营利性的表现。例如，2008 年以来，浙江省云和县民政局原党组成员、副局长兼县慈善总会副会长、秘书长，县中心敬老院院长曾观明利用职务便利，将 4.33 万元慈善救济款分配给不属于救济对象的其直系亲属；2017 年 8 月，曾观明受到开除党籍、撤销主任科员职务处分，降为副主任科员，对其违纪所得予以追缴。

（三）资源分配环节中违反“非营利性”的主要表现

为了维系社会组织的持续运转，对社会组织的资源进行合理分配是必要的，比如全职或兼职员工的劳动报酬等。但是，一些社会组织突破了合理分配的底线，出现了一系列违反“非营利性”的典型行为。

1. 变相分红

一般来讲，变相分红通常通过利益关联方的交易来完成。另外，将股东分红虚列为服务费等方式，也实现了变相分红。

2. 虚开票据转移资产

随着相关监管措施的落实，假发票的现象得到较为有效的遏制，但是虚开票据依然比较常见，即发票是真的，但业务并没有发生。大额虚开发票的行为已经触犯了《刑法》。比如，调研获悉，近年来某市民政局会同相关部门破获了几起金额较大的虚开票据案件并对相关组织和个人依法进行了惩处。

3. 理事违规领取薪水

《基金会管理条例》第 20 条规定“在非公募基金会领取报酬的理事不得超过理事总人数的 1/3”，但有的基金会超过了这一比例。比如，北京 ZFYH 发展基金会的五位理事中就有两位领薪。

4. 员工福利薪酬分配不合理

第一种情况是员工福利薪酬虚高且不规范不透明。一些社会组织（如部分行业协会、商会、基金会）存在员工福利虚高且不公开、不透明的现象。第二种情况是资助管理层参与高额培训班。比如，专家座谈会上，有的专家就指出，有的社会组织资助管理层参加长江商学院或中欧商学院等机构组织的 MBA 项目，资助金额有的高达数十万元。

四　社会组织违反非营利性的主要原因

政社不分造成的非法利益是违规的现实诱因。现实中非法利益诱惑是激活部分组织违规念头的原动力。例如，某些行业协会看到部分企业有扩大影响力的需求，就打着政府旗号通过评奖、发证等方式敛财。从表面上看只是社会组织的违规行为，但其更深层次反映的是政社不分。一些社会组织是从政府职能分化而来，容易借官方影响变成“二政府”向企业敛财。由于能得到实际利益，一些部门对此选择视而不见。

优胜劣汰的选择机制不健全导致正向激励不足。与市场类似，社会领域若有一个优胜劣汰的选择机制，让遵规守法的组织得到好处而让违法乱纪的组织受到惩戒，那么将对行业规范起到正向激励作用。当前，政府已经将年检、等级评估、专项检查与执法等方面的信息汇总到北京市社会组织信用系统中，为建立良性选择机制打下了较好基础，但在有效发挥作用上还有弱项：一是各级政府购买社会组织服务的结项评估数据尚未纳入信用系统；二是各类信用评价信息尚未与社会组织（尤其是优秀组织）获得生存发展有机关联，造成正向激励不足。

外部监管存在薄弱环节造成“有法难依”和“违法不追”。外部监管存在薄弱环节。一是对非营利性监管具体包含哪些内容还没有统一的规定。二是信用风险预警的及时性和精准性不够。现有信息系统还没有实现自动比对风险信息、精准定位潜在违规组织并做出预警的功能。无法精准识别的话，加强监管的结果往往是给所有组织施压，事倍功半。三是督查执法跟进不够。对年检和评估查出的问题线索，除性质恶劣、危害严重的之外，普遍缺乏督促整改的跟进。例如，笔者参与了多年基金会等级评估工作，每年都能发现若干问题，但也是止步于告知。

内部治理“一言堂”现象造成以权谋私风险。社会组织负责人通常有很大的内部话语权，当大到难以约束时便出现“一言堂”现象。例如，重大事项和制度不经理事会讨论、财务签批一支笔等。独揽大权的负责人容易滋生违法乱纪的侥幸心理，让组织成为其以权谋私的工具。同时，理监事会成为摆设也通常因为他们和负责人有着特殊关系且认为自己不用替机构的违法行为担责。

五　加强社会组织非营利性监管的对策建议

继续加大政社分离的改革力度。一是继续推动“行业协会商会与行政机关脱钩”改革并向其他半官方背景的行业性社会组织扩展。二是通过多种培训淡化部分社会组织的行政级别意识和官方靠山意识，增强专业取向和服务意识。三是政府借助专业机构为转型困难的半官方组织规划发展和提升能力。四是委托第三方机构监督评估重点组织和行政机关脱钩情况，建立并落实监督不到位的责任追究机制，将评估结果与业务主管部门的绩效挂钩。

建立健全优胜劣汰的选择机制。一是补齐社会组织信用信息，将政府购买或委托项目的评估结果纳入信用系统。二是开发非营利性评价指标体系并将其作为重要指标嵌入信用系统。三是切实让信用系统在政府资源分配上发挥选择作用。例如，针对诚信优秀的组织，可给予三年免年检机会，可享受在政府购买中优先入围、连续购买或提升购买额度的优惠，或在场地和人才等方面优先得到政府支持。对诚信不佳的组织则采取相反举措。四是在社会资源对接上，可将诚信优秀的组织，通过工商联、行业协会商会、青联、公益慈善汇以及市属主要新闻媒体的慈善专栏等渠道，推介给企业（家）和公众。五是支持社会自发产生的第三方评估机构有序发展。

补强外部监管的薄弱环节。一是市委、市政府出台统一的社会组织非营利性监管文件，建立部门规章冲突的协商议事机制。二是在信息系统中，增加敏感信息比对查询和自动预警功能。例如，用大数据比对锁定“一址多家”“理事交叉”“原始资金频繁周转”等高风险行为。三是建立常态化、不定期的抽查制度（重点是资金账外运行、原始资金抽逃、违规外借资金等）。四是将“社会组织向市场非法敛财谋利的专项整治行动”制度化、常态化。五是建立发现线索、督促整改和结案的完整工作链条，尤其是对重点领域和问题要专人督办、限期整改。六是梳理常见问题并形成警示案例，通过微信推文、小视频、案例册以及线上线下培训传播给社会组织。

通过外部压力倒逼内部治理规范。一是将社会组织的诚信表现与理监事的个人诚信进行挂钩。针对机构违法乱纪行为，视情况依法落实对理监事的问责。二是在各项检查中发现“一言堂”现象要立即提出并限期整改。三是在各项检查中重点关注重大事项报告制度、财务逐级审核与互签互批制度的落实情况。四是大力提升监事的财法务专业能力。

充分发挥基层党组织的监督引领作用。一是积极推行社会组织管理层党员和党组织班子成员双向进入、交叉任职。二是社会组织联合党委定期举办党风廉政建设和组织规范运作培训班。三是要求社会组织党支部在年度计划和年终总结中体现党支部的监督作用。四是建立党员发现和反映问题的渠道与机制，对瞒而不报并造成负面影响的党支部要追责。

参考文献

金可：《北京民政局开多张罚单》，https：//baijiahao. baidu. com/s？id=1610197712845017527&wfr=spider&for=pc。

赵展慧：《国家发改委曝光 8 起行业协会违规收费案件》，《人民日报》2017 年 8 月 22 日第 2 版。

B.17

行业协会商会参与全球经济治理：现状、问题、对策

杨丽　游斐　李雨茜　王天仪*

摘　要： 近年来，全国性行业协会商会与地方行业协会商会立足自身特色，积极践行“走出去”战略，对外活动频繁，合作领域广泛，活动领域不断延伸，对外活动范围不断扩大，活动形式趋于多样化。然而，中国行业协会商会参与全球经济治理处于起步阶段，存在国际政治经济环境变化、缺乏顶层设计与法律制度支持等诸多问题与挑战。推动中国行业协会商会参与全球治理，需要完善行业协会商会参与全球经济治理顶层设计，建立发展支持体系；推动行业协会商会组织治理，提升自身发展能力和治理水平；发挥行业协会商会功能作用，推进国内国际双循环深层衔接等。

关键词： 行业协会　商会　全球经济治理　全球治理

进入21世纪以来，逆全球化、有限全球化与全球化共存，全球经济格局、产业链、供应链深刻调整，世界各国加快通过国际行业协会商会掌控话语权、设置国际议题，不断在非传统领域（如反恐）、现代新兴领域（如人工智能、文化创意）“跑马圈地”，甚至侵蚀中国传统优势领域（如儒学、中医）。中美贸易摩擦、新冠肺炎疫情和“新疆棉”事件发生后，无论是幕

* 杨丽，北京师范大学国际NGO与基金会研究中心主任、副教授；游斐，北京师范大学国际NGO与基金会研究中心执行主任、研究员；李雨茜，北京师范大学社会学院硕士研究生；王天仪，北京师范大学社会学院硕士研究生。

后还是台前，都不乏国际行业协会商会或正或反、或善或恶的独特身影和作用。特别是《区域全面经济伙伴关系协定》签署、完成中欧投资协定谈判和（正式申请）加入《全面与进步跨太平洋伙伴关系协定》带来全球、区域经济社会发展新的机遇与挑战，中国行业协会商会“走出去”、参与全球经济治理体系改革和建设站在新的历史起点上。

2017 年 10 月，习近平总书记在党的十九大上提出“发挥社会组织作用”“积极参与全球治理体系改革和建设”的战略目标。2020 年 10 月，习近平总书记在党的十九届五中全会上作出“发挥社会组织作用”“加快构建以国内大循环为主体、国内国际双循环相互促进的新发展格局”的战略部署。这不仅客观上指明了党和政府充分发挥行业协会商会“走出去”优势、促进国内国际双循环、积极助力全球经济治理体系改革和建设的战略方向，也开辟了充分发挥行业协会商会“走出去”优势、促进国内国际双循环、积极助力全球经济治理体系改革和建设的广阔空间。新的历史条件下，充分发挥中国行业协会商会“走出去”优势，拓展脱钩改革成果，推进国内国际双循环布局，积极助力全球经济治理体系改革和建设，意义重大、影响深远。

一　中国行业协会商会参与全球经济治理概况

（一）全国行业协会商会基本现状

随着市场经济体制的建立与完善，行业协会商会得以兴起并发挥重要作用。截至 2021 年 4 月底，全国行业协会商会 11.39 万家，其中民政部登记行业协会商会 886 家，省级行业协会商会 16350 家，市级行业协会商会 45505 家，县级行业协会商会 51159 家。虽然行业协会商会曾受到“双重管理”体制束缚，存在自主权缺乏、对政府依赖严重、自身能力较弱、监管不足等问题，但实践上也取得多方面进展，主要体现在如下几个方面：一是政府对行业协会商会管理体制进行改革，核心议题是“去行政化”，具体内容包括直接登记注册、取消“一地一会”、实现行业协会商会与行政机关脱钩，重构政府与行业协会商会新型关系；二是进一步明确行业协会商会职能，强化服务会员、提供公共服务、承接政府职能转移等职能；三是行业协会商会参与行业治理、社会治理与全球治理，发挥其参与全球治理的作用；四是行业协会商会开展政策倡导、影响决策与政策执行，一定程度上提升了政府政策制定与政策执行水平；五是探索行业协会商会党组织建设实践，形成多样化行业协会商会党建模式。

（二）中国行业协会商会参与全球经济治理基本情况

近年来，全国性行业协会商会与地方行业协会商会立足自身特色，积极践行“走出去”战略，对外活动频繁，合作领域广泛，活动领域不断延伸，涉及经济、科技、文化、教育、环保、法律等多个领域；活动形式多样化，包含参与国际合作项目、参加国际会议、出访/考察、参与国际组织、参加国际博览会与国际大赛、倡导中国标准国际化等。同时，对外活动范围不断扩大，深入东亚、南亚、东南亚、拉美、北美、欧洲等地区，在国际舞台上发出中国声音。

1. 推动国际经贸交流合作

行业协会商会成为推动国际经贸交流合作推动者。如温州眼镜商会已30多次组团参加美国、法国、意大利等地的眼镜展览会，同时主办温州眼镜博览会，帮助企业开拓国际市场。中国机电产品进出口商会发挥国际化商会优势，聚焦会员企业“走出去”服务需求，为企业拓展国际市场提供精准高效有价值的服务。2020年，机电商会聚焦重点国别市场，以承担的政府间多双边企业合作机制相关工作为抓手，积极拓展对外联络渠道，强化与境外签约机构的务实合作，着力打造具有全球影响力的国际化服务网络。深圳市钟表行业协会组织企业，多次参加世界最大的钟表展“瑞士巴塞尔世界钟表珠宝展”，开展国际经贸交流，并促成了深圳与瑞士首都伯尔尼结成友好城市。深圳市电子行业协会早在1997年就加入了世界电子联盟，并担任理事。深圳市工业设计行业协会成为国际工业设计联合会中第一个来自中国的行业协会，成为首家打入伦敦百分百设计展的中国行业协会。深圳工业总会成为与联合国工业发展组织建立非政府机构合作关系的民间组织。深圳市走出去战略合作联盟组织中国（深圳）-泰国（曼谷）经贸推介会与中国（深圳）-埃塞俄比亚产能对接会等经贸会议，为推动深圳城市发展与企业开展对外合作做出积极贡献。

2. 参与国际经济社会事务

行业协会商会成为国际经济事务参与者。如深圳市知识产权联合会，多次组织会员参加国际商标协会国际商标大会与亚洲知识产权营商论坛。在国际场合，会员深度参与国际知识产权交流与合作，开阔国际市场营商新视野。在国际关注的知识产权问题上，能够有效传播中国声音，维护国家经济立场和正当利益。深圳市大道应对气候变化促进中心在参与应对气候变化全球行动、支持中国企业家成为应对气候变化行动引领者等方面成效显著。中心以应对气候变化企业家联盟为平台，重点开展企业行动、绿色城乡、绿色领导力和国际合作四方面工作，在应对气候变化领域努力促进国际合作与交流，为全球气候治理贡献解决方案。

3. 维护中国企业国际贸易正当权益

行业协会商会成为支持企业参与国际竞争、维护中国企业产业利益守护者。如温州眼镜商会参与应对土耳其反倾销制裁、温州打火机商会参与应对欧盟技术壁垒、江苏紫菜协会参与应对日本对江苏紫菜设置贸易壁垒等诉讼在国家的支持下都获得成功，提供了可供借鉴的经验。自中国“入世”到2020年12月，中国机电产品进出口商会先后组织企业有效应对了500多起国际反倾销、反补贴、保障措施以及美国337、232、301调查等重大案件。当前，商会法律服务平台已覆盖100多个国家和地区，可以为企业“走出去”提供全方位法律咨询、商账追收、贸易摩擦应对、知识产权保护和法律培训等方面服务。2020年，先后处理反补贴、反倾销、保障措施案件64起，组织12起案件的行业损害抗辩，对外发布产品预警21次。另外，处理美对华变压器和起重机232调查，继续跟进美对华301调查及国外法院诉讼1起，处理美国337案件20起，有效维护我国重点行业和相关企业的合法权益，树立商会法律服务品牌。

二　中国行业协会商会参与全球经济治理遇到的问题与挑战

（一）国际政治经济环境变化对行业协会商会参与全球经济治理带来不稳定性

1. 地缘政治、新一轮技术革命与新冠肺炎疫情叠加带来更多不确定性

当今是一个大重构时代，具有易变性、不确定性、复杂性和模糊性等基本特征。地缘政治、新一轮技术革命与新冠肺炎疫情叠加下，一方面，多边主义在混乱中濒临终结，全球治理格局出现真空，各种形式国家主义不断兴起，使得新冠肺炎疫情防控工作难上加难；另一方面，新冠肺炎疫情暴发之前已出现的地缘政治趋势。经济学家让-皮埃尔·雷曼教授敏锐地总结当今形势为“新的全球秩序尚未到来，我们正走向一种混乱的不确定性”。新的混乱世界中，力量格局向多极化转变，国际国内环境更加错综复杂，不确定性、不稳定性因素不断增加。特别是伴随着世界新一轮技术革命的深刻影响，全球产业链、供应链进入新一轮分工与重塑，中国作为世界产业、制造业大国，要不断提升中国产业、制造业综合竞争力，加快迈入世界产业、制造业强国，中国行业协会商会任重道远。

2. 全球产业、制造业竞争格局深度调整

新一轮技术革命下，新一代信息技术与各产业、制造业深度融合，已经和正在引发影响深远的产业、制造业变革，新的生产方式、产业形态、商业模式和新的经济增长点加速形成。同时，科技领先的工业发达国家为维护垄断地位，通过投资和贸易保护等手段，不断制造经济、产业争端，对中国产业、制造业实施技术、产业壁垒，加剧市场、产业竞争残酷性，高精尖产业、制造业首当其冲成为“重灾区”。由于中国产业、制造业总体处于各自产业链底端，价值创造能力较弱，而且相伴的是高能耗、高污染，发展不具可持续性。随着中国与全球经济、产业深度融合，各产业、制造业领域面临全球价值链重新布局，中国行业协会商会必须思考如何在这一过程中找准定位，持

续关注高端产业、制造业前沿与进展，深入培育和提升中国产业、制造业研发优势，积极培植新兴产业、制造业的同时，着力促进产业、制造业向高端化发展，加快推进中国产业、制造业结构转型，不断激发中国产业、制造业技术创新，推动中国产业、制造业向“中国智造”“中国创造”转移。

3. 中国标准国际化、对标国际规则道阻且长

当今世界，世界经济、产业竞争最终是国际标准、国际规则之争。“新疆棉”事件的核心，是 BCI（瑞士良好棉花发展协会，Better Cotton Initiative）的国际标准、国际规则制定权与主导权；但相比之下，中国相关行业协会商会的国际话语权与影响力几乎被屏蔽，这与中国相关产业的世界份额与体量极不相称。中国加入世贸组织后，中国企业遵守世贸组织标准、规则，但中国标准、规则国际化滞后，这与中国行业协会商会“走出去”参与全球经济治理体系改革和建设不足、低端、浅层次直接相关。随着世界经济竞争不断加剧，为使中国企业品牌、产品占有、维持和拓展国际市场份额与空间，有效应对跨国经济、产业纠纷，不仅需要中国行业协会商会“走出去”，代表中国产业、行业凝聚集体力量进行规模性、行业性、专业性竞争，更需要中国行业协会商会着力推动中国标准、规则国际化建设，引领、制定国际标准与规则，掌握、对接、对标国际规则、习俗和话语体系。特别是中国行业协会商会占据国际标准、规则制高点，以国际非政府组织身份介入争议、解决纠纷，维护中国企业利益和声誉，本身也更符合国际产业、行业标准、规则和话语体系。

（二）中国行业协会商会参与全球经济治理缺乏顶层设计与法律制度支持

1. 缺乏中国行业协会商会参与全球经济治理顶层设计

顶层设计缺失是首要的基础性问题。习近平总书记提出的人类、人与自然共同体思想、“一带一路”倡议是全球层面的价值理念与国家战略，随着“一带一路”建设进入高质量发展阶段，特别是构建国内国际双循环新发展格局逐步展开，现有法律法规政策缺乏全球层面战略性顶层设计与系统布

局，需要全球视野下中国社会组织（行业协会商会）“走出去”、参与全球经济治理体系改革和建设国家战略与之对接。但是中国社会组织（行业协会商会）至今缺乏与中央部门及地方政府、跨国公司、国际政府间组织一样层面被重视的国际合作主体、法律地位，中国社会组织（行业协会商会）“走出去”参与“一带一路”建设、国际（非政府）组织人才培养与输送以及北京“国际交往中心”“国际科技创新中心”功能建设、国家服务业扩大开放综合示范区和中国（京津冀、长三角、大湾区、中西部、东北地区）自由贸易试验区建设客观上在国家战略统筹、系统安排上严重缺失、滞后，中国社会组织（行业协会商会）“走出去”部际协调及参与“一带一路”建设、国际（非政府）组织人才培养与输送统筹机制形同虚设、运行乏力，缺乏最起码的人、财、物、专业等职能、工作支撑，国际、国内涉外职能、资源历史性、人为性分割，业务性、专业性对接不足、不到位，统筹管理职能职责分散在中联部、中组部、中央统战部、港澳台办公室、外交部、国合署、民政部、商务部、人社部、文旅部、外汇管理局、国家税务总局、国家发改委等不同政府部门，中国社会组织（行业协会商会）国际化进程呈现无序化、碎片化状态。

2. 中国行业协会商会参与全球经济治理法律制度滞后

深入梳理法律法规政策文件后发现，当前中国有关行业协会商会“走出去”、参与全球经济治理体系改革和建设内容主要涉及：鼓励支持行业协会商会积极参与国际标准制定、推动服务贸易、参与司法服务和保障、建立企业国际产能合作新模式、提高国际产能合作效率、讲好环保故事、南南基金申请、知识产权保护、促进人文交流等。但是，中国行业协会商会领域专项法规缺位，没有中国行业协会商会海外设立办事处或分支机构的法律规定，更缺少、缺乏中国行业协会商会“走出去”、参与全球经济治理体系改革和法规制度体系建设。特别是，行业协会商会脱钩改革后实施在地管理，有些工作授权处于无上位法支持的真空状态。尤其严重的是，对于脱钩后行业协会商会的外事管理，是依据公共、私营还是其他方式进行管理？当前依然是路径依赖——以公共方式进行，这与脱钩目的、行业协会商会组织自身发展规律相背离。

3. 缺乏中国行业协会商会参与全球经济治理配套支持

脱钩改革后，由于综合监管、配套法律政策不到位，中国行业协会商会“走出去”、参与全球经济治理体系改革和建设体制、机制、资金、人才、资源、技术、平台、涉外事务、志愿服务等配套支持体系严重缺乏，中国政府对外援助对中国行业协会商会制度性开放职能、政策严重缺位，“一带一路”基金、南南基金关于中国行业协会商会部分干脆不涉及或只占微不足道的份额。尤其是近5年来，中国政府有关部门将主要有关资源与精力专注于行业协会商会脱钩改革与相关清理整顿，与此同时行业协会商会脱钩后配套支持体系建设却严重不足、滞后。特别是，除了全球层面战略性顶层设计和系统布局缺失外，严重缺乏操作层面保障性与支持性政策指引以及具体性、业务性指导规范。比如：脱钩前业务主管部门指导，脱钩后行业管理部门缺位；脱钩前业务主管部门资金支持，脱钩后缺乏替代资金池补充；脱钩前行业协会商会集聚大批国际化人才，脱钩后人才流失严重；脱钩前各项工作集中由业务主管部门处理，脱钩后实行在地化管理，行业协会商会管理变得碎片化，分散在外事、商务、体育与文旅等部门。

（三）中国行业协会商会参与全球经济治理处于起步阶段

1. 中国行业协会商会发展跟不上中国企业对外投资步伐

中国商务部2021年发布的《中国对外投资合作发展报告2020》显示，截至2019年末，中国境内投资者共在全球188个国家（地区）设立境外企业近4.4万家，遍布全球超过80%的国家（地区）。其中，中国在亚洲设立的境外企业数量最多，超过2.5万家，占投资境外企业总数的57.3%。其次是北美洲和欧洲，投资境外企业数量分别超过6000家和4800家，占投资境外企业总数的比重分别为13.8%和11%。但是，截至2021年4月底，中国行业协会商会共11.39万家，其中“走出去”、参与全球经济治理体系改革和建设的仅有700余家，而且97%集中在北京市，严重落后于中国企业“走出去”及其对外投资步伐，越来越与新的历史条件下中国国际战略布局以及中国新一轮全方位、多层次扩大开放布局不适应、不匹配。

2. 中国行业协会商会推动国际经贸交流合作任重道远

在协助中国企业特别是中小企业开拓经贸合作、对外贸易、对外直接投资方面，中国行业协会、贸促会、各级工商联组织已取得很大成绩。如温州眼镜商会已30多次组团参加美国、意大利、法国等地眼镜展览会，同时主办温州眼镜博览会，帮助企业开拓国际市场，等等。但与国外商会和行业组织相比还有很大差距。如中国行业协会商会旨在促进企业进行外贸、外资和外经商务的中介活动较少成体系常年持续展开；中国商会协会海外派出机构极少，对海外中国投资企业的帮助微乎其微；特别是，中国行业协会商会标准、规则国际化建设严重不足、滞后，拥有国际话语权与影响力者寥若晨星甚至近乎被遮蔽，更谈不上占据国际标准、规则制高点。

3. 中国行业协会商会支持企业创新发展国际差距巨大

世界舞台上，行业协会商会是企业创新发展重要的促进者，是国家创新体系各创新角色之间的乘数级纽带。中国行业协会商会在帮助企业创新发展方面也已取得重要进展，但与国外行业协会商会相比，仍处于起步阶段和低端、浅层次领域。国外行业协会商会对现代企业创新服务主要体现在：一是引领推动。在地区、行业以至国家层面代表业界就基础设施建设、科技政策等向政府和立法机构提出建议，以及通过制定行业标准、新技术推广和咨询指导等方式引领推动企业创新发展。二是组织协调。涉及对选择创新项目、组织技术攻关、制定技术路线图、参与技术攻关者之间利益分配、组织技术创新联盟等方面进行协调以保证创新实现。三是直接投入创新或参与技术创新基础设施建设。涉及投资建设技术试验室、创新企业孵化器、技术检测机构、保护知识产权以及参与高技术产业群建设等。如加拿大航空航天协会创建太平洋公司，2014年与不列颠哥伦比亚省合作，扩大和加快世界级航空航天集群发展；印度机器工具制造协会为印度金属加工行业组织100多个技术培训课程，内容涉及设计、生产率、金属成型、维护、质量、自动化、人力资源等领域广泛主题，协助企业创新发展。

三　推进中国行业协会商会参与全球经济治理的几点建议

（一）完善行业协会商会参与全球经济治理改革顶层设计，建立发展支持体系

1. 确立和实施社会组织（行业协会商会）“走出去”国家战略

顶层设计旨在划界、统筹与对接，着力厘清政社、政商关系，统筹政社、政商合作，对接中国政府、中国企业国际战略布局。确立和实施社会组织（行业协会商会）“走出去”国家战略，建立国际非政府组织/国际性社会组织工作领导小组及其办公室，推进中国社会组织（行业协会商会）“走出去”，参与“一带一路”建设，参与国际（非政府）组织人才培养与输送以及北京“国际交往中心”“国际科技创新中心”功能建设，参与国家服务业扩大开放综合示范区和中国（京津冀、长三角、大湾区、中西部、东北地区）自由贸易试验区建设国家层面战略统筹，将社会组织（行业协会商会）“走出去”、参与全球（经济）治理体系改革和建设纳入中央国家安委、中央外事委核心议题和战略规划，纳入和统筹中央外事办、中联部、中央统战部、国合署、外交部、商务部、民政部、公安部、国家发改委等部门职能职责，提升其在国家发展和国家安全中的地位与作用。以社会组织（行业协会商会）“走出去”国家战略为导向，制定中国行业协会商会参与全球经济治理体系改革和建设总体方案，明确战略目标、主要任务和相关措施。规范推进中国行业协会商会参与全球经济治理体系改革和建设，化解、防范参与全球经济治理体系改革和建设风险，维护国家主权、安全、发展利益，推进国家软实力建设、全球民间外交，提升中国行业协会商会的国际地位、责任和能力以及全球影响力。

2. 加快推动行业协会商会领域专项立法

总结、推广《深圳经济特区行业协会条例》经验和做法，加快研究、制定、出台《行业协会商会条例》，引领、倒逼和推进《社会组织登记管理

条例》尽早落实、落地，推动制定行业协会商会“走出去”、参与全球经济治理体系改革和建设专项法律法规体系，为建立健全中国行业协会商会新型登记管理体制和日常监督管理工作确立法律法规依据。深入对接脱钩改革成果，以规范发展全国性行业协会商会为切入点，以《全国性行业协会商会章程示范文本》为突破口，加强行业协会商会领域立法政策研究与探索，推动形成行业协会商会脱钩改革、“走出去”和参与全球治理内在统一、彼此衔接的根本性、全局性和长期性制度成果，以法规政策形式固定下来，为行业协会商会“走出去”及其长期稳定健康发展提供法治政策保障。推动各行业管理部门将落实行业协会商会“走出去”、参与全球经济治理体系改革和治理纳入本行业目标清单，提升行业协会商会行业治理体系和能力、职能定位、活动规范，为行业协会商会“走出去”及其参与行业治理、全球经济治理体系改革和建设提供法规政策支撑。

3. 建立行业协会商会配套支持体系

总结、对接联合国国际非政府组织一般性行为规范，探索建立行业协会商会综合监管、规范发展配套支持法律政策体系，为行业协会商会“走出去”、参与全球经济治理体系改革和建设搭建平台、创造条件。改革管理体制，引入行业管理部门，对接、推动行业协会商会“走出去”、参与全球经济治理体系改革和建设。明确商务、外交部门专项职责，建立行业协会商会“走出去”、参与全球经济治理体系改革和建设制度化沟通机制。统筹综合监管、支持部门，探索行业协会商会自身发展规律，破除行业协会商会“走出去”、参与全球经济治理的显性、隐性障碍。加强需求研究，确定重点行业、重点领域、重点区域，积极稳妥推进分类发展，着力发挥其推动产业转型升级和创新发展、培育新模式新业态、推广新产品新服务新技术、开展行业自律、制定行业标准、调解贸易纠纷、加强对外经贸交流合作等参与全球经济治理方面的独特优势和作用。设立和拓展南南基金、“一带一路”基金等专项资金，推动中联部、中央统战部、外交部、国合署、港澳台办公室建立行业协会商会专项长效支持机制，建立健全资金、人才、项目、外事、税收、志愿者配套体系。

（二）推动行业协会商会组织治理，提升自身发展能力和治理水平

1. 建立国际化治理结构，提升国际战略水平

推动中国行业协会商会以建设全球一流跨国/国际行业协会商会为目标，结合跨国/国际行业协会商会全球标准和新的历史条件下中国国际战略布局，不断夯实网络、平台、期刊/报告、项目、基金和治理根基；按照国际行业协会商会通行理念和成功做法，建立健全中国行业协会商会非营利法人治理结构，建立完善议事规则和运行机制，依章程选举产生理事会与秘书长，吸纳具有国际视野和经验的专业人士进入理事会，纳入全球性政府离任官员、商业精英、非营利领袖和著名学者成员；推动中国行业协会商会借鉴全球一流跨国/国际行业协会商会做法，引入、规范国际非营利法人治理规程，推广去行政化流程，推进组织现代化、规范化与国际化建设；结合中国行业协会商会组织宗旨、会员需求与国际需求，融合、对接全球关切、需求与国家利益，深化组织顶层设计，建立与中国跨国企业理念、资源、供需对接机制，开展符合当地特点、民生需求的公益慈善项目，提升组织国际战略与发展水平。

2. 吸揽国际化专业人才，加强国际能力建设

加强中央、省级行业协会商会国际化、专业化工作机构设置和力量配备，建立完善国内外政府机构协调、协同以及政社沟通、合作专项机制，充分借助、发挥联合国和国际组织体系、资源作用。建立行业协会商会国际人才教育、市场、发展以及供需、薪酬、福利专项“绿色通道”和机制，引入国际化专业人才与管理人才，吸引和留住熟悉国际规则的优秀人才；科学实施行业协会商会国际发展战略，及时总结经验、教训，提高行业协会商会运营国际项目、处理国际事务、协调国际关系的职业能力与专业水平；开展行业协会商会必要、针对性从业人员专业培训，提升国际素养与职业能力；探索行业协会商会国际志愿者制度，实施大学毕业生 2 年国际志愿者计划，吸纳专业型国内外志愿者参与，有效使用海外归国人士和近年来有海外访学、志愿、实习经历等优秀国际人才；加强行业协会商会国际能力建设，提

升国际治理结构与规程、国际资源统筹与开发、国际公共产品与项目、国际项目设计与运营、国际标准、规则与话语体系以及国际语言、本土合作、文化习俗适应性等核心竞争力。

3. 推动中国标准国际化，提升国际影响力

研究、推广全球中央对手方协会、世界中医药学会联合会等制定国际标准与规则的经验与做法，鼓励、推动更多中国行业协会商会建立中国标准、规则和话语体系，培养通晓行业协会商会国际话语体系与中国话语体系的国际人才，推动中国标准、规则国际化建设，引领、制定国际标准与规则，掌握、对接国际规则、习俗和话语体系，抢占国际标准、国际规则制高点；加强中国行业协会商会深度国际合作，将符合组织宗旨优势的项目发展为品牌项目，将品牌项目发展为全球影响力项目；及时总结中国行业协会商会海外项目运营经验，借鉴国外行业协会商会经验与教训，条件成熟时在海外设立办事处或分支机构，提升国际话语权和国际影响力；鼓励、推动中国行业协会商会以非政府、非营利、专业性身份介入国际经济、产业争议，解决国际经济、产业纠纷，维护中国企业利益和声誉。

（三）发挥行业协会商会功能作用，推进国内国际双循环深层衔接

1. 着力打造国内国际双循环功能平台

坚持以构建新发展格局为统领，与高质量共建“一带一路”相衔接，深入拓展行业协会商会脱钩成果，推动打造覆盖国际、国内政府、企业、社会组织、基金会的行业、跨界、全球层面分享、对话、合作机制与网络，帮助中国企业“走出去”“引进来”以拓展全球市场。探索确立和提升中国行业协会商会与中央部门及地方政府、跨国公司、国际政府间组织在同一层面参与国际合作的主体与法律地位，着力推进国际化、专业性、高品质行业协会商会“走出去”、参与全球经济治理工作生态体系建设。围绕人类、生命共同体建设、“一带一路”建设、新型南南合作，及北京国际交往/科技创新中心功能建设、国家服务业扩大开放综合示范区和中国（京津冀、长三

角、大湾区、中西部、东北地区）自由贸易试验区建设“一体两翼”布局，搭建新发展格局下国际、国内双循环“客场”与“主场”平台。立足党和国家战略性、基础性、前瞻性需求，聚焦全球性关切、议题与热点、难点，深入推进中国行业协会商会“走出去”、参与全球经济治理体系改革和建设工作研究、实践与政策创新，加快推动中国从行业协会商会大国走向行业协会商会强国。借助区块链、云计算、人工智能等技术，提升、优化中国行业协会商会“走出去”、参与全球经济治理体系改革和建设工作管理服务平台，实施“互联网+国际公益”“+国际志愿服务”“+全球合作”行动，打造境内与全球业务、资源、服务生态链。

2. 深入维护企业国际贸易正当权益

总结、推广国内、国际行业协会商会帮助中国涉事企业进行国际仲裁、诉讼的经验和做法，依法、合规维护中国企业国际经贸活动正当权益，深入推进国内、国际贸易标准、规则、秩序对标与对接，加快构建国内国际双循环新发展格局。结合国际仲裁、诉讼惯例与通行做法，中国行业协会商会需要着重加强以下三方面工作：一是加强国际贸易预警。建立中国行业协会商会国际贸易预警工作网站，第一时间为中国企业提供国际贸易壁垒最新信息，及时、准确发布预警信息。二是加强行业协会商会发起协调、涉事企业主诉、国家商务部门支持一体化应对国际仲裁、诉讼联合联动机制。三是加强实务研究、预案储备与培训交流。加强国际仲裁、诉讼实务研究，开展跟踪、比较研究，总结、借鉴全球经验、教训；成立专家委员会，建立专项数据库，做好国际仲裁、国际诉讼案例、判例与预案储备；开展国际仲裁、诉讼理论与实务培训交流，推动更多中国行业协会商会掌握专业、实操知识，主动会同涉事企业和政府采取相应法律行动，积极维护涉事企业正当权益与国际贸易秩序。

3. 积极参与全球产业链、供应链治理

鼓励、支持中国行业协会商会参与国际产业链、供应链治理，积极倡导、推动行业合作、跨界协作，维护、提升中国国际产业链、供应链地位，开辟、扩展中国国际贸易和经济合作空间。条件成熟时推动建立中国注册全球性、区域性行业协会商会网络或联盟，统筹、协调各国产业链、供应链和经济、产业合作关系。加强与国际行业协会商会的交流合作，支持中国行业协会商会通过国际倡议、国际平台、国际会议，积极维护中国进出口企业权益，及时了解和掌握国际产业链、供应链变化信息和动向，适时调整中国国际产业链、供应链布局，充分发挥民间经济外交作用。鼓励、支持中国行业协会商会加入国际行业协会商会网络或联盟，推动更多中国行业协会商会特别是全国性行业协会商会“走出去”，参加国际行业组织和商会组织活动，积极担任理事、副理事长、理事长等治理团队重要成员，深入参与全球产业链、供应链治理体系改革和建设。

公共安全与应急管理篇

Public Safety and Emergency Management

B.18

2021年中国风险治理回顾和展望

詹承豫*

摘　要： 2021年，中国风险治理取得积极进展。国家制定和修订了数据安全、生物安全、安全生产等法律法规，将坚持总体国家安全观、统筹发展和安全理念贯穿到“十四五”规划中，顺利完成全国自然灾害综合风险普查、安全生产三年行动计划等阶段性任务，并且取得了统筹疫情防控和经济社会发展的良好效果。未来，我国需要进一步完善风险治理，在更高层面统筹发展和安全，有效应对各类极端风险挑战。

关键词： 风险治理　制度建设　统筹发展和安全　风险普查

2021年中国风险治理工作坚持稳中求进。一是风险治理制度建设成果

* 詹承豫，北京航空航天大学公共管理学院副院长、教授、博士生导师。

显著，陆续修订或制定了《中华人民共和国安全生产法》《中华人民共和国数据安全法》《中华人民共和国生物安全法》等一系列法律法规；二是风险治理实践成绩斐然，全国自然灾害综合风险普查、安全生产三年行动计划等阶段性任务顺利完成，取得了统筹疫情防控和经济社会发展的良好效果；三是理论创新取得积极进展。面向未来，需要在更高层面统筹发展与安全，有效应对各类极端风险挑战。

一 风险治理制度建设取得新进展

（一）修订和制定相关法律法规

2021 年，我国风险治理相关法律法规体系建设进展显著，本文按照时间顺序，选取部分法律法规和政策文本简要分析，相关内容见表 1。

表 1 2021 年中国风险治理相关法律法规和政策规划主要内容梳理

时间	名称	主要内容
2021 年 1 月	《中华人民共和国行政处罚法》	明确应急管理部门等监管部门拥有行政执法权
2021 年 3 月	《中华人民共和国国民经济和社会发展第十四个五年规划和 2035 年远景目标纲要》	指出要“坚持总体国家安全观，实施国家安全战略，维护和塑造国家安全，统筹传统安全和非传统安全，把安全发展贯穿国家发展各领域和全过程，防范和化解影响我国现代化进程的各种风险，筑牢国家安全屏障”
2021 年 4 月	《中华人民共和国生物安全法》	维护生物安全应当贯彻总体国家安全观，统筹发展和安全，坚持以人为本、风险预防、分类管理、协同配合的原则
2021 年 4 月	《全国人大常委会 2021 年度立法工作计划》	围绕防范和化解影响我国现代化进程的各种风险，建设更高水平平安中国，修改突发事件应对法、治安管理处罚法、安全生产法，制定粮食安全保障法等
2021 年 6 月	《中华人民共和国安全生产法》	包括健全安全生产责任体系、强化新型风险的防范应对、加大对违法行为的惩处力度等方面
2021 年 6 月	《中华人民共和国数据安全法》	坚持总体国家安全观，建立健全数据安全治理体制机制，提升数据安全保障能力，切实维护数据安全

续表

时间	名称	主要内容
2021年11月	《国家安全战略(2021－2025年)》	基于新形势下维护国家安全的新要求,必须牢固树立总体国家安全观,加快构建新安全格局
2021年12月	《"十四五"国家应急体系规划》	扎实做好安全生产、防灾减灾救灾等工作,积极推进应急管理体系和能力现代化

1. 修订安全生产法

2021年6月10日，十三届全国人大常委会第二十九次会议通过了关于修改安全生产法的决定，于2021年9月1日施行。新修订的安全生产法共有119条，着重在源头上全面防范化解重大安全风险，对风险治理主体、对象、体制、程序和问责机制等都做了重大调整。从风险治理主体来看，明确"三管""三必须"，即管行业必须管安全、管业务必须管安全、管生产经营必须管安全。从风险治理对象来看，强化新型风险的防范应对，如第四条"平台经济等新兴行业、领域的生产经营单位应当根据本行业、领域的特点，建立健全并落实全员安全生产责任制"。从风险治理体制来看，明确构建安全风险分级管控和隐患排查治理双重预防机制，明确了"生产经营单位应当建立安全风险分级管控制度"。从风险治理程序来看，第二十五条第三款规定要"组织开展危险源辨识和评估"，第四十一条强调"事故隐患排查治理情况应当如实记录，并通过职工大会或者职工代表大会、信息公示栏等方式向从业人员通报"。从问责机制的结果来看，那些未良好履行风险治理责任的主体，其处罚金额更大，停产停业等也将面临更重的处罚。

2. 制定并施行数据安全法

为了规范数据处理活动、保障数据安全，2021年6月10日，十三届全国人大常委会第二十九次会议通过《中华人民共和国数据安全法》，于2021年9月1日起施行。数据安全法共有7章，包括总则、数据安全与发展、数据安全制度、数据安全保护义务、政务数据安全与开放、法律责任、附则，对数据风险治理进行了细致的规定。具体而言，一是建立风险治理机制，第二十二条强调“国家建立集中统一、高效权威的数据安全风险评估、报告、信息共享、监测预警机制”。二是落实风险评估程序要求，第三十条指出“重要数据的处理者应当按照规定对其数据处理活动定期开展风险评估，并向有关主管部门报送风险评估报告”。三是明确风险规避措施，如第四十四条规定“有关主管部门在履行数据安全监管职责中，发现数据处理活动存在较大安全风险的，可以按照规定的权限和程序对有关组织、个人进行约谈，并要求有关组织、个人采取措施进行整改，消除隐患”。

3. 制定并施行生物安全法

为维护国家安全，防范和应对生物安全风险，2020 年 10 月 17 日，十三届全国人大常委会第二十二次会议通过了《中华人民共和国生物安全法》，2021 年 4 月 15 日正式施行。生物安全法共 10 章 88 条，系统梳理了我国生物安全领域的风险，包括：重大新发突发传染病；动植物疫情；生物技术研究、开发与应用；病原微生物实验室生物安全；人类遗传资源与生物资源安全；生物恐怖袭击和生物武器威胁。生物安全法详细规定了生物安全风险防控体制、风险防范保障机制、风险防范问责等方面的内容。第二章明确了生物安全风险防控体制的相关内容，包括领导机构、协调机构、风险监测预警制度、风险调查评估制度、安全信息共享制度、安全信息发布制度、生物安全名录和清单制度、生物安全审查制度等一系列有效化解生物安全风险的措施。第九章细致地规定了风险防范不力和对可能制造生物安全风险行为的惩罚措施。

4. 修订突发事件应对管理法并公开征求意见

为了预防和减少突发事件的发生，控制、减轻和消除突发事件引起的严重社会危害，规范突发事件应对管理活动，2021 年 12 月第十三届全国人大常委会第三十二次会议对《中华人民共和国突发事件应对管理法（草案）》进行了审议，并公开征求意见。《中华人民共和国突发事件应对管理法（草案）》共有 8 章 104 条，在架构上新增管理体制一章，内容上将突发事件预防能力作为重要的目标，注重应急预防和准备体系建设。如第三章新增加应急管理体系建设规划的内容，规定县级以上人民政府有关部门应当制定应急管理体系规划。第三十二条新增应急管理场所建设规划的内容，指出要建立健全应急避难场所标准体系。第三十六条新加定期危险源辨识评估，制定安全方法措施等内容。第四十六条新增国务院应急管理等部门依据职责制定应急物资储备、规划、品种目录，并组织实施。此外，应急物资储备规划应当纳入国家物资储备总体规划。

（二）相关政策规划回顾

我们以“风险治理”“突发事件”为关键词，在北大法宝数据库中对政策文件进行检索，阅读并筛选后共得到7项法律、8项行政法规、395项部门规章。通过内容统计，可以看到“安全生产”仍是重点，新冠肺炎疫情也推动了“疫情防控”“公共卫生”相关领域政策制定，此外“自然灾害”“技术安全”“环境污染”“社会风险”等领域文件也较多，涉及领域如图1所示。

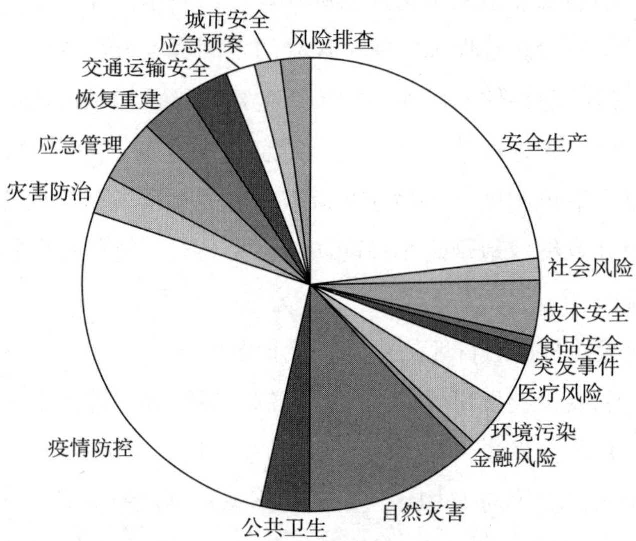

图1　2021年中国风险治理相关政策文件统计（笔者自制）

资料来源：《中华人民共和国国民经济和社会发展第十四个五年规划和2035年远景目标纲要》《“十四五”国家应急体系规划》《法治政府建设实施纲要（2021-2025年）》等。

1.《中华人民共和国国民经济和社会发展第十四个五年规划和2035年远景目标纲要》

2021年不仅是“十四五”规划的开启之年，更是全面建设社会主义现代化国家新征程向第二个百年奋斗目标迈进的开局之年。2021年3月11日，十三届全国人大四次会议通过了《中华人民共和国国民经济和社会发展第十四个五年规划和2035年远景目标纲要》。纲要共19篇，专篇部署统筹发展和安全，要求统筹传统安全和非传统安全，把安全发展要求贯穿在国家发展各领域和全过程，防范化解影响我国现代化进程的各种风险。具体来讲，强调了传统风险类型和新型风险类型交织，关注政治风险、经济风险、公共风险、网络风险、社会风险、新型风险等多个领域的风险防范。从风险防范措施上看，强调体制、机制和法制建设。包括建立健全国家安全风险研判、防控协同、防范化解机制；强化经济安全风险预警、防控机制；完善落实安全生产责任，建立公共安全隐患排查机制和预防控制机制；健全社会矛盾综合治理机制等。

2.《“十四五”国家应急体系规划》

2021年12月30日，国务院印发《“十四五”国家应急体系规划》，规划是应急管理部组建以来印发的第一个五年规划，其立足于“十三五”规划的具体实践，面向“十四五”新形势，对防范化解重大风险，对实现国家应急管理体系和能力现代化具有重要推动作用。规划整体包括10个部分，以防范化解重大安全风险为主线。从规划框架来看，第五部分“防范化解重大风险，织密灾害事故的防控网络”中强化风险治理的理念，包括风险源头防范管控、风险监测预警预报等内容。风险治理理念体现在原则、目标、体制建设、机制建设、法制建设、贯彻落实等方方面面。如在基本原则中要求坚持预防为主，指出要健全风险防范化解机制，做到关口前移、重心下移，加强源头管控，夯实安全基础，强化灾害事故风险评估、隐患排查、监测预警，真正把问题解决在萌芽之时、成灾之前等。在主要目标中，强调灾害事故风险防控更加高效，进一步完善安全风险分级管控与隐患排查治理机制，增强多灾种和灾害链综合监测、风险早期感知识别和预报预警能力等。在深化体制机制改革中，指出要加强重大风险联防联控，联合开展跨区域、跨流域风险隐患普查等，在夯实法制建设中，要求完善公众参与、专家论证、风险评估、合法性审查、集体讨论决定等法定程序和配套制度等。

3.《法治政府建设实施纲要（2021-2025年）》

2021 年 8 月，《法治政府建设实施纲要（2021-2025 年）》（以下简称《纲要》）发布，共分为 9 个部分，是未来五年我国法治政府建设的纲领性文件。同《法治政府建设实施纲要（2015-2020 年）》相比，此番《纲要》从框架结构上将依法预防处置重大突发事件单列，用较大篇幅对风险治理的相关内容进行了细致的规定。从框架来看，新增第六部分“健全突发事件应对体系，依法预防处置重大突发事件”，提出了包括加强突发事件监测预警、信息报告等机制建设；完善特大城市风险治理机制，增强风险管控能力；强化风险防范意识，突出各地区、各部门在防范化解本地区、本领域重大风险中的主体责任等内容。《纲要》多个章节涉及风险治理相关内容，如在健全政府机构职能体系部分，要根据各领域的特点和风险程度确定监管内容、方式和频次等规范，实现精准监管。在健全依法行政制度体系部分，指出要建立健全立法风险防范机制，将风险评估相关要求贯穿立法全过程，提高专家学者论证质量，发挥风险评估作用。在健全行政执法工作体系部分，强调开展集中专项整治的重要性。对潜在风险大、可能造成严重不良后果的，要从源头预防化解违法风险，着力加强日常监管和执法巡查等。

二　风险治理实践成效显著

本部分分别对 2021 年全国自然灾害综合风险普查、统筹疫情防控和经济社会发展、安全生产专项整治三年行动、更高水平的平安中国建设、城市综合风险治理五个领域进行回顾总结。

（一）全国自然灾害综合风险普查

开展全国性的自然灾害风险普查，不仅有利于掌握自然灾害风险底数、把握自然灾害风险规律、构建自然灾害风险防治的技术支撑体系，同时普查成果也将为我国开展自然灾害应急处置、自然灾害综合防治、综合灾害风险防范、自然灾害保险等提供基础科技支撑，为我国经济社会可持续发展的科学布局和功能区划、防范化解重大灾害风险提供重要科学依据。

2021 年自然灾害风险普查工作取得重要进展，主要表现在以下三个方面。第一，122 个试点县灾害风险普查任务顺利完成。2021 年 5 月 18 日，122 个试点县灾害风险普查任务已经基本完成，编制了调查类技术规范 48 项，评估与区划类技术规范 45 项，形成了分行业和综合性普查数据质检体系，确定了 89 项上千个指标的数据共享清单和 240 余项普查评估和区划成果。第二，全国灾害风险普查全面推开。2021 年 6 月后，全国各地全面开展了自然灾害风险普查工作。除涉及的 17 个部门外，自然灾害风险普查将覆盖全国所有省、市、县，获取全国地震、地质、气象、水旱、海洋等共计 6 类 22 种灾害致灾信息，以及人口、经济、房屋、基础设施、公共服务系统、三次产业等重要承灾体信息。第三，进一步完善全国自然灾害风险普查基础保障支撑。2021 年针对自然灾害风险普查，各级应急管理部门组建工作专班和技术队伍，出台工作规划和系列制度，组织编制了矿山、危化企业等 10 项调查和 22 项评估与区划技术规范，印发了县、市、省和国家四级质量控制的技术细则，开发了统一的信息采集、质检和进度调度管理系统等，进一步保障全国自然灾害风险普查工作的圆满完成。

（二）统筹疫情防控和经济社会发展

新冠肺炎疫情突发以来，我国始终践行“人民至上、生命至上”理念。2021 年公共卫生领域通过出台一系列方案和措施，提升了精准救治、快速溯源、风险控制的能力，取得了统筹疫情防控和经济社会发展的良好效果，主要表现在以下四个方面。第一，出台多个公共卫生特别是重大疫情防控救治能力建设方案。如国务院联防联控综合组印发了《关于印发新冠肺炎聚集性疫情处置指南（修订版）的通知》，修订版更侧重于精准识别、排查、流调溯源等主动措施建设，进一步完善提升新冠肺炎疫情防控措施的前瞻性、高效性、科学性、精准性。国家发展改革委、国家卫生健康委、国家中医药局制定了《公共卫生防控救治能力建设方案》，有助于调整优化医疗资源布局，提高平战结合能力、补齐短板弱项。第二，开展常态化疫情防控演练，增强风险控制能力。各地方、行业、单位积极开展常态化疫情防控演练，全方位提升各地各级疫情防控工作人员的防控能力和水平。第三，新冠病毒疫苗接种工作积极稳妥有序推进。接种新冠疫苗，形成群体免疫是构筑免疫屏障、有效防范新冠肺炎感染的关键手段，2021 年中国附条件上市 4 个新冠疫苗，并在全国范围内开展新冠疫苗接种工作，截至当年 12 月疫苗接种人数超过 12 亿。第四，有效防控应对国内散点多发的疫情态势。多次以最快速度、最有力举措，采取快速流调、全民核酸、精准防控等步骤，在最短时间内将疫情控制解决在最小范围。

（三）安全生产专项整治三年行动

2021 年《全国安全生产专项整治三年行动计划》专项行动进入集中攻坚阶段，不断推动重点领域的风险治理，具体实践主要表现在以下 4 个方面。第一，积极推动重点行业领域安全生产明察暗访工作。国务院安委办、应急管理部组织对涉及硝酸铵的企业开展了 3 轮排查，进行“一企一策”治理。国家矿山安监局加强瓦斯、冲击地压等高风险煤矿治理，对贵州等 7 个重点产煤省份跟踪督导。第二，建立完善常态化危化品专家指导服务机制。2021 年在深入推进指导服务工作的同时，着力建立完善常态化专家指导服务机制，规范常态化服务内容，于 2021 年 9 月 13 日发布《危险化学品重点县专家指导服务手册》。第三，风险监测及防范等重点工程有序推进。如关闭退出煤矿、淘汰落后产能、建设公路安全生命防护工程、危桥改造、煤矿、危化品重大危险源以及三等以上尾矿库实现监测联网覆盖等。第四，在 8 个高危行业强制推行安责险。2014 年版《安全生产法》规定，国家鼓励生产经营单位投保安全生产责任保险。2021 年新法增加了高危行业领域生产经营单位必须投保的规定，各地也出台政策强制推行安全责任险。

（四）更高水平的平安中国建设

建设更高水平的平安中国，就要突出大平安理念，把平安中国建设融入“五位一体”总体布局，实现经济安全、政治安全、文化安全、社会安全和生态安全的全面安全治理，将专项治理、系统治理、综合治理、依法治理、源头治理有机结合。2021 年平安中国建设取得重要进展，主要表现在以下方面。第一，平安中国建设表彰大会顺利召开。2021 年 12 月在京召开的平安中国建设表彰大会，表彰了 140 个先进集体和 129 名先进个人，授牌命名 60 个平安中国建设示范市和 160 个平安中国建设示范县，授予 73 个市县“长安杯”。同日，习近平总书记会见平安中国建设表彰大会代表，并鼓励他们为建设更高水平的平安中国做出新的更大贡献。第二，首届重大决策社会稳定风险评估与治理优秀案例征集顺利完成。建立健全重大决策社会稳定风险评估机制是防范化解各类重大风险的重要举措，更是党中央进一步推动国家治理体系和治理能力现代化的重要制度设计。2021 年，中国应急管理学会社会风险评估与治理工作委员会等机构经过不断分析、评选，最终评出 100 个优秀案例，评选活动进一步发挥优秀案例的引领示范作用，促进重大决策社会稳定风险评估工作科学化、专业化、法治化、社会化、智能化。第三，持续深化政法系统正风肃纪反腐工作。党中央以零容忍态度惩治司法腐败，以密集节奏和雷霆力度守护司法公正。

（五）城市综合风险治理

2021 年，各地积极探索城市安全风险综合治理，全面提升城市安全风险发现、防范、化解、管控的智能化水平，具体体现在以下三个方面。第一，确定城市安全风险监测预警建设试点城市。2021 年 9 月 26 日，国务院安委办、应急管理部部署加强城市安全风险防范工作，确定合肥、沈阳、南京、青岛、深圳、成都、西安、东营、洛阳、宜昌、常德、佛山、南宁、遵义、北京通州、上海浦东新区、上海黄浦、上海松江等 18 个城市（区）作为试点城市开展风险监测预警。第二，建设风险综合监测预警平台，助力城市安全综合风险治理。2021 年 10 月 9 日，为进一步提升城市辨识、防范、化解安全风险的水平与能力，进一步推动安全发展示范城市建设，国务院安委会印发《城市安全风险综合监测预警平台建设指南（试行）》，12 月深圳市应急管理监测预警指挥中心已正式揭牌成立，并实现百项系统接入。第三，加快推进韧性城市建设，提升城市安全风险防范能力。《中华人民共和国国民经济和社会发展第十四个五年规划和 2035 年远景目标纲要》第一次将“韧性城市”概念纳入国家战略规划之中，明确提出以韧性城市建设为抓手，提升城市治理能力，尤其要加强特大城市治理的风险防控能力。2021 年多个城市印发韧性城市相关指导意见，如北京印发《关于加快推进韧性城市建设的指导意见》，提出了推进韧性城市建设的主要措施等。

三　主要理论创新综述

（一）党和国家的重要会议精神回顾

1. 中共中央政治局第二十七次集体学习会议精神

2021 年 1 月 28 日，中共中央政治局就做好“十四五”时期我国发展开好局、起好步的重点工作进行第二十七次集体学习。会议将“新发展理念”贯彻落实到经济社会发展全过程和各领域，对如何贯彻落实新发展理念做出了详细部署。就风险治理而言，会议分析了我国国内外环境风险状况，强调坚持系统观念，统筹国内国际两个大局，统筹“五位一体”总体布局和“四个全面”战略布局，加强前瞻思考、全局谋划、战略布局、整体推进。在新冠肺炎疫情对国内经济社会发展仍产生大范围影响的背景下，毫不放松抓好“外防输入、内防反弹”工作，确保不出现规模性输入和反弹，做好统筹发展和安全。同时，会议从防范化解重大风险的角度，特别指出针对各种风险挑战做好预见和预判，做好应对各种“黑天鹅”“灰犀牛”事件的预案，不断增强发展的安全性。

2. 中共中央关于党的百年奋斗重大成就和历史经验的决议

2021年11月11日，党的十九届六中全会通过了《中共中央关于党的百年奋斗重大成就和历史经验的决议》。决议回顾和总结了党的百年奋斗重大成就和历史经验，提出包括“十个坚持”在内的重要论述。决议全文共出现21次“风险”一词，对所面临的国内外风险现状进行了细致的分析，再现了党百年来坚持四项基本原则，坚决排除外界干扰，从容有力应对关乎我国改革发展全局的一系列风险考验的光辉历程，着重强调了金融风险、国家安全风险、海外利益风险治理。在金融风险治理方面，提出通过进一步建立和完善中国特色现代企业制度，提升国有经济抗风险能力、创新力和影响力；全面加强金融监管，防范化解经济金融领域风险。在维护国家安全方面，强调统筹发展与安全、开放与安全、传统安全与非传统安全、自身安全与共同安全、维护国家安全与塑造国家安全；落实防范化解各种风险的领导责任和工作责任；安全发展贯穿国家治理的各领域全过程，特别要防范化解各类可能影响我国现代化进程的重大风险。在海外利益风险方面，统筹国内国际两个大局，健全党的外事工作领导体制机制，不断完善海外利益保护体系。

3. 中央经济工作会议精神

2021年12月8~10日，中央经济工作会议在京举行，习近平等党和国家领导人在会上总结了2021年经济工作，分析了当前经济形势，部署了2022年经济工作。就风险治理来看，会议对我国在经济工作中应对各类风险挑战的实践进行了总结，对当前经济工作中的规律性认识予以肯定，进一步强调了高质量发展的路线需要以统筹发展和安全为核心，兼顾疫情防控和经济社会发展，加强安全生产和公共安全，坚持党中央集中统一领导，沉着应对重大挑战，坚持稳中求进，加强统筹协调，坚持系统观念。围绕防范化解重大风险这一重大理论和实践课题，作出深刻阐释、坚持科学部署，提出“稳定大局、统筹协调、分类施策、精准拆弹”十六字方针，分析了如何在经济发展中做好风险处置工作。会议特别对金融风险进行了着重强调，防范化解金融风险，应进一步加强和改进金融监管，加强金融监管干部队伍建设，压实地方政府、金融监管、行业监管等各方责任。并指出化解风险要有充足资源，金融风险治理要从法治建设、主体责任、机制完善等方面发力，针对风险发展的态势，研究制定化解风险的政策，完善金融风险处置机制。

（二）风险治理的学术理论创新综述

风险治理涵盖了风险分析、风险评价、风险防范、风险治理、风险管理等范畴，在中国知网以风险为主题词检索，2021 年相关文献数量高达 7.2 万篇，数量在近年来相关研究中处于高位（见图 2）。

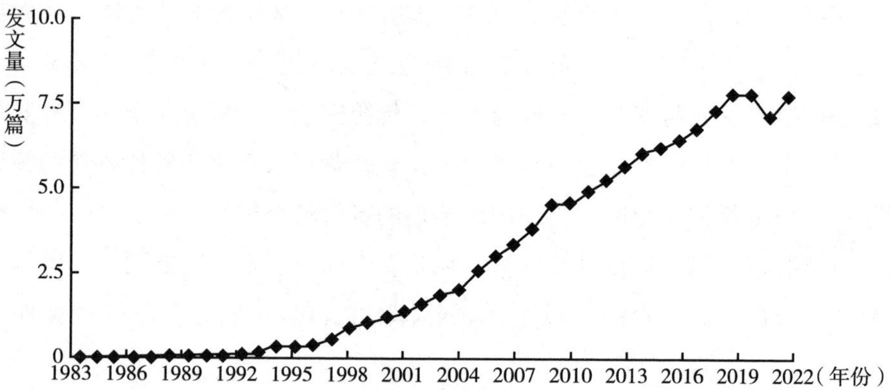

图 2　以“风险”为主题文献年度发表情况（笔者自制）

资料来源：中国知网。

这其中，登载在 CSSCI 期刊上的文章共有 5892 篇。删除会议通知、书评后，用 citespace 软件进行关键词聚类分析，形成了包括国家安全、应急管理、数据安全、系统性风险、风险社会、人工智能、数字经济、双循环、乡村振兴、治理能力、股权质押、货币政策、碳中和、技术创新等涵盖国家安全、经济安全、社会安全、技术安全等多个领域的关键词聚类，具体如图 3 所示。

有研究提出，在治理理念层面需要实现从动员式应急管理到规范化、标准化和信息化应急管理的理念更新[①]，从单一迈向跨学科、由单一转向全生

---

① 薛澜、沈华：《五大转变：新时期应急管理体系建设的理念更新》，《行政管理改革》2021 年第 7 期。

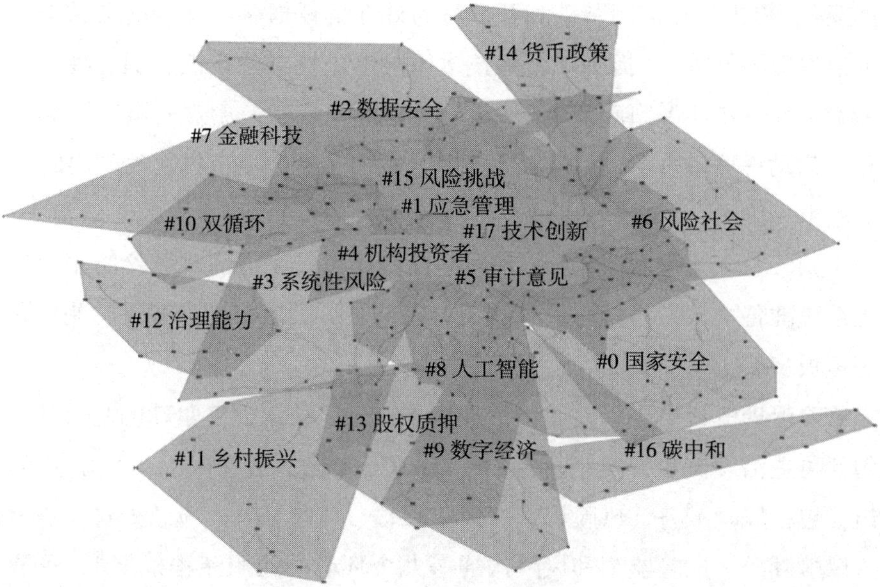

图 3　CSSCI 期刊以"风险"为关键词聚类（笔者自制）

资料来源：中国知网。

命周期、突破"应急—社会"困境、在"常态—非常态"间找到平衡①。风险治理工具最终趋向于强制型、引导型、自愿型三类工具相互融合②，认为网络舆情综合治理正经历由第一代强制型工具向第二代引领型、混合型工具的转向③。

风险治理对象的研究则更加关注数据风险、技术风险等研究。形成了关键数据风险治理的组织架构④，构建了包括黑箱阶段的事前监测预警、灰箱阶段的事中响应处置、白箱阶段的事后反馈总结的政府数据安全治理体系基

① 周利敏、谭妙萍：《中国灾害治理：组织、制度与过程研究综述》，《理论探讨》2021 年第 6 期。

② 吴林海、陈宇环、陈秀娟：《食品安全风险治理政策工具的演化研究——中国与西方国家的比较及启示》，《江苏社会科学》2021 年第 4 期。

③ 任昌辉、巢乃鹏：《我国政府网络舆情综合治理创新路径研究：基于治理工具论的分析视角》，《电子政务》2021 年第 6 期。

④ 周昀、姜程潇：《关键数据处理机构的数据治理结构》，《法学杂志》2021 年第 9 期。

本框架[①]，提出了在信用基础和开放行为外在信任框架下开展的公共数据开放可信治理的方案[②]，揭示了新兴技术风险渐进性、隐藏性、耦合性和高度的不确定性等特征[③]，阐释了技术风险治理的“宏观—中观—微观”内容层次和“启动—联动—制动”生成逻辑[④]，提出了特大城市风险表现出的“叠加、溢出、放大、链式”四大效应及风险防控存在“权责失配、防控失衡、协同失调”三大难题[⑤]，指出了我国韧性城市建设存在的对风险的不确定性缺乏系统准备、常态与应急管理缺乏有效衔接、大城市韧性建设的制度化不足等短板[⑥]等。

风险治理流程主张以整体性治理为导向且以技术理性驱动的基层社会治理创新再造治理流程，实现基层社会治理智能化的潜在风险与化解防范[⑦]，提出了包括风险准备、风险识别、风险评估、风险处置、应急处置、恢复重建、风险溯源、风险监测和风险沟通等九个环节的通用流程框架[⑧]，形成了实现城市韧性治理的适应性循环模型[⑨]，构建了包括常态运转和应急处置两种时态，含监测、研判、预警响应、应对、防控、信息沟通、监督考评、总结反馈八个环节的新舆情治理流程框架[⑩]。

---

① 胡峰：《基于压电式理论的政府数据安全治理体系构建及实现路径研究》，《电子政务》2021 年第 11 期。

② 徐珉川：《论公共数据开放的可信治理》，《比较法研究》2021 年第 6 期。

③ 张乐：《新兴技术风险的挑战及其适应性治理》，《上海行政学院学报》2021 年第 1 期。

④ 庞祯敬：《“理性-制度-行动”框架下的转基因技术风险治理模式研究》，《自然辩证法研究》2021 年第 3 期。

⑤ 吴晓林：《特大城市社会风险的形势研判与韧性治理》，《人民论坛》2021 年第 35 期。

⑥ 朱正威、刘莹莹、杨洋：《韧性治理：中国韧性城市建设的实践与探索》，《公共管理与政策评论》2021 年第 3 期。

⑦ 韩瑞波、唐鸣：《基层社会治理智能化的潜在风险与化解防范——基于 Y 市 Z 区的案例研究》，《宁夏社会科学》2021 年第 1 期。

⑧ 詹承豫、高叶、田佳鑫：《食品安全抽检监测风险治理流程及功能优化研究》，《广西师范大学学报》（哲学社会科学版）2021 年第 3 期。

⑨ 蔡秋蓉、叶继红：《城市公共安全韧性治理何以可能——适应性循环模型的视角》，《天府新论》2021 年第 4 期。

⑩ 郭蓬元、袁遐、阚道远：《流程再造视域下的新时期舆情治理研究》，《云南行政学院学报》2021 年第 3 期。

在风险准备方面，有研究者从时间累积和跨界传导两个维度构建了潜在风险的科学预判模型[①]，指出风险评估科学性不强、结论失准、效果欠佳[②]，提出选择性评估、象征性评估、参与性评估和治理性评估四种类型[③]，分析了公共卫生未知风险的预防型权变决策模式，绘制了未知风险的理性决策步骤的决策树[④]，提出风险沟通和防控型集体行动的形成之间存在一个受众惯习、制度互动、共识塑造和实践的身体化持续互动构成的惯习再生产机制[⑤]，构建“防备—管控—学习”的防范化解重大风险全周期模型[⑥]，指出将应急准备转向极端情景假设，并基于峰值需求进行应急物资储备[⑦]，构建“历史—结构—行为”分析框架，阐释中国特色疫苗监管的制度逻辑[⑧]，指出要注重对风险治理过程的重塑、部门协调机制的协同、信息与数据的集成以及治理工具（手段）的整合、社会公众行为的自觉调适[⑨]，等等。

四　风险治理展望：在更高层面统筹发展和安全

2022 年，俄乌军事冲突等风险严重冲击世界政治经济格局。新冠肺炎

---

① 魏玖长：《见微知著：潜在风险的科学预判过程分析与能力建设》，《公共管理与政策评论》2021 年第 3 期。

② 高小平、刘一弘、高可清：《负激励：对社会风险评估制度的反思》，《治理研究》2021 年第 6 期。

③ 钟宗炬、张海波：《重大决策社会稳定风险评估的类型划分与案例分析》，《南京社会科学》2021 年第 11 期。

④ 常健、付丽媛：《应对突发公共卫生未知风险的“预防型”权变决策模式研究》，《天津社会科学》2021 年第 3 期。

⑤ 曹海军、薛喆：《惯习再生产：风险沟通如何促成防控型集体行动——对一个社区风险沟通的过程追踪分析》，《新视野》2021 年第 3 期。

⑥ 钟开斌：《百年来中国共产党应对风险挑战的基本历程与主要经验》，《改革》2021 年第 9 期。

⑦ 林鸿潮、姜永伟：《基于安全冗余的公共卫生应急体系变革》，《公共管理与政策评论》2021 年第 5 期。

⑧ 胡颖廉：《历史、结构和行为：中国疫苗监管制度重构和创新》，《社会科学战线》2021 年第 10 期。

⑨ 杨联、曹惠民：《以系统整合提升公共安全风险治理绩效》，《理论探索》2021 年第 2 期。

疫情全球肆虐进入第三年，各国的防疫和经济发展面临更大挑战。美国退出量化宽松政策，将激化全球经济和金融市场波动进一步加剧。

（一）国际国内政治、军事和经济等重大事件交织

国际国内政治、经济和军事等重大事件交织客观上增加了复合型风险的可能。这其中，俄乌战争严重冲击了当今世界政治经济秩序格局，并对当前及未来较长一段时间的世界范围内的风险形势产生重大影响。各国控制疫情的方式通常是保持社交距离并隔离治疗感染病患，同时研发疫苗并大规模接种。然而全球范围内疫苗接种存在显著差异，总体来看，发达国家快于新兴市场国家并显著快于发展中国家。截至 2021 年 12 月 25 日，全球每百人疫苗接种 113.02 剂，欧盟、亚洲与非洲分别为 162.07、128.57 与 22.19 剂①，疫苗接种不均衡导致病毒在防控薄弱地区持续形成新的变异，疫情完全控制难度加大。

（二）新冠肺炎疫情累积的负面效应或将逐步全面释放

受新冠肺炎疫情冲击，2020 年全球主要经济体集体衰退，经济增速跌至-3.1%。此后，各国均实施了异常宽松的财政货币政策，2021 年迎来了集体反弹，中美经济增速分别达到 8.0%与 6.0%，但这同时带来全球大宗商品价格快速攀升。迫于通胀压力，美联储即将开始退出量化宽松政策。如果美联储收紧货币政策的速度超出市场预期，新兴市场与发展中国家则可能面临更为猛烈的冲击②。当前全球新冠肺炎疫情演化依然面临不确定性，各国的防疫信心和经济压力面临新的挑战。疫情冲击带来的经济下行和引发的社会矛盾和冲突对立等负面效应，在疫情肆虐的第三年释放的可能性增加。

---

① 《全球新冠疫苗接种实时进度》，https：//news. ifeng. com/c/special/。

② 张明：《警惕 2022 年的三大不确定性》，https：//www. sohu. com/a/525592288_ 673573。

（三）人为干预进一步增大了复合型风险突变和延伸的可能

战争威胁和冲突升级威胁超出预期，新冠肺炎病毒变异及传播、货币政策收缩带来的经济波动、政治对立和社会冲突，这些风险既有自身的自然演化规律，也存在人为干预并加剧的可能。以国家、地区和政治共同体为核心的干预和操纵，将会进一步激发“疫情—经济—军事—社会”复合型风险的突变及其危害性。

（四）在更高层面统筹发展和安全

面对世界百年未有之大变局，站在“两个一百年”的历史交汇点，我们需要直面新形势、新风险和新挑战。安全是发展的前提，发展是安全的保障。我们既要善于营造促进经济社会高质量发展的安全环境，又要能够用发展成果夯实维护国家安全的实力基础，实现发展和安全互为条件、彼此支撑。为此我们更需要坚持底线思维，防范化解重大风险，下好先手棋、打好主动仗，高度警惕“疫情—经济—军事—社会”复合型风险冲击，提前做好组织动员、机制协同、物资保障和预案准备，坚持中国道路，在更高层面统筹发展和安全。

B.19
2021年中国安全生产领域改革进展

王永明*

摘　要：　2021年，安全生产专项整治的效果逐步显现，主要体现为危化领域重特大事故频发势头得到遏制，安全生产形势持续向好。总体而言，我国安全生产领域改革已经从“结构调整”转至“精准微调”，未来的安全生产工作更多是前期改革工作的推进、延续和落实。针对新形势，下一步安全生产工作也需要适时调整完善。

关键词：　安全生产形势　专项整治　社会体制改革

一　2021年安全生产形势及特点

2021年全国安全生产形势总体好转，但依然严峻。全年共发生各类生产安全事故3.46万起、死亡2.63万人，事故起数和死亡人数继续保持下降态势，相比2020年分别下降了9%和4%①。2021年全国较大事故起数同比下降，重大事故起数基本持平，连续两年未发生特别重大生产安全事故。

2021年全国共发生死亡10人以上的重大事故16起，与2020年持平；但除此之外，2021年还发生了1起直接经济损失超过5000万元的重大事故②。

* 王永明，中共中央党校（国家行政学院）应急管理培训中心教授。

① 数据来源于应急管理部2022年1月例行新闻发布会，https://www.mem.gov.cn/xw/xwfbh/2022n1y20rxwfbh/。

② 指“中华富强”号火灾事故，2021年4月19日，威海市海大客运有限公司所属滚装客船“中华富强”轮在由威海港驶往大连港途中发生自燃，在应急处置过程中发生爆燃。未造成人员伤亡和水域污染，但直接经济损失约9233.25万元，构成重大等级水上交通事故。

上述事故分布在山东、江苏、安徽、河北、山西、吉林、黑龙江、河南、湖北、广东、甘肃、青海、新疆等 13 个省（自治区），行业领域包括道路运输、煤矿、金属非金属矿山、建筑业、水上运输、火灾和燃气等。

2021 年安全生产形势主要呈现以下特点：一是由于体制机制改革和专项整治的效果逐步显现，化工和危险品领域安全生产形势逐步好转。二是由于大宗商品价格过快上涨，诱使煤矿、非煤矿山行业的安全生产压力较大，违法盗采现象死灰复燃。三是发生在敏感节点的山东栖霞笏山金矿“1·10”重大爆炸事故、湖北十堰艳湖社区集贸市场“6·13”重大燃气爆炸事故引发公众高度关注。四是甘肃白银“5·22”山地马拉松事故导致 21 人遇难，这类新兴领域的生产安全事故给公众带来巨大心理冲击。

二　安全生产专项整治效果逐步显现

下文通过对危化领域和江苏省“一条一块”两个样本进行分析，描述 2021 年安全生产专项整治效果。

（一）危化领域事故多发势头基本得到遏制

2019 年江苏响水“3·21”特别重大爆炸事故发生后，习近平总书记多次做出重要批示，要求从国家安全战略高度防范化解危化品“灰犀牛”的风险，同时要求对江苏“开小灶进行整治，务必整出实效”。几年来，危化监管体制和系统性的危化治理体系不断完善。在此基础上，应急管理部深入开展危化品安全专项整治三年行动，以聚焦“防控重大安全风险，提升本质安全水平、技能素质水平、信息化智能化管控水平”来提升危化品安全生产水平①。

在上述专项整治措施支撑下，2021 年全国共发生化工事故 122 起、导

① 《实录丨应急管理部 2022 年 2 月例行新闻发布会》，https：//www.mem.gov.cn/xw/xwfbh/2022n2y15rxwfbh/。

致150人死亡，事故起数和死亡人数相比2020年减少22起和28人，分别下降15.3%和15.7%，比2019年下降25.6%和45.3%。较大事故起数自有记录以来首次降至年度10次以下；此外，自2019年3月至今未发生化工领域重特大事故，创造了化工领域安全生产最好纪录，2017~2019年连续3年化工领域的安全生产严峻形势基本得到遏制。

（二）江苏安全生产“开小灶”取得显著成效

一是压紧压实安全生产责任。江苏省委、省政府2021年全年召开了16次省委常委会或省政府常务会议部署安全生产工作，省委、省政府班子成员全部明确安全生产年度工作清单。2021年市级党委换届后组织主要领导集中培训，把加强安全生产管理作为重要内容，在全国率先以省委、省政府名义开展安全生产巡查，大幅提高安全生产工作在高质量考核中的权重。二是深入排查整改问题隐患。首先，紧盯清单抓整改，江苏省政府逐一核查国务院督导组反馈督办的3批21个典型问题，逐项落实整改措施。省整治办对13个省级督导组发现的2904项重大隐患建立清单和跟踪督办。其次，深入自查抓整治，全省突出重点行业、领域、区域，深入自查自改，围绕“重化围江”难题和“苏北小化工”问题，坚决淘汰落后低端产能，全省化工企业由5154家减少至2121家，化工园区由54个压减到29个①。此外，深刻吸取泉州“3·7”坍塌、黎巴嫩贝鲁特爆炸等事故的深刻教训，对照排查隐患。三是持续强化重大安全风险防控。从2021年2月开始，江苏在全国率先推行《工业企业安全生产风险报告规定》，在全国率先实施工业企业风险报告制度，推动企业自主识别、主动报告风险，倒逼企业主体责任落实。截至2021年底，全省4.9万家规模以上工业企业、27.8万家规模以下工业企业共报告较大风险50.4万条、重大风险5000余条，对6475家高风险企业实施重点监管。

在一系列整改措施推动下，江苏省安全生产形势得到根本性好转，2020

① 2022年全国安全生产工作会议上江苏代省长许昆林同志的发言材料。

年全省生产安全事故起数和死亡人数同比下降 66.03%和 63.44%，2021 年全省生产安全事故起数和死亡人数同比下降 35.09%和 30.28%。

三 安全生产领域改革由“结构调整”转至“精准微调”

（一）法治:《安全生产法》和《刑法修正案（十一）》正式实施

《安全生产法》是安全生产领域的基础法。为了更好地贯彻落实党和国家对于安全生产工作的新要求，《安全生产法》进行了第三次修订，于 2021 年 9 月 1 日正式实施。此次修订思路主要体现在四个方面：贯彻习近平总书记关于安全生产的重要论述；推动《中共中央 国务院关于推进安全生产领域改革发展的意见》（以下简称《意见》）法治化；聚焦安全监管体制新变化；促进安全风险管控关口前移。具体内容参见表 1。

表 1 《安全生产法》修订思路

修订要点	具体内容
贯彻习近平总书记关于安全生产的重要论述	本次修正以习近平新时代中国特色社会主义思想为指导，立足于人民群众对平安的需求向往，牢固树立安全生产观念，把“人民至上、生命至上”、“红线意识”、“安全发展理念”、“党政同责，一岗双责”、“管行业必须管安全、管业务必须管安全、管生产经营必须管安全”（以下简称“三个必须”）、“把重大风险隐患当成事故来对待”等要求纳入立法思想、写入具体条款
推动《意见》法治化	本次修订基于《意见》的要求厘清安全生产监管职能的部门责权，明确细化生产经营单位安全生产义务，将重大隐患排查治理情况报告、高危行业安全生产责任险、安全生产公益诉讼等重要制度法制化、规范化，促进各类主体达到安全生产领域改革发展的根本要求
聚焦安全监管体制新变化	本次修订聚焦了 2018 年党和国家机构改革后的职能变化情况，从法律的角度构建完整的应急管理法律体系，修订与机构改革不适应的法律条款，以适应新时代安全生产发展需求
促进安全风险管控关口前移	事前预防是遏制安全事故发生的治本之策，要通过风险管理解决“想不到”的危险源，通过隐患整改解决“管不住”的危险源。本次修订中坚持以责任为核心、风险为抓手，将源头防范化解重大安全风险纳入立法内容，进一步推动安全生产工作从“事后处置”转向“事前预防”

尤其值得一提的是，《安全生产法》进一步压实生产经营单位的主体责任。生产经营单位承担的安全生产主体责任，是指生产经营单位在生产经营活动全过程中必须按照有关法律法规的规定履行义务、承担责任。比如应当按要求为安全生产管理人员设置恰当的编制，保障安全生产专项资金的足量投入，对员工定期进行安全生产培训，投建项目中安全设施与主体设施必须符合“三同时”规定（即同时设计、同时施工、同时投入生产和使用）等。

《安全生产法》明确了政府部门的监管责任。在责任类型中，政府监管责任的重要性仅次于生产经营单位的主体责任。按照“三个必须”原则，政府相关部门对安全生产负有监督管理的职责。这次修订清晰界定了三类部门（应急管理部门、负有安全生产监督管理职责的有关部门、其他行业领域主管部门）的安全生产职责。

此外，《刑法修正案（十一）》于 2021 年 3 月 1 日正式实施，其中增加了“危险作业罪”，针对事故前的严重违法行为加大了刑事责任追究力度。法律的生命力在于实施，国务院安委办 3 月 19 日随即公布了浙江杭州、山东青岛两起危险作业行刑衔接典型案例。此后，相关地方也逐步公布依据《刑法修正案（十一）》执法的安全生产领域行刑衔接典型案例，例如，2021 年 11 月，江西省应急管理厅公布两起典型案例，对安全生产领域的危险作业行为带来极大的法律震慑，有效推进了生产经营单位的安全生产主体责任落实。

（二）体制：规范安全生产执法层级与职责

2021 年，应急管理部印发了《应急部关于加强安全生产执法工作的意见》（以下简称《执法意见》），针对目前安全生产执法多层重复的问题，要求各级应急管理部门进一步明确层级职责、创新执法方式、规范执法行为①。《执

① 《应急部关于加强安全生产执法工作的意见》，http：//www. gov. cn/gongbao/content/2021/content_ 5612993. htm。

法意见》从执法层级清晰、执法对象明确、执法事项精准三个方面提出了具体要求①。

一是明确层级职责。《执法意见》明确规定“地方各级应急管理部门对辖区内执法工作负总责，省级应急管理部门要明确省市县三级执法管辖企业名单，原则上一家企业对应一个层级的执法主体”。

二是科学确定重点检查企业。《执法意见》强调“区别对待”，对重点行业领域安全风险等级高的企业，每年至少对其进行一次“全覆盖”检查；对于有“前科”的企业（即曾发生生产安全事故或者有过重大违规行为的企业），检查要“加码”；对于安全生产“优质”业绩企业（即安全生产标准化一级企业或三年以上未发生生产安全事故的重点检查企业），可以对其抽查。此外，《执法意见》明确规定常规检查和专项执法两者不冲突，即“对于严重违法行为或落实临时性重点任务以及通过投诉举报、转办交办、动态监测等发现的问题，要及时开展执法检查”，不受执法计划限制。

三是聚焦执法检查重点事项。《执法意见》强调要依据重大事故隐患判定标准，建立执法检查重点事项清单，不能只查“外围”老四样（安全培训、应急预案、特种作业和隐患排查），还要聚焦生产关键环节、要害岗位和重点设施，对执法专业性提出了更高的要求。

（三）重点：全国安全生产专项整治三年行动计划进入“集中攻坚”阶段

按照国务院安委会印发的《全国安全生产专项整治三年行动计划》，2021年是专项整治行动中的集中攻坚年，也就是“针对重点难点问题，通过现场推进会、派驻高层级工作组和专家组、推广相关地方企业先进经验，提升专项整治攻坚效果，落实和完善治理措施，推动建立健全公共安全风险防控体系，使整治工作取得显著成效”。

---

① 《应急管理部有关司局负责人就〈关于加强安全生产执法工作的意见〉答记者问》，https：//www.mem.gov.cn/xw/yjglbgzdt/202104/t20210415_383239.shtml。

截至2021年底，应急管理部“推动各地区各部门加强整治督导，细化问题隐患和制度措施‘两个清单’，累计排查安全隐患4858万处，深化重点问题攻坚。各级有关部门组织对2.3万处危化品重大危险源逐一开展两轮检查督导，对全国358家大型油气储存基地全覆盖开展安全风险评估，深化非法违法‘小化工’、精细化工‘四个清零’专项整治”。此外，应急管理部针对矿山领域的专项问题（如矿山外包工程、整合煤矿、托管煤矿等）进行专项整治，针对“两客一危”、用作经营的农村自建房、电动自行车等方面的整治也有效推进①。

值得关注的是，2021年我国燃气事故频发，湖北十堰“6·13”事故是我国近年来第一起燃气重大事故。截至2021年11月底，全国已发生燃气较大事故7起，同比2020年、2019年上升幅度较大。2021年11月，国务院安委会印发了《全国城镇燃气安全排查整治工作方案》，整治工作从2021年11月至2022年12月，分动员、排查、整治和提升四个阶段，聚焦燃气从生产到使用全生命周期中的六个重点问题。一是针对燃气生产经营单位；二是针对使用燃气的重要公共场所；三是针对老旧小区；四是针对燃气在建工程；五是针对管道设施；六是针对燃气具等源头产品。2021年12月2日，国务院安委会召开全国电视电话会议部署城镇燃气安全排查整治工作，部署在全国开展城镇燃气安全排查整治工作，标本兼治推进燃气安全防范措施落实，坚决遏制燃气事故多发势头。

（四）基层：提高安全生产应急管理能力

2021年7月，中共中央、国务院印发的《关于加强基层治理体系和治理能力现代化建设的意见》明确提出，要“健全常态化管理和应急管理动态衔接的基层治理机制”。该意见出台后，各地应急管理部门积极争取属地党委、政府的支持，出台了加强基层应急能力建设的具体措施。例如广东省在市县

① 《（应急管理工作会议系列解读之一）2021年应急管理工作成绩单出炉》，中华人民共和国应急管理部，https://www.mem.gov.cn/zl/202201/t20220105_406289.shtml。

层面陆续推进应急委双主任制（即党政主要负责人共同担任应急委主任）；江西省做实“党建+应急管理”，把应急管理的一些工作要点压实至11万多个基层党支部；浙江省则推进乡镇（街道）应急站所和消防站一体化建设①。

2021年，国务院安委办总结推广安徽合肥等城市生命线安全工程经验做法，全面开展城市安全风险综合监测预警平台建设。合肥城市生命线安全工程以公共安全科技为支撑，融合物联网、云计算、大数据、移动互联、BIM/GIS等信息技术，感知城市运行状况，挖掘城市安全运行规律，实现城市运行风险的早感知、早预警和早处置。该系统自2016年开始选择高风险区域、重点敏感区域和关系民生保障的城市基础设施进行物联网建设，累计布设100多种、8.5万套前端感知设备；覆盖51座桥梁、822公里燃气管网、739公里供水管网、254公里排水管网、201公里热力管网、14公里中水管网、58公里综合管廊、2.5万个城市高风险点。平台运行以来，成功预警了数千起城市运行安全风险，例如燃气管网泄漏、供水管网泄漏、水厂泵站异常、路面坍塌等突发险情②。

此外，应急管理部在2021年积极推进了危化企业自动化改造、智能化矿井改造、烟花爆竹转型升级集中区建设，提升高危企业的本质安全能力。2021年分类处置了909座“头顶库”，闭库销号了547座尾矿库，源头治理取得新进展③。

四　中国安全生产领域改革展望与建议

2022年，国际形势波谲云诡，经济形势面临严峻挑战，安全生产形势依旧复杂。一方面，疫情冲击对安全生产领域的传导效应持续，能源保供、

① 《着力在强基固本上下功夫——持续夯实应急管理基层基础工作》，《中国应急管理》2022年第1期。

② 《守护城市生命线！合肥有科技“哨兵”》，《合肥日报》2021年9月23日。

③ 《推进应急管理体系和能力建设——固根基、补短板、强弱项》，《中国应急管理》2022年第1期。

大宗商品价格上涨压力仍然存在。另一方面，在“供给冲击、需求疲软、预期转弱”三重压力下，统筹发展和安全面临严峻挑战。因此，安全生产领域的改革既要盯准“安全生产治理体系现代化”的长远目标，又要坚持问题导向，关注发展前行中的现实安全问题，现提出以下三方面建议。

（一）探索高水平安全服务高质量发展的具体路径

统筹发展和安全，是党中央着眼“两个大局”、应对风险挑战、确保我国社会主义现代化事业顺利推进的重大战略部署。安全是发展的前提，发展是安全的保障，两者辩证统一、相互支撑、互相促进。在实践中，一些地方将两者对立起来。有的重发展轻安全，特别是在发展压力大的时候出现畏难情绪，放松安全监管，没有守住安全底线。也有一些地方在安全生产责任压力下重安全轻发展，对存在安全问题的企业一关了之，甚至一个企业出事故就关停一片企业。这种简单的“一刀切”，显然缺乏从经济社会发展全局考虑问题的自觉。发展是解决中国一切问题的基础和关键，安全生产工作也要服务这个大局。因此，我们需要善于把安全贯穿于经济社会发展各领域和全过程，主动塑造有利于发展的安全环境，实现高水平安全服务、高质量发展。

谋划高水平安全服务、高质量发展，需要从精准治理和源头治理两个方向着力。一方面是加强对各种安全风险的精准研判。各地区、各领域要在精准研判的基础上精准防范，而不是粗放式的一般化大呼隆抓。例如 2021 年的迎峰度冬关键时期，国家矿山安监局支持全国服务保供大局，支持释放优质产能。既从安全的角度严格煤矿的审核把关，又对不安全的煤矿给予检查和指导服务，推进其安全达标。此外，监管部门还督促煤矿上级企业派驻工作组驻矿盯守，促进煤矿安全。通过上述手段最终释放优质产能 3.1 亿吨/年，有效缓解了煤炭供应紧张的局面。另一方面抓紧完善源头的安全把关制度，在管控风险存量的同时，避免出现更多的风险增量。

（二）关注重大安全风险区域迁移的现实问题

产业转移是经济发展规律，承接产业转移是区域经济发展的重要动力。

近年来，危化产业项目逐步从发达地区向欠发达地区转移，江苏响水“3·21”事故的事发企业就是由浙江苏南地区转移至苏北地区的危化项目，企业安全、环保条件不达标，但是地方政府在“发展”面前对企业网开一面，最终酿成大祸。江苏响水“3·21”事故发生后，危化项目开始由江苏等沿海省份向中西部、东北等地区加快转移，必将给承接地区带来高风险。应急管理部在专项调研中发现，2019年以来新增转移至中西部和东北地区的632个项目中，大多存在生产工艺风险高、本质安全水平低的共性问题。某些地区在安全基础、监管能力、人员素质等无法短期提升的背景下，盲目承接高危转移项目必将面临重大安全风险。危化项目有2~3年的建设周期，预计2022年有470多个项目密集投产，一旦管控不力，承接地区很可能进入事故多发易发期。因此，国家层面要从顶层设计角度监管和干预高危项目的无序转移，通过制定园区总体规划、设计产业发展规划和规范项目准入条件，来推进部分地区的高水平承接，推进其高质量发展。而对于已经承接的高危项目，地方政府要组织自身化工园区的安全风险评估复核。

（三）继续通过深化改革解决安全生产结构性问题

从2021年的安全生产情况看，我国安全生产工作中依然有很多结构性问题。例如长期积累的隐患和新风险集中显现，一些基础设施和高层建筑进入集中老化期，更新改造需要一个过程，同时海上风能、储能电站及私人影院等新业态安全风险不断涌现。高危行业用工素质不高甚至有下降趋势，2021年生产安全事故死亡人员中77.5%是初中及以下学历。安全责任不落实问题仍然突出，一些地方在“放管服”改革中重“放”轻“管”甚至只“放”不“管”，化工园区改头换面降低标准，施工项目只管报备的不管擅自建设的，燃气经营许可层层下放导致“小散乱”问题突出，矿山违法盗采还暴露出监管人员和不法企业主勾结问题。一些地方在综合行政执法改革中简单合并、撤销安全执法队伍，专业监管力量被严重摊薄和削弱。上述这些问题都仍然需要国家层面通过体制、机制、法治持久改革来解决。

B.20

2021年中国防灾减灾救灾体制改革：进展与前瞻

孙金阳　张文杰　杨爱东*

摘　要： 在“十三五”期间，我国的防灾减灾救灾工作取得了十分突出的成绩，不仅有效减少了因灾死亡失踪人数和房屋损毁数，明显降低了直接经济损失占国内生产总值比重，而且在灾害防御、预警、处置和灾后重建方面的能力均有较大提升。2021年是“十四五”开局之年，我国的防灾减灾救灾体制改革以第一次全国自然灾害综合风险普查工作为契机，在强化顶层设计的同时，推动基层创新、基础信息汇集与灾害机理研究，将研究与实践有效贯通。这为下一步持续优化治理模式与工作机制、涵养良法善治的全新生态，总结探索出科学有效的实践路径。

关键词： 防灾减灾救灾　社会治理现代化　社会体制改革

一直以来，我国因疆域辽阔、地质地貌复杂、气候类型多样而饱受自然灾害的袭扰，灾害种类涵盖气象水文灾害、地质地震灾害、生态环境灾害、海洋灾害、生物灾害等。具体而言，按照中国地震局的统计，“我国大陆大部分地区位于地震烈度Ⅵ度以上区域；50%的国土面积位于Ⅶ度以上的地震高烈

* 孙金阳，博士，中共中央党校（国家行政学院）组织部员工管理处副处长、助理研究员；张文杰，北京师范大学社会发展与公共政策学院博士生，应急管理部新闻宣传司宣传处三级调研员；杨爱东，湖北省退役军人事务厅党组书记、厅长。

度区域，包括23个省会城市和2/3的百万人口以上的大城市。”① “中国各省（自治区、直辖市）均不同程度受到自然灾害影响，70%以上的城市、50%以上的人口分布在气象、地震、地质、海洋等自然灾害严重的地区。”② 即便是在21世纪科技高速发展的20年时间里，我国平均每年因自然灾害造成的直接经济损失仍超过3000亿元，相关受灾人数达到3亿人次。③

2021年12月，国务院印发了《“十四五”国家应急体系规划》，系统总结了我国“十三五”时期的工作进展，指出在防灾减灾方面，防御、预警、处置和灾后重建能力有显著提升。其中，重视体制机制的改革与创新是前期的亮点和主要动力，建立了自然灾害防治工作部际联席会议制度，加强了统筹协调，明确了属地管理，增强了社会力量和市场参与等。除此之外，积极开展第一次全国自然灾害综合风险普查工作，夯实自然灾害的治理基础，“与‘十二五’时期相比，‘十三五’期间全国自然灾害因灾死亡失踪人数、倒塌房屋数量和直接经济损失占国内生产总值比重分别下降37.6%、70.8%和38.9%”。④

一　2021年我国自然灾害情况概览

根据应急管理部发布的《2021年全国自然灾害基本情况》统计数据，极端天气气候事件频发是2021年度的防灾减灾救灾工作的首要挑战。主要涉及洪涝、风雹、干旱、台风、地震、地质灾害、低温冷冻和雪灾，另外自然灾害沙尘暴、森林草原火灾和海洋灾害等也不同程度地发生。从发

---

① 《国家防震减灾规划（2006—2020年）》，http：//www.gov.cn/jrzg/2007-10/31/content_791708.htm，最后检索时间：2022年2月22日。

② 《〈中国的减灾行动〉白皮书》，http：//cn.chinagate.cn/whitepapers/2009-05/11/content_17755287.htm，最后检索时间：2022年2月22日。

③ 《我国平均每年因自然灾害造成的直接经济损失超3000亿元》，每日经济新闻，最后检索时间：2022年2月22日。

④ 《国务院关于印发“十四五”国家应急体系规划的通知》，https：//www.emerinfo.cn/2022-02/14/c_1211570777.htm，最后检索时间：2022年2月22日。

生时间看，2021 年下半年突发灾情比上半年情形严重，“河南、四川、山西、河北、湖北、陕西等地相继遭受严重暴雨洪涝灾害，河南、四川泸县发生 6.0 级地震，四川天全县发生严重山洪泥石流灾害，山西、陕西、河南等地发生罕见秋汛，华北、东北等北方大部极端寒潮引发低温雨雪冰冻灾害。”① 从地形分布上看，“北方灾情明显重于南方，特别是河南、陕西、山西等省灾情较常年明显偏重。”② 总体来讲，具有“上轻下重、南轻北重”的特点。

2021 年我国共经历 42 场强降雨天气。由极端天气侵袭所引发的华北、西北地区洪涝灾害的严重程度为历史罕见。应急管理部发布的 2021 年十大自然灾害（见表 1）中，气象水文灾害就占据了 80%，受灾人数高达 2991.6 万人，直接经济损失达 1763 亿元。

表 1　2021 年全国十大自然灾害

序号	灾害名称	灾害类型	发生时间	受灾范围	受灾人数（万人）	经济损失（亿元）
1	河南特大暴雨灾害	气象水文	7 月中下旬	1 省 16 市 150 个县	1478.6	1200.6
2	黄河中下游严重秋汛	气象水文	9 月	4 省 32 市 232 个县	666.8	153.4
3	山西暴雨洪涝灾害	气象水文	7 月中下旬	1 省 10 市 47 个县	61.2	82.8
4	湖北暴雨洪涝灾害	气象水文	8 月上中旬	1 省 11 市 58 个县	158	31.2
5	江苏南通等地风雹灾害	气象水文	4 月下旬	1 省 8 市 36 个县	2.7	1.6
6	陕西暴雨洪涝灾害	气象水文	8 月中下旬	1 省 9 市 49 个县	107.2	91.8
7	东北华北局地雪灾	气象水文	11 月上旬	9 省	35.1	69.4
8	云南漾濞 6.4 级地震	地质地震	5 月中下旬	1 省 2 市 13 个县	16.5	33.2
9	第 6 号台风“烟花”	气象水文	7 月 25 日	8 省 40 市 230 个县	482	132
10	青海玛多 7.4 级地震	地质地震	5 月中下旬	1 省 2 州 7 个县	11.3	41

资料来源：《应急管理部发布 2021 年全国十大自然灾害》，https：//www.mem. gov.cn/xw/yjglbgzdt/202201/t20220123_ 407199.shtml，最后检索时间：2022 年 2 月 22 日。

① 《应急管理部发布 2021 年全国自然灾害基本情况》，http：//www.ndrcc.org.cn/zqtj/25731.jhtml，最后检索时间：2022 年 2 月 22 日。

② 《应急管理部发布 2021 年全国自然灾害基本情况》，http：//www.ndrcc.org.cn/zqtj/25731.jhtml，最后检索时间：2022 年 2 月 22 日。

同时我国江南北部、江汉、江淮、华北、黄淮、东北等地遭遇了多起强对流天气，全国1363个县（市、区）遭受风雹灾害影响。从旱情灾情和台风登陆数量来看，2021年情况相比往年明显偏轻偏少。“全年台风灾害损失为近5年最低，受灾人次、因灾死亡失踪人数和直接经济损失分别下降61%、95%和72%。”① 在地震灾害方面，2021年我国共发生5级以上地震20次，造成14省（区、市）58.5万人受灾，9人死亡，6.4万间房屋倒塌和严重损坏，直接经济损失106.5亿元。除此之外，低温冷冻、雪灾灾情和森林草原火灾较常年未有较大变化，总体平稳。

二　防灾减灾救灾机制改革2021年新进展

2021年是“十四五”规划的开局之年，我国防灾减灾救灾相关工作依循前置式治理理念，取得了新的成效。在推进灾害风险基础信息建设方面，遵循“统筹—创新—试点—推广”的科学化工作方式，稳步推进自然灾害风险普查工作有序有效开展；在应急救援的专业化协同方面，以地方工作机制创新实践为代表，形成了应急状态和非应急状态的多种日益成熟的工作模式。在创建综合减灾基层示范单位方面，突出技防普及理念，打通了基层和偏远地区的灾害监测预警与信息发布“双向通路”。

（一）做好第一次全国自然灾害综合风险普查工作

按照2020年8月印发的《国务院办公厅关于开展第一次全国自然灾害综合风险普查的通知》的要求，我国于2020~2022年开展为期3年的自然灾害综合风险普查工作。该项工作旨在排查可能出现的主要灾害风险，厘清主要承灾体基数、溯源灾害发生史以及现已具备的减灾资源（能力）实况，判别全国、省、市、县不同层次的灾害综合风险，从而建立起相关数据库，

① 《应急管理部发布2021年全国自然灾害基本情况》，http://www.ndrcc.org.cn/zqtj/25731.jhtml，最后检索时间：2022年2月22日。

并为进一步因地制宜研究制定经济社会发展规划提供政策依据。2021 年，普查工作在各地推进展开，形成了一系列各具特色且具有推广价值的实践经验。一是提升社会动员力。例如黑龙江省在前期宣传阶段就已将几万份宣传手册发放到各设区市、县、乡街道，将风险普查的目标意义、工作方法拍摄成为浅显易懂、易生共鸣的宣传小短片，以群众喜闻乐见的方式在各类新媒体上广泛播出，特别是通过广播电台在黄金时段播放的“应急知识微课堂”，将灾害综合风险普查提示与日常生活相结合，从而推动普及知识与政府公共服务的自然融通。① 二是因地制宜规划成果应用。例如江西省围绕其辖区常见洪涝、地质灾害及衍生灾害和森林火灾主灾种，在充分普查的同时筹划成果应用专项课题研究。同时，该省将研究成果与创建综合减灾示范单位相融通，建立了“一牌两图三清单”（风险隐患告示牌、风险隐患分布图、避险转移路线图、风险隐患防控责任清单、避险转移责任清单、灾后救助责任清单），将风险灾害管理变得更加精细、精准。② 除此之外，还有不少地方在加大调度督导力度、突出技术应用和指导、强化科技核查手段以及成果应用等方面都有所创新。

（二）提升救援队伍专业能力与协同作战水平

应急救援既是灾害发生后的应急处置，更是对救援能力的全方位检验。如何实现全境域多领域多专业交叠、专兼结合、联合作战的区域协同模式，是抢险救援体系立体化、网格化建设的重点和难点。针对 2021 年上半年多地森林火灾频发的情况，应急管理部及时总结经验教训并调度指导山西两起跨省森林火灾扑救，“在部指挥中心视频连线山西陵川、河南辉县、河北武安等地现场指挥部，调度了解火场情况，研判分析火势发展，指导做好扑救工作。”③ 同时，

① 《黑龙江：多措并举打出自然灾害综合风险普查宣传“组合拳”》，《中国减灾》2021 年第 3 期。

② 陈勇、郭峰、饶金波：《江西：作示范　勇争先　全力打好自然灾害综合风险普查开局战》，《中国减灾》2021 年第 3 期。

③ 本报记者：《国家森防指下发通知部署切实做好森林草原火灾防控工作　应急管理部视频调度指导山西两起跨省森林火灾扑救》，《中国应急管理报》2021 年 2 月 22 日。

也有一些地方探索，以南京江北新区为例，既建立了应急相应的指挥中心，抽调相关部门的工作人员作为各自联络员，最大限度地降低沟通成本、及时决策指挥；又能够为当地抢险的区级一线队伍合理授权，让街道等基层单位在遇到特殊紧急情况时可以直接协调，把处理急难险重的时间压缩至最短，增强协同治理合力，合理让渡基层一线的临机处置权力。[①]

（三）创建综合减灾基层示范单位

综合减灾的理念是基于自然界各种要素复杂的相互作用，以及这些要素在不同发展阶段存在因果关联而提出的。因此，我们需要对多种自然灾害进行系统的全方位研究。这一方面有助于探求自然灾害和自然异常的伴生性，多角度提供监测预警；另一方面，综合减灾力求贯穿预测、预报、防灾、救灾的全过程，将救援能力统筹、优化以取得最优减灾效果。例如，湖北省灾害种类多、分布地域广、发生频率高、造成损失重，是全国自然灾害最为严重的省份之一。湖南省内城市高风险、农村不设防情况不同程度存在，尤其是农村偏远地区基础较为薄弱，防灾减灾形势严峻复杂。针对这一实况，该省将综合减灾示范创建纳入扶贫工作队职责范畴，指导工作队细化创建方案，对照创建标准采取“三个一”（一村一策一方案），因地制宜研究对策方案，把人、财、物等保障计划到位、划拨到位。通过农村应急广播大喇叭、锣鼓吆喝、短信微信群发、专人盯守等办法，及时有效地传递发布极端天气情况，畅通灾害信息发布渠道。每年发布预警信息可达9587次，覆盖率达97.04%。[②] 到2021年底，全省100个扶贫驻点村综合减灾示范村创建工作已全部完成，还有35个村正在对照标准整改。全省村级事故灾害综合防范体系基本建立、村民安全防范和防灾避险意识明显增强、应急救援基础能力初步形成等预期目标达成，全链条治理模式基本形成，基层灾害风险治理能力切实提升。

---

① 《南京江北新区：实现全域“15分钟”应急抢险救援》，《中国减灾》2021年第3期。

② 杨爱东、张璞、商木林、程敏：《湖北省扶贫驻点村综合减灾示范村创建工作调研报告》，《湖北应急管理》2021年第11期。

三　2021年防灾减灾救灾体制改革新特点

自然灾害兼具自然属性与社会属性。所谓自然属性，是指大部分的自然灾害特别是极端重大灾害是因自然界的规律和作用所产生。所谓社会属性，则可细分为对人类社会承灾体造成的各类损失，以及由于人类不当行为而导致自然灾害的发生两个方面。防灾减灾救灾责任重大、意义深远。

（一）坚持防灾减灾救灾顶层设计与基层创新良性互动

国家防灾减灾救灾体制改革的可行性和有效性，有赖于高度集中统一权威的国家应急管理领导机构、综合应急指挥管理系统与平台建立健全等顶层设计，从战略高度和全局上把握发展方向以及具体任务进程。同时，体制改革也需要地方政府先行先试、基层实践的经验总结来不断调整、推广。

一方面是不断完善工作机制，不断加强部门配合、条块结合、区域联合、资源整合、军地融合。例如在应对台风“烟花”时，应急管理部组织气象、水利等部门研究灾情变化趋势，通过视频连线台风涉及省份的防汛指挥部，根据会商研判紧急调度邻近省份应急排涝专业队伍和大流量排水装备。另一方面是健全相关法律制度。中央层面需要促进“防”“救”合力，制定《国家应急准备指南》，使应急准备和能力建设上升为国家战略。地方层面则是侧重制度创新和落地。以河北省为例，2021 年 3 月 31 日《唐山市防灾减灾救灾条例》经省人大常委会批准自 7 月 1 日起正式施行。该条例以网络投票第一名的成绩正式入选河北省 2021 年度“十大法治成果”。这是应急管理体制改革后，唐山综合防灾减灾救灾工作的一次重大创新。作为我国首部防灾减灾救灾综合性法规，它的出台填补了国家防灾减灾救灾综合立法空白，发挥了立法“试验田”的作用。[①]

① 《〈唐山市防灾减灾救灾条例〉入选河北省 2021 年度“十大法治成果”》，http://news.sohu.com/a/520836695_121106842，最后检索时间：2022 年 2 月 22 日。

（二）加强自然灾害防治重点工程建设

第一次全国自然灾害综合风险普查工作是灾害风险管理的根基性工程。它不仅有助于构建起针对自然灾害的综合风险管理方式，实现管理前置，将预警监测、会商研判、指挥调度、行动统筹有效关联，还能够促进我们理解认识人类社会与自然灾害长期共存的客观事实基础，从而最大程度做好预先准备、尽可能降低和避免因其带来的损失。特别是引入社会力量参与，遵循自然规律，精准筹谋创新，在重视“技防”的同时强化“物防”基础。

（三）重视灾害形成机理与技术解决方案的研究应用

应急管理部加强对洪涝灾害风险的研判考量，整合河海大学、国家自然灾害防治研究院、国家气象中心的科研资源，围绕洪涝灾害形成机理、监测与评估、风险防控、综合减灾等方面，组建了洪涝灾害风险预警与防控部级重点实验室。聚焦“水循环演变机理”、“洪涝灾害预测预警”和“洪涝灾害风险防控”三个领域，主攻“海量数据驱动的水文多要素监测预报关键技术与应用”、“基于云计算的防汛防旱信息集成平台的研究”、“变化环境下关键水文情势演变过程、机理及应用”、“大数据驱动的洪旱灾害监测预警与风险管理决策关键技术”和“干旱与半干旱区水文循环机理、模型及应用”五个代表方向。[①] 这些前瞻性科学研究，在指导防灾减灾的具体实践中不断发挥重要作用。

四　2022年防灾减灾救灾体制改革前瞻

伴随着全球气温的整体上升，导致我国自然灾害的潜在威胁增加，极端天气的强度和发生频率变化显著，诸如台风登陆等灾害造成的破坏加剧。与

① 冯双剑、江善虎：《探寻洪涝灾害形成机理　研究成套技术解决方案——访洪涝灾害风险预警与防控应急管理部重点实验室》，《中国应急管理》2021 年第 12 期。

此同时，降水情况也有所改变，地域间不平衡更甚，洪涝与干旱、高温与冰冻、火情险情常并行发生。一些地质灾害的突发性和异常性愈发明显。因此，2022 年的防灾减灾救灾体制改革要做好如下工作。

（一）持续优化治理模式与工作机制

目前，应急管理体制改革还处于持续探索、逐渐深入的过程之中。特别是对于基层改革，无论是工作机制还是专业协同方面都存在很长的建设期和磨合期。一是进一步健全领导指挥体制。把常规应急与非常规应急相结合，建立国家突发事件应急委员会，并根据实际需要下设专项指挥部。把应急管理工作治理效能从补救功能转变为预防功能，实现“综合协调、分类管理、分级负责、属地为主”的原则，尽可能保障人民群众生命财产安全。二是统筹部门协同力量。在工作机制中充分考虑到应急管理部门和其他部门的优势，使各部门在预防防治、环境监测、预警发布、抢险救援、物资保障等方面能够进一步确权明责、各司其职。在灾害发生时能够降低沟通联络和处置应对的时间成本，将平时的协同演练与战时的应对处置有效结合起来。

（二）涵养良法善治的全新生态

“以制度规范来强化跨部门协调，是一种靠制度建设而不是靠行政权力来强化赋能型职责的思路，这是发达国家实现跨部门协作应对跨界突发事件的主要做法。”① 建议从以下三个方面开展工作：一是根据各个地方自身特点特别是灾害风险程度，细化地方性法规规章的工作，使得立法更加精细、更具实效。在评价机制方面，聚焦应急管理立法立项、起草、论证、协调、审议机制和立法后实施情况，同时注重立法时的公众参与、普法时的公众宣传以及各类规范监督中的社会参与渠道。二是细化应急管理行政决策分类，将决策程序法治化。注重区分突发事件的一般情况和特殊情况，区分一般决

① 钟开斌：《找回“梁”——中国应急管理机构改革的现实困境及其化解策略》，《中国软科学》2021 年第 1 期。

策和重大决策。三是建立科学明晰的应急管理标准体系。开展标准的试点示范，推动标准和规则互认，从而进一步涵养良法善治的全新生态。

（三）大力促进防灾减灾救灾的基础性和科学化建设

客观而言，我国防灾减灾救灾的基础性建设仍旧薄弱，救援的专业化和总体力量仍旧偏弱。由于信息化水平总体较低，由此产生的隐患感知、风险识别、及时预警、发布覆盖等能力都亟待提高。因此，“扩充我国的相关科技资源、人才资源、信息资源、产业资源，在应急管理基础理论研究、关键技术研究、重大装备研发方面取得重大突破，需要更加明确的任务目标。”在应急管理“十四五”规划中，诸如“县级以上应急管理部门专业人才占比达到60%”等量化指标提供了确切而实用的任务要求和衡量标准，对于完善结构清晰、责权明确、规模合理、信息精准的防灾减灾救灾体制机制很有意义。

总之，防灾减灾救灾事关人民生命财产安全、事关社会和谐稳定，需要战略思维，需要更为精细化的风险管理。虽然经过了多年的努力，我国基层应急能力与防灾减灾救灾的预期目标、国家治理现代化的标准相比仍存在较大差距，社会层面的公众风险防范意识和自救互救能力也依旧有较大欠缺。“十四五”期间，我国防灾减灾救灾体制改革将会更加聚焦和深化，特别是以顶层设计谋划全局，以机制完善推进工作协同，以基础信息建设助力决策，以高新技术提升专业水平，为我国第二个百年奋斗目标和人民福祉的全面保障做出新的更大贡献。

B.21
2021年中国药品安全监管体制改革进展与展望

张　昊*

摘　要： 药品安全是重大的民生问题，关系人民群众切身利益，党中央、国务院高度重视药品安全问题。改革开放以来，我国药品监管机构经历了多次改革，逐步建立了统一、权威的药品监管体制，药品监管事业不断发展壮大。2021 年，我国药品监管体制改革继续深入推进，在法律体系、技术支撑体系、对外交流合作等方面取得重要进展。展望未来，药品监管体制改革创新需要坚决贯彻党中央、国务院决策部署，全面加强药品监管能力，优化药品治理体系，促进医药产业高质量发展，推进药品安全社会共治。

关键词： 药品安全　监管体制　治理体系　高质量发展

保障药品安全是政府的重要职责。当前，我国药品安全受到社会发展阶段、产业结构、监管能力等因素制约。[①] 推进药品监管体制改革是提升药品监管治理能力、促进医药产业高质量发展的重要举措。2018 年，药品监管部门经历了新一轮的机构改革，新组建国家药品监督管理局，由国家市场监

---

* 张昊，北京中医药大学东方学院副教授，中国药品监督管理研究会药品治理体系专业委员会青年委员兼秘书。

① 胡颖廉：《产业安全和质量安全：中国药品监管体制改革的逻辑》，《社会科学战线》2016 年第 7 期。

督管理总局管理。[①] 这标志着"大部制"+"放管服"监管体制的正式确立。近年来，药品监管机构改革成效逐渐显现。药品监管法律法规升级换代，药品审评审批能力全面加强，医药产业实现快速发展，对人民生命健康和经济增长的贡献率不断提升，系列改革创新红利持续释放。

2021 年是"十四五"开局之年，也是中国医药事业蓬勃发展、药品监管工作取得开创性成就的一年。这一年，国务院办公厅《关于全面加强药品监管能力建设的实施意见》正式发布，长三角和大湾区设立的 4 个药品医疗器械审评检查分中心建设加速，中国药品监管科学行动计划第二批重点项目发布，这些都是药品监管体制改革进入新阶段的重要标志。随着《"十四五"国家药品安全及促进高质量发展规划》的实施，药品监管体制将迈向更高水平。

一　2021年药品监管体制改革总体进展

2021 年，我国药品监管体制改革持续发力，进一步完善药品安全法律法规体系，强化了药品全生命周期监管，健全了国际交流合作机制，推进了药品智慧监管体系的构建。与此同时，抗疫的应急审评、上市后监管工作取得了丰硕的成果，具体包括以下几个方面内容。

（一）药品监管现代化能力建设的纲领性文件发布

能力建设是药监事业发展的重要任务。近年来，医学技术的变革和新兴科学的出现加快了医药产业的发展。纳米技术、医学成像、组织和细胞产品等新兴科技发展迅猛，这给药品监管机构的审评、检验和监测等工作带来了新的挑战。为全面提升药品监管能力、促进医药产业高质量发展，2021 年 5 月印发的《国务院办公厅关于全面加强药品监管能力建设的实施意见》（以

① 《中共中央印发〈深化党和国家机构改革方案〉》，http：//www.gov.cn/zhengce/2018-03/21/content_5276191.htm#1。

下简称《实施意见》）提出了优化中药审批机制、完善稽查办案机制、强化监管部门协同等重要任务，具体如下。

一是优化中药审批机制。长期以来，我国对中药采用和化学药几乎一致的审评注册办法，导致中药新药审评注册效率不高。据国家药监局药品审评中心发布的数据，2012 年国家药监局共批准药品注册 615 件，其中中药 37 件，仅占 6%，同年批准药物临床研究 704 件，中药临床试验为 37 件，仅占 5%。[①] 2020 年药品审评中心完成需技术审评的注册申请 8606 件，中药为 418 件，占 4.9%。同年批准新药临床 879 件，其中化学药品 647 件，生物制品 223 件，中药天然药物仅 9 件（占 1.02%）。统计表明，近 10 年来，药品监管部门批准中药临床试验数量和中药新药数量占比均比较低，趋势没有明显变化。说明我国在中药产品创新和中药审评审批制度建设方面仍存在不足。《实施意见》创新提出临床试验、中医药理论、人用经验“三结合”的中药审评证据体系，同时强调循证医学和真实世界证据研究的重要性。

二是完善稽查办案机制。市场监管“三合一”改革以来，部分基层市场监管部门成立综合执法大队，由执法大队负责工商、食药、质检、价监等行政执法工作，从药品稽查执法角度出发，综合执法增强了基层执法力量，但也遇到了部门之间沟通不畅、案件信息不能及时共享等问题。《实施意见》进一步完善药品稽查办案机制，强调建立健全药品监管部门与公安部门的行刑衔接机制，做到案件信息及时共享，涉嫌犯罪案件及时移送，同时明确基层市场监管部门应加强药品监管执法力量配备，监管人员、设备和经费应该与监管事权相匹配。

三是强化监管部门协同。药品风险贯穿于产品的全生命周期之中，不同环节的风险彼此之间存在关联，药品的风险管理应是全链条的闭环管理，这就需要中央对地方加强协同，形成药监部门全国上下一盘棋，在行政审批、日常监管、执法办案和应急处置等环节形成无缝衔接。国家层面用政策指导

---

① CDE：《2012 年度中国药品审评报告》，https：//www.cde.org.cn/main/news/viewInfoCommon/a28681d04382f4546668447fdaba90dd。

和技术支撑赋能基层，地方监管部门通过监督执法防范风险在一线失守，从而实现高效能监管治理。《实施意见》强化药品监管协同机制，一方面要求药品监管机构明确职责分工，加强跨区域跨层级药品监管协同指导。另一方面明确国家、省、市、县药品监管机构应该加强联动，构建药品监管协同机制。

（二）补齐药品全生命周期监管制度“拼图”

2021 年我国药品安全监管法律法规体系继续完善，《药物警戒质量管理规范》《药品检查管理办法（试行）》等规章制度的发布，全面强化了药品安全全链条的监管，健全完善了全药品生命周期监管制度。

一是完善药物警戒制度。与欧美等国相比，我国药物警戒制度并不完善。2021 年 5 月，国家药监局发布了《药物警戒质量管理规范》①，该规范是药品上市许可持有人和获准开展药物临床试验的药品注册申请人开展药物警戒活动的指南。《药物警戒质量管理规范》的出台是我国药物警戒制度实施的一个里程碑事件，扩充了药品不良反应报告与监测工作，统筹了临床试验风险管理与上市后风险管理，同时接轨国际药物警戒制度，推动药物警戒交流与合作。

二是加强检查与稽查互动衔接。药品生产经营检查与稽查执法是药品安全监管的两个重要环节，检查可以为稽查发现案件线索固定证据，稽查可以降低企业风险，阻止违法事件的发生。2021 年 5 月，国家药监局发布了《药品检查管理办法（试行）》,② 该办法强化药品检查与稽查的衔接，建立了两者衔接与互动的方式与方法，对药品监管人员强化检查与稽查大局观念、做好检查与稽查衔接工作有很强的指导意义。

三是创建应急审评工作方案及机制。疫情给我国药品审评工作带来巨大考验，这是对审评审批制度改革的实践检验。为了确保新冠疫苗、新冠药物

---

① 国家药监局：《药物警戒质量管理规范》，https：//www. nmpa. gov. cn/yaopin/ypggtg/20210513151827179. html。

② 国家药监局：《关于印发〈药品检查管理办法（试行）〉的通知》，https：//www. nmpa. gov. cn/xxgk/fgwj/gzwj/gzwjyp/20210528171603115. html。

审评工作经得起检验，药品审评机构创新了一套新的审评方式——在前期工作基础上进行沟通交流，对立项评议的申请、审评咨询 24 小时予以答复。审评会经过评议以后，按照要求请专家评议组进行评议，符合要求的列入审批程序。受理以后，技术审评工作按照程序要求在 15 天完成。同时，药品审评机构成立了专项的审评团队，设立了 A/B 岗，保持工作的连续性。

（三）全面推进审评核查分中心机构及制度建设

2020 年 12 月，国家药品监督管理局在长三角和大湾区设立了四个药品医疗器械审评检查分中心。① 审评检查分中心的建立是服务支持医药产业高质量发展的重要举措，不仅有利于高效推进长三角、大湾区医药产业的发展，还有利于我国药械审评审批的制度创新、探索新的工作机制。分中心成立之后，审评检查工作已经取得积极进展，主要体现在以下两个方面。

一是探索主动对接、全程指导的审评工作机制。分中心按照“统一审评体系、统一业务流程、统一审评尺度”原则，加快推进分中心各项业务和建设工作。药品长三角分中心在官网新增长三角申请人之窗板块，主要解答企业在临床试验方案设计、原辅包关联审评、药品上市后变更等方面的重点问题，引导企业不断提升药品质量。与此同时，分中心还主动提供“一站式”指导培训，及时梳理企业提出的相关问题。

二是建立统一审评核查体系。长三角审评核查分中心逐步建立了各类药品注册核查工作程序与标准。结合资源与能力评估情况，截至 2021 年 6 月，长三角分中心已经承接了 33 个品种的核查任务。② 这些工作缓解了长三角区域繁重的核查任务，加快了药品注册速度，及时督促企业落实主体责任，为人民群众用药安全保驾护航。

---

① 国家药监局：《长三角、大湾区四个审评检查分中心挂牌成立》，https：//www. nmpa. gov. cn/yaowen/ypjgyw/20201223203834129. html。

② 国家药品监督管理局：《药品审评检查大湾区分中心稳步推进审评、检查相关业务工作》，https：//www. nmpa. gov. cn/yaopin/ypjgdt/20210702110732198. html。

（四）加速建设药品智慧监管体系

药品智慧监管是信息技术与药品监管融合的创新监管方式，主要是运用数字化、移动化等新型监管手段，提升药品监管工作效能。例如电子证照的应用、疫苗生产数字化管理、医疗器械审评审批电子化管理这些监管手段的创新提升了药品监管工作效能。2021 年，我国在药品监管数据平台建设、“互联网+政务服务”平台建设等方面取得重要进展。

推进药品监管数据平台建设。药品监管数据平台是我国药品监管信息化建设技术与应用框架的组成部分。各级药品监管机构也在积极筹建。例如浙江省药监局探索药品安全智慧监管的新模式、新工具、新方法，全面开展“数字药监”建设，药品安全治理现代化水平不断提升。“黑匣子”工程是智慧监管的一个重要成果，其工作原理是通过数字化手段，收集药品生产过程的重要质量参数，并设立数据分析模型，如收集到超警戒数据，系统可进行风险预警。通过“黑匣子”工程等实现智慧监管，帮助企业提升质量监管能力和水平，促进企业落实质量安全主体责任，强化药品生产风险管控。

提升监管机构政务服务水平，推进“互联网+政务服务”平台建设。为贯彻国务院的决策部署，各地药品监管部门探索启用“互联网+政务服务”平台，优化药品、医疗器械、化妆品受理、审批等服务。例如安徽省药品监管部门创建了药品许可备案系统，全省药械化政务服务事项一网通办、全程网办。[①] 探索计算机审批与人工审批结合模式，针对药品生产企业名称变更、药品生产企业法人变更等信息尝试采用计算机审批，提升审批服务效率。为相关企业提供了高效、精确的政务服务。

（五）健全药品监管国际交流合作机制

我国药品监管机构积极参与各类国际药品安全活动，在管理措施和监管

---

① 国家药监局：《“2021 药品数智发展大会”在安徽合肥召开》，https：//www. nmpa. gov. cn/directory/web/nmpa/yaowen/ypjgyw/hyxx/202109 29092028171. html。

要求上向国际标准看齐，最大程度激发药品产业创新活力。2021 年，我国在疫苗监管、药品检查等领域深化国际合作，着力提升药品监管国际化水平。

一是推进中国药品注册管理制度与国际接轨。中国在加入国际人用药品注册技术协调会（ICH）后，成立了专门的 ICH 工作办公室，负责 ICH 指导原则的转化实施、议题协调、相关的培训以及与 ICH 秘书处的具体联络。截至 2021 年 6 月，我国通过发布 ICH 指导原则适用及推荐适用公告、发布 ICH 指导原则原文中文版等形式，转化实施 46 个 ICH 指导原则，并派出 69 名专家深入参与 ICH 议题协调工作。① 这将有力推动中国药品开发和医药创新，深化中国药品审评审批改革，提升中国药品监管能力建设国际化水平。

二是药品检查管理体系与国际接轨，申请加入药品检查合作计划（PIC/S）。药品审核查验是对药品研制现场、生产现场进行检查，查看有关质量管理规范执行情况。不同的国家制定的药品质量管理规范有所不同，内容存在一定差异，这就导致每个国家药品检查的标准和尺度也各不相同。我国药品监管部门非常重视药品检查工作，PIC/S 是国际药品认证合作组织，该组织的主要任务是制定统一的药品生产质量管理规范，并建立各国药品监管机构检查互信。我国申请加入 PIC/S 是实现多边药品质量认证的需要，促使国内制药企业提升质量管理水平，减轻药品监管部门对生产现场重复检查的负担，同时也有益于药品出口以及参与国际采购。

三是加强疫苗监管政策国际沟通合作。我国药品监管部门广泛开展疫情防控合作，密切跟踪抗疫国际监管动态，及时分享抗疫产品监管规范，协调解决防治物资进出口。2021 年，我国有多款新冠疫苗产品被列入世界卫生组织紧急使用清单（EUL），截至 2021 年 12 月，我国已向国际社会提供超 18 亿剂新冠疫苗②。

---

① 国家药监局：《国家药监局连任国际人用药品注册技术协调会（ICH）管理委员会成员》，https：//www. nmpa. gov. cn/yaowen/ypjgyw/20210603221729176. html。

② 《新华全媒+丨兼济天下的大国担当——中国向国际社会提供超 18 亿剂新冠疫苗》，https：//baijiahao. baidu. com/s？ id = 1718020479 701892026&wfr = spider&for = pc。

二 2021年药品监管体制改革主要亮点

2021年，药品监管部门认真落实习近平总书记“四个最严”要求，坚持以人民健康为中心，推进以临床价值为导向的药品审评审批改革，全面落实监管科学行动计划，切实保障人民群众用药安全有效。

（一）四个最严：坚守药品质量安全底线

2021年，药品监管部门全力服务保障疫情防控大局，攻坚克难，强化药品风险管控，严守药品安全底线，着力完善疫苗、中药重点产品监管机制，提升监管效能。

加强新冠疫苗的注册和上市后监管。一是明确要求，加强部署。在2021年全国药品注册管理和上市后监管工作会议上明确指出要全力推进疫苗药品应急审评审批，抓好新冠疫苗质量监管。二是加强督导检查，保证产品安全。由国家局领导带队分赴承担新冠疫苗生产供应任务的省（市）开展督导检查，强化疫苗生产流通企业主体责任意识，切实保障疫苗生产、流通环节质量安全，同时要求属地监管部门加大监管力度，及时发现风险隐患。三是加强疫苗批签发管理。疫苗批签发是疫苗安全监管重要的法律制度，2021年国内外对疫苗需求激增，这给我国疫苗生产和批签发带来严峻考验。国家药监局高度重视药品检验检测机构疫苗批签发能力建设问题，实地考察上海市食品药品检验研究院，要求保质保量做好批签发工作。

强化中药安全监管，促进中药高质量发展。2021年我国药品监管部门发布了多项规范性文件，加强中药安全监管。一是关于中药配方颗粒质量监管。中药配方颗粒标准的制定是质量监管的核心工作。2021年，国家药监局颁布第二批中药配方颗粒国家药品标准，中药配方颗粒国家药品标准充分体现中药质量的控制特点和质量全程管控理念，推动中药配方颗粒生产企业逐步完善和提高标准，提高中药质量整体控制水平。二是关于已上市中药说明书的监督管理。受中药使用习惯等多方面因素影响，长期以来，人们往往忽视中药上市后安全性问题。中药说明书是风险沟通与交流的载体，在风险管理中有着非常重要的作用。目前，已上市中药说明书存在信息不完整、内容简单化、表述不规范等问题。《已上市中药说明书安全信息项内容修订技术指导原则（征求意见稿）》的发布将督促企业加强中药不良反应监测和上市后研究，指导企业顺利完成中药说明书的修订工作。

（二）患者为中心：以临床价值为导向的监管制度设计

近年来，国家药监局通过法规和指导原则制修订、提升优先审评效率、加快境外已上市临床急需新药审评、制定默示许可制度等方式，实现了创新药物批准数量的快速提升。虽然创新药审批上市加速，但我国药品审评审批依然没有摆脱重复申请带来的各种困扰，主要体现在药品研发基础相对薄弱、产品同质化问题较为突出、企业对临床价值探索不充分。国际经验表明，临床研究的策略、规划和设计应该基于临床价值的探索而不是以注册为目的。为实现药物创新的量质齐升，药品监管部门制定了一系列专项政策，树立以临床价值为导向的新药研发和科学监管的理念。《中华人民共和国药品管理法》第 16 条指出“国家支持以临床价值为导向、对人的疾病具有明确或者特殊疗效的药物创新”。2021 年国家药监局继续推进以临床价值为导向的药物研发制度建设，制定了《以临床价值为导向的抗肿瘤药物临床研发指导原则》（以下简称《指导原则》），以落实以临床价值为导向、以患者需求为核心的研发理念，促进抗肿瘤药科学有序地开发。①

上述《指导原则》指出新药研发的核心目标是满足患者的治疗需求，应该充分了解患者的需求，引导药物研发，鼓励申请人扩展思维，积极与监管机构进行沟通交流，开展更符合患者要求、更保障患者利益和安全、更反

① 国家药监局药审中心：《关于发布〈以临床价值为导向的抗肿瘤药物临床研发指导原则〉的通告》，https：//www. cde. org. cn/main/news/viewInfoCommon/ef7bfde96c769308ad080bb7ab2f538e。

映药物临床价值的临床试验。《指导原则》的出台标志着新药研发供给侧改革的开启，从药品监管部门的角度出发，推进以临床价值为导向的研发政策，将提升新药的审评要求，加速对新工具、新方法和新标准的应用，有力推动中国新药从量变到质变的飞跃。同时，医药行业中创新型企业在研发方面的领先优势将得到进一步巩固，但抗肿瘤等药物审评审批标准趋严，对药物的临床试验立项、设计、开展提出了更高的要求。

（三）科学监管：推动监管事业可持续发展

药品监管科学研究目的是增进药品监管的科学性、前瞻性和实用性。围绕创新、质量、效率、体系、能力五大主题，国家药监局推动监管理念制度机制创新，加快推进我国从制药大国向制药强国转变。这其中，监管科学研究是药品监管部门提升监管效率和保障公众用药安全的基础。为加快药品监管科学研究，国家药监局稳步推进药品监管科学行动计划，形成了以重点项目监管、监管科学研究基地、国家重点实验室“三位一体”的支撑创新体系。在监管科学重点项目管理方面，2021 年 6 月，国家药监局发布了中国药品监管科学行动计划第二批重点项目。① 第二批重点项目以“二品一械”监管问题为导向，设立了新发突发传染病产品评价研究、中药有效性安全性评价、新型生物材料安全性有效性评价等项目，与之前第一批项目比较，研究目标更加明确、研究内容更加细化、预期成果更加清晰。在监管科学基地建设方面，2021 年，国家药监局新认定 2 家监管科学研究基地，截至 2021 年底，国家药监局已经设立 14 家监管科学研究基地，布局覆盖中药、医疗器械、化妆品、真实世界研究领域。在监管科学重点实验室认定和建设方面，2021 年国家药监局认定并公布 117 家重点实验室，致力解决基础性、关键性、前沿性、战略性技术问题。我国监管科学的进步与发展还应该注重基础设施建设，例如临床研究设施、研究社区、计算机和信息化基础设施

---

① 国家药监局：《关于实施中国药品监管科学行动计划第二批重点项目的通知》，https：//www. nmpa. gov. cn/xxgk/fgwj/gzwj/gzwjyp/20210628 172854126. html。

等，我国海南省真实世界数据研究院开发建设了海南真实世界数据平台，这是监管科学新工具、新方法的重要实践和探索。

三　药品安全监管体制改革展望

新发展阶段的药品安全监管体制改革，要坚持以人民健康为中心，促进药品产业高质量发展，提升药品监管现代化水平，守护人民生命安全、身体健康，不断实现人民对美好生活的向往。

第一，坚持统筹协调，优化药品安全治理体系。药品安全治理是一个持续的过程，应形成多元、双向、动态的治理体系。一是在纵向上，强化一体推进，各级药品监管部门坚持全国“一盘棋”。国家、省、市药监部门要加强联动，围绕药品监管战略目标建立健全统筹协调、分工负责、相互配合、执行有力、覆盖全面的药品监管工作机制。特别是串联起药品的研发、生产、流通、使用的全链条监管。二是在横向上，促进药品安全监管相关部门高效协同，处理好药品监管与市场综合执法的关系，加强与公安、海关等部门合作，强化跨部门、跨区域联合执法。

第二，全力促进医药产业高质量发展。目前，医药产业不断探索与实践新兴技术，加速了新药的研发和上市。例如纳米制剂、基因工程药物等，这些制药的新工艺、新技术、新方法都需要有适合产业发展和产品创新的监管制度相匹配。一方面是制定统一的战略目标，加强药监、医疗、医保联动。医药产业的高质量发展不仅需要药品监管部门政策推动，还需要知识产权、医保、卫健部门的组合政策部署。例如罕见病药物研发及上市使用，需要制定罕见病药物审评审批制度、明确罕见病药物专利实施许可路径，推进罕见病药物纳入医保报销等。一系列支持政策相互配合，才能确保罕见病药物的创新和供应保障。另一方面，可积极探索产业升级发展的监管政策试点。研究区域性药品与医疗器械审评审批的制度和创新监管政策，支持长三角和大湾区医药产业升级发展，推动关键核心技术攻关，着力解决制约我国医药产业发展的“卡脖子”问题，打造出有国际竞争力的创新性企业。

第三，全面加强药品应急体系和能力建设。新冠肺炎疫情的防控对我国药品应急体系和能力建设提出了新的要求，我国药品应急管理机制还需要进一步完善。一是建立药品短缺监测预警，完善药品短缺报告制度。我国已经建立药品短缺监测机制，但药品供应和价格监测预警不够及时灵敏，短缺药品采购、储备、使用、监管等政策有待细化完善。在疫情防控期间，应当对防护产品、抢救危重病人的药品和器械进行监测预警，同时要求制药企业完善药品短缺报告制度。二是完善药品应急管理制度。优化药械应急审评审批制度，包括紧急授权使用、附条件上市等制度。同时加强应急药械上市后风险管理，包括附条件上市和紧急使用药品的不良反应监测、风险评估、风险干预、暂停使用、召回撤市等。三是加强药品安全应急管理能力建设。完善药品安全应急管理规划、预案及法律法规，制定药品监管应急管理年度培训计划，创新培训方式，探索线上线下融合的应急演练方式，建设应急预案库和应急案例库，组织开展应急管理理论和学术交流等。

第四，构建满足监管要求的检查员队伍体系。一是统筹规划国家、省两级药品检查机构建设。国家层面上，要加强国家药品与疫苗检查机构建设；省级层面上，要统筹地方资源，优化检查员队伍编制结构。可根据地方药品监管需求，探索设立地（市）一级药品职业化检查员。二是强化国家、省两级职业化专业化药品检查员队伍建设，提高检查员的现场检查能力。检查员岗位的招聘需要考虑企业工作经验，应了解和熟悉企业质量管理体系运行情况。在实际工作中，应加强药品相关业务知识和法律法规的学习，组织开展模拟检查和研讨交流等。三是完善检查员队伍管理制度。在检查员培训管理方面，应该建立职业化专业化检查员培训计划与培训大纲，明确检查相关标准、统一检查尺度，提升检查员能力和水平。在检查员人事管理方面，应健全检查员激励和约束机制，尝试建立检查员专属职称。

第五，推进药品安全社会共治。药品安全监管需要统筹各方资源，推动社会多元主体共同参与、共担责任、共同保障、共建共享，加快形成社会共治格局。主要包括以下几方面工作：一是让药品社会共治理念深入基层。在乡镇街道积极开展药品安全治理宣传，召开药品安全法律法规专题讲座对辖区内居民进行普法宣传，让药品安全共治理念深入人心，着力建设人人有责、人人享有的药品安全社会治理共同体。二是加快完善药品安全社会共治机制。积极推进药品安全激励与约束、自律与他律、投诉举报和信息公开等机制建设。三是多维度协同联动，形成药品安全社会共治格局。构建药品安全社会共治格局一方面要落实党政同责，加强药品监管部门与其他部门协作，形成监管合力；另一方面需要社会组织积极参与药品安全共治，充分发挥行业协会、新闻媒体、志愿者队伍的各自优势及作用。综上，只有强化药品安全治理理念，建立健全有效机制，形成药品安全社会共治格局，才能真正推动药品治理迈上新的台阶，有效破解药品安全难题。

B.22
2021年中国食品安全监管体制改革和政策创新

刘 媛*

摘 要： 2021年中国食品安全监管体制改革呈现守安全、保供给、促发展、树风尚等特点，在食品安全协同治理、食品安全标准修订、新型食品安全问题监管、食育体系建设方面取得进展。随着全面建设社会主义现代化国家新征程的开启，食品安全监管体制改革也将进入高效能治理和高质量发展的新阶段。

关键词： 食品安全监管 监管体制改革 食品安全标准 协同治理

2021年，食品安全监管体制改革与政策创新深入推进，食品安全形势稳中向好，食品安全控制体系得到更好的组织与设计。同时，在食品安全协同治理、食品安全标准修订、新型食品安全问题监管、食育体系建设等方面取得了积极进展。

一 2021年中国食品安全监管体制改革与政策创新总体趋势

2021年初，国务院食品安全委员会第三次全体会议提出，要围绕解决

* 刘媛，内蒙古党校（行政学院）公共管理教研部副教授、副主任，中央民族大学民族学与社会学学院博士生。

老百姓关心的食品安全突出问题部署2021年度重点工作。回顾2021年食品安全监管体制改革与政策创新，其总体按计划持续推进，在食品安全协同共治、坚持食品安全标准、把好“从农田到餐桌”每一道防线、严查重处食品行业违法行为等方面取得重要进展。可以说，食品安全监管体制改革效能持续彰显。

（一）以协同共治促监管效能提升

食品安全拥有广泛的利益相关者。食品安全协同共治有助于解决相对有限的行政监管资源与相对无限的监管对象之间的矛盾，充分发挥多元主体力量，整合监管资源，弥补单一监管不足和市场失灵。综观2021年食品安全监管体制改革深化与政策创新，“协同治理”成为关键词之一，表现为部门间协同、多元主体间协同、区域间协同以及食品安全源头与过程的城乡协同。食品安全协同共治在主体、过程、方式、范围等各方面均取得实质性进展。

1. 多部门协同促进食品安全态势稳中向好

食品安全保障水平提升是多部门协同监管的结果。2021年全国食品安全宣传周由国务院食品安全办、中央文明办、中央网信办、高检院、教育部、工业和信息化部、公安部、农业农村部、商务部、文化和旅游部、卫生健康委、海关总署、市场监管总局等26个部门共同主办。多部门合作有利于覆盖食品安全监管全过程。在2021年的全国食品安全宣传周上，最高人民检察院、公安部、农业农村部、市场监管总局从法治守护“舌尖安全”、重拳打击食品安全犯罪案件、农产品监测合格率、食品抽检不合格率等方面以数字诉说的方式呈现“最严监管”食品安全的效果。①

2. 多元主体共建共享食品安全治理体系

多元主体参与食品安全治理，不仅有助于缓解政府监管的压力、降低治

---

① 根据国家市场监管总局公布的信息，2021年上半年，全国市场监管部门完成食品安全监督抽检1808640批次，依据有关食品安全国家标准等，检出不合格样品42412批次，总体不合格率为2.34%。

理成本，而且还有利于提升人民群众参与程度和满意度。例如“小饭桌”治理一直是群众关心的食品安全问题。但是，出于种种原因“小饭桌”一直面临关不得也管不好的尴尬局面。2021 年，厦门市市场监管局（市食安办）推动形成各级政府、监管部门、教育部门、家长、社会各界共同发力的“五维共治”格局。教育部门负责组织中小学校，各中小学校发动家长广泛提供线索，让真正需要、知情的需求侧发声，协助开展“小饭桌”摸底调查、信息公开工作，全面摸底备案，精准掌握信息，打破“小饭桌”信息壁垒。各乡镇（街）负责开展宣传教育、培训考核等，组织村居食品协管员落实登记建档、检查指导、评分评级，“小饭桌”食品安全评分评级结果在全区学校公开。监管部门充分运用信用监管工具，倒逼“小饭桌”进行供给侧改革。厦门市从需求侧和供给侧疏堵结合治理“小饭桌”的做法，就是多元主体协同共治的生动实践，并且取得了积极成效。经过第三方机构调查，2021 年厦门市人民群众食品安全满意度比 2020 年提升 22 个百分点，达到 87.6%。①

3. 密切跨区域协同治理保障工作联动

随着食品行业快速发展和消费者的多样需求，食品产业链条更长、风险点更多、业态更新颖，风险的跨地域流动性和溢出性更凸显。因此，区域间多层级多内容协同成为应对食品安全风险的重要举措。食品安全监管既有省内跨市也有跨省区域协同合作，既有风险预警也有应急联动等机制性的合作。例如，为推动京津冀检验检测认证监管协同发展，北京市市场监管局、天津市市场监管委员会、河北省市场监管局联合开展了区域检验检测认证监管协同发展工作②。为推进长江三角洲地区的食品安全诚信合作，相关部门共同创建食品安全风险预警交流合作机制，联合发布了 12 起失信惩戒典型案例，凸显违法惩戒与警示震慑作用。同时为推动长三角区域信用体系建设一体化，还签署了食品安全领域严重违法生产经营者黑名单互认合作协议。

① 《厦门食品安全群众满意度最高达 87.6%》，《中国食品安全报》2021 年 4 月 22 日。

② 《京津冀检验检测认证监管协同发展》，http://hebei.hebnews.cn/2020-08/02/content_8033134.htm。

此外，农业农村部已表示将建设重点区域农产品质量安全追溯体系，并在京津冀、长三角和粤港澳大湾区三大战略区先行先试，发挥示范引领作用。①

（二）以标准建设促食品安全科学发展

食品安全标准体系作为食品安全法律法规的重要组成部分，也是食品生产、流通、使用过程中衡量质量安全与否的重要标尺。对监管部门而言，食品安全标准是监管部门监督检查、执法的主要依据和重要措施。2021 年食品安全标准体系建设仍以“最严谨的标准”为主基调，在完善标准体系、聚焦重点领域、优化制定程序等方面持续发力。

1. 聚焦民生重点领域食品安全标准建设

2021 年 9 月，国家市场监管总局（国家标准委）围绕农副产品、百姓生活相关领域，集中发布了一批重要食品安全国家标准，具体包括《畜禽肉分割技术规程猪肉》国家标准、《冷却肉加工技术要求》国家标准、《畜禽肉品质检测近红外法通则》国家标准、《家禽孵化良好生产规范》国家标准、《果品质量分级导则》国家标准、《结构用竹集成材》国家标准。其目的是填补民生重点领域食品安全标准的空白。

2. 强化致病菌管控标准建设

2021 年广西、安徽校园食源性疾病的暴发再次表明，食源性疾病仍然是我国头号食品安全问题，因此预防和控制食品中的致病菌污染是食品安全风险管理的重要内容。2021 年，国家卫生健康委员会、农业农村部发布食品安全国家标准 108 项，包括致病菌限量、农药残留限量、速冻面米与调制食品以及餐饮服务通用卫生规范等。此外，国家标准化管理委员会、国家市场监督管理总局发布 17 个国家标准发布公告，包括《饼干质量通则》、《面包质量通则》、限制商品过度包装等多项推荐性标准。

---

① 中华人民共和国农业农村部：《关于政协第十三届全国委员会第四次会议第 0613 号（农业水利类 053 号）提案答复的函》，http：//www.moa.gov.cn/govpublic/ncpzlaq/202109/t20210901_6375375.htm。

3. 优化标准制定程序

食品安全国家标准应秉持保障公众身体健康的宗旨，坚持科学合理、安全可靠的原则，在标准制定的过程中拓宽参与渠道，广泛听取标准相关方意见与建议，鼓励社会公众、企业法人和其他相关组织积极参与。2021 年，国家卫生健康委员会等单位公开对食品添加剂使用标准、预包装食品营养标签通则等 142 项食品安全国家标准征求意见。在疫情常态化防控过程中，冷链食品标准成为新的突出问题。一些地方充分调动企业、行业协会、科研机构等相关单位参与标准化工作的积极性，多次组织召开标准研讨会，广泛开展行业调研和征求意见工作，对标准条款进行多次修改完善。

（三）适应新形势，不断提升安全能力

城乡居民消费偏好、模式的变化以及疫情冲击，催生了我国食品行业新模式新业态，加强对它们的监管成为新的课题。

1. 加强对餐饮外卖业的监管

新冠肺炎疫情带来的社交距离加速了餐饮外卖的增长。据统计，2021 年我国在线餐饮外卖人均支出在整体餐饮消费支出中的占比达 21.4%，同比增加 4.4 个百分点。[①] 截止到 2021 年 6 月，中国网上餐饮外卖用户规模达 4.69 亿人，纯外卖形式的餐饮企业也逐渐在市场中占据一席之地。[②] 餐饮外卖安全的关键在于线下实体运作。近年来，济南市小龙坎火锅店使用黑作坊加工假冒“鲜鸭血”、北京市华莱士快餐店炸鸡掉地后继续使用、郑州市蜜雪冰城奶茶店使用过期食品原料、深圳市杨国福麻辣烫店汤料污秽不洁、北京市“奈雪的茶”奶茶店加工时使用腐烂水果、济南市大润发超市发臭隔夜肉洗了再卖等事件引发社会关注。针对网络餐饮虚拟性和跨地域性等特点，2021 年，各级市场监管部门探索建立线上线下协同监管工作机制，通

① 国家信息中心：《中国共享经济发展报告（2022）》，http://www.sic.gov.cn/News/568/11277.htm。

② 中国互联网络信息中心：第 48 次《中国互联网络发展状况统计报告》，http://www.cnnic.net.cn/hlwfzyj/hlwxzbg/hlwtjbg/202109/t20210915_71543.htm。

过对网络餐饮服务第三方平台证照公示情况等开展线上监测，开展线下无证餐饮综合治理，加大抽检力度，全方位加强监管。

2. 规范网络食品行业安全发展

近年来，网络交易成为食品行业发展的新动力，食品消费新模式、新业态层出不穷。网络经济的迅猛发展对稳定增长、促进消费与扩大就业发挥了重要作用。但是，食品原材料来源隐蔽、产品流出分散、销售渠道复杂多元，网络直播销售放大了上述风险，给食品安全监管带来了新的挑战。2021年4月，市场监管总局发布网红直播带货销售有毒有害食品案等3起典型案例。这3起案例显现了食品消费新模式、新业态下的食品安全风险之隐蔽，传播速度之快、涉及范围之广、涉案金额之大，令人触目惊心。[①] 越来越多的"三无"食品借助社交平台，披着网络经济的"外衣"，悄悄流入消费端，引发食品市场乱象。对于网络经济等新事物，既要鼓励创新发展又要严守安全底线，坚持包容审慎、线上与线下一体化的监管原则，2021年3月15日，国家市场监督管理总局发布了《网络交易监督管理办法》和《网络直播营销管理办法（试行）》。以上办法的出台对完善多元主体参与、有效协同治理、规范有序的网络交易市场治理体系起到了政策保障作用。对网络经济中切实关注的网络经营主体的登记行为、网络平台经营者的主体责任、网络消费者的权益保障、个人信息保护等重点问题相应作出明文规定。

（四）以食育体系建设促健康中国战略实施

当前我国正处于城乡居民膳食结构升级的关键时期，加强食育体系建设不仅有利于助推城乡居民改善饮食结构和生活方式，并且有利于减少食物浪费，减少由不科学饮食习惯诱发的健康风险隐患，同时对保障粮食安全也有帮助。何为食育？简而言之为食品教育，包括体育、智育和才育三方面内容。通过食品知识培养与能力建设，可以促进消费者主动学习饮食相关知

① 王某等人采购西布曲明等原料，制作"酵素""绿 so 糖果""综合果蔬酵素压片糖果"等减肥产品，设立网红工作室，编剧、拍摄短视频，并在全国各地通过快手等平台网红直播带货销售，涉案金额达1亿元，销售网络涉及河南、浙江等22个省份。

识，提升其选择营养健康食品的能力，是实现健康中国战略和倡导健康文明生活方式的重要途径。当前我国食育还处于起步和探索的阶段。2021 年，我国在加强立法、建立食育的长效机制、引领食品安全风尚等方面都取得了一定成效。

1. 加强立法与政策支持

2021 年 4 月 29 日颁布的《中华人民共和国反食品浪费法》以餐饮消费为切口，聚焦食品反浪费、促节约、严管控，积极培育公众形成健康文明、资源节约且环境友好型的食品消费方式，并提倡简约适度、绿色低碳的生活方式。2021 年 9 月 8 日，国务院印发《中国儿童发展纲要（2021—2030 年）》。该纲要紧紧围绕儿童与健康、儿童与安全、儿童与教育、儿童与福利、儿童与家庭、儿童与环境、儿童与法律保护 7 个领域，共提出 70 项发展目标和 89 项实施举措。特别是在儿童健康领域，提出加强食育，引导儿童形成科学均衡的饮食习惯，促进吃动平衡，预防并有效控制儿童超重与儿童肥胖等问题，突出强化学校、幼儿园等教育机构的健康教育与膳食平衡的指导工作。

2. 推动学校食育建设

学校食育建设是食育体系构建的重要阵地。食育建设要从学生开始，注重树立学生科学的健康观，培养学生良好的饮食习惯，进而实现国民整体食品安全素养的提升。越来越多的地方政府重视推进食育工作。例如北京市卫生健康委与市教委联合发布通知，决定于 2021 ~ 2025 年开展中小学营养教育试点建设，进一步加强儿童青少年营养健康工作。如湖北省力争 5 年内建设 395 所省级营养与健康学校，切实推动营养与健康学校建设工作落地落实。

3. 营造全社会食育氛围

食育建设是一场人人参与、人人实践的社会化活动。广大公众是食育建设的参与者，也是食育建设的实践者，更是食育建设的受益者。2021 年全国食品安全宣传周的主题为“尚俭崇信，守护阳光下的盘中餐”，弘扬勤俭节约社会风尚，倡导民众节约、爱惜粮食，减少食物浪费，对促进食品安全进步意义重大。一些地方纷纷创新工作思路，营造社会食育氛围。例如江苏省靖江市市场监督管理局依托市城区人流量较大的天妃公园规划建设食品安全主题公园，引导社会各界关注食品安全，宣传食品安全，监督食品安全，支持食品安全工作，形成社会食育的浓厚氛围。

二　2022年中国食品安全监管体制改革与政策创新展望

市场监管体制综合化改革是监管体制与机制的整体性重构，涉及机构职能、共治方式、政策工具的整体性重构。2022 年，中国食品安全监管体制改革与政策创新的总体趋势是，不断满足新发展阶段人民群众对食品安全的要求，适应食品安全的供给侧与需求侧的动态变化，更加注重食品安全监管的高效能，推动食品产业高质量发展。

（一）育新机：新业态发展与包容审慎监管

食品消费需求的多样化与消费者对食品品质的追求，催生了食品产业的革命性重构和创新发展，新业态与新场景不断涌现。从食品种类看，休闲类食品和保健功能类食品需求旺盛。从消费场景看，线下与线上相结合，更容易激发消费热情。从消费渠道看，短视频电商和直播带货成为新的销售引擎。新事物伴随新机遇，新机遇带来新挑战。包容审慎监管成为面向新业态、新技术、新模式等新事物发展的基本监管原则与理念。也就是说，新事物监管既要守好底线，又要划定边界，还要留有空间。对那些不触碰安全底线但仍处于探索发展阶段的新业态、新模式、新技术等新生事物，我们要以包容的原则为其发展提供良好的营商环境，为新生事物提供成长的摇篮。对于新生事物发展要允许出现不碰触安全底线的试错发展空间，给予边发展、边纠正的审慎监管空间。同时，对新生事物的发展要严守安全底线，一旦发现不法行为要坚决予以打击，不留法外之地。

（二）强标准：动态迭代与贴合实际

一是继续发挥食品安全标准的标尺作用。食品安全标准不仅涉及食品产业本身，还涉及农业、营养、卫生等诸多领域。食品工业日益专业化与复杂化，食品安全标准体系构建有大量前期研究基础，特别要结合当前突出食品安全问题，如农药残留量、兽药残留量、致病菌、转基因产品等检验检测方法的标准研究，从而不断提高食品安全标准的科学性与可操作性。

二是充分发挥食品安全标准的引领作用。食品安全标准需要动态调整，更新迭代要以新技术、新业态、新产业等新发展需要为基准，提高食品安全标准的及时性，为技术进步、业态发展、产业升级提供良好的制度基础，以食品安全标准引领产业发展。

三是多元主体共建食品安全标准体系。应进一步调动食品企业和利益相关方参与食品安全标准制定的积极性，拓宽参与标准制定的渠道，合理引导社会团体、行业协会等社会组织发挥自身优势，高效率制定团体标准，及时填补食品安全标准体系空白。

四是推进国内标准与国际标准相衔接。“十四五”期间，推进我国食品安全标准与国际标准相衔接，对打破贸易壁垒，解决食品安全标准所涉及的国际贸易争端，畅通国内国际双循环有积极意义。结合我国现有食品安全标准，充分利用国际贸易食品安全标准，根据实际经济发展需求，研究、制定适合国际通行的食品安全标准体系，并积极与国际惯例相接轨。

（三）提效能：监管工具升级与食品安全共治

2022 年政府工作报告提出，严格食品全链条质量安全监管。全领域、全过程监管对监管主体、监管手段、监管成效提出了新的要求，即明确监管主体、厘清监管客体、用好监管工具。

一是强化监管职责，建立跨部门综合监管体系，解决好“谁来管”的问题。建立全面、多层次、多部门的一体化监管体系利于解决食品安全多头监管的问题。综合监管体系旨在解决复杂社会事务的综合性与政府内部分工碎片化的矛盾，其本质是通过政府内部的部门间合作来弥补行政监督分权的局限性，整个制度的有效性取决于部门间合作的力度。[①] 食品安全综合监管体系是食品安全监管政策的决策和执行体系，需要跨越多个部门和各级政府，包括政府相关部门、食品相关行业机构、中介组织等，解决监管权力与安全权利的分散性矛盾。

第一，要继续深化“放管服”改革，明确跨部门综合监管事项清单。按照中央要求，行业主管部门严格履行监管职责，相关监管部门切实履行职责范围内的监管职责，地方政府全面履行地方监管职责，企业加强自我约束与管理。

第二，调动社会力量参与监管，积极发挥第三方平台作用，可尝试将资质审核、食品检验检测、食品安全风险评估、常规型监管等环节交由第三方平台和社会组织等共同完成。[②] 监管部门的工作重点是多方参与食品安全治理规则的设计与第三方平台的监督管理。

第三，拓宽公众参与食品安全治理渠道。健全食品安全公益诉讼机制、有奖举报制度及惩罚性赔偿制度，畅通公众表达利益诉求渠道，通过强化制度建设保护处于弱势地位的消费者，提高消费者维权与监督举报的积极性和能动性。

二是强化信用分级分类监管，科学区别监管对象，解决好“管什么”的问题。其一要建立行业信用评级分类监管体系。依据企业信用状况，对企业实行分类分级监管。在监管方式、抽查区域、抽查比例、检查频次等方面采取差异化监管措施，提高监管的精准性。其二要加强重点领域监管。对直接关系人民生命财产安全、公共安全的重点领域和社会风险隐患较大的领域实行有针对性的重点监管，防范化解重大风险。其三要提高信用信息使用效率。打破信息壁垒，畅通沟通渠道，根据市场发展需求和市场主体、行业区

① 颜克高、高淼：《利益冲突与技术限制：地方社会组织跨部门合作监管失灵的解释》，《中国行政管理》2019 年第 7 期。

② 刘鹏、李文韬：《网络订餐食品安全监管：基于智慧监管理论的视角》，《华中师范大学学报》（人文社会科学版）2018 年第 1 期。

域信用状况，向相关监管部门实时推送监测信息，增强信用信息大数据监测的风险预警功能。

三是坚持监管规范和促进发展两手并重，积极推进智慧监管，解决好“怎么管”的问题。一方面，以产业健康发展促进食品安全能力建设。要增强柔性化监管工具的使用，夯实市场主体责任，充分挖掘市场主体激励要素，借助信用监管、品牌塑造、媒体曝光等多方式，促进市场主体形成自我运作、自我约束、主动为食品安全负责的产业发展模式，以市场主体健康发展促进食品安全能力建设。另一方面，以智能监管提高监管实效。运用物联网、视频监控、卫星遥感等现代信息手段，建立全方位、立体化、多层次的食品安全监管体系。积极探索远程监管、移动监管、预警防控等智能监管模式，堵塞监管漏洞，提升监管效能。

参考文献

吴林海、李壮、牛亮云：《新中国70年食品工业发展的阶段历程、主要成就与基本经验》，《江苏社会科学》2019年第5期。

詹承豫：《中国食品安全监管体制改革的演进逻辑及待解难题》，《南京社会科学》2019年第10期。

霍龙霞、徐国冲：《走向合作监管：改革开放以来我国食品安全监管方式的演变逻辑》，《公共管理评论》2020年第1期。

B.23 2021年社会治安综合治理改革进展与2022年展望

张 超 王 凤*

摘　要： 2021年，我国社会治安综合治理改革取得了显著成效。在体制上，强化党的绝对领导，全面深化改革，加强自身建设。在具体实践上，着力构建"防未病""治轻病""控大病""打击犯罪"等运行机制。2022年社会治安综合治理应通过保重点、化风险、重协同、强基础、抓基层等举措，服务经济社会发展、防范化解重点领域矛盾风险、完善立体化防控体系，从而不断提升社会治安综合治理现代化水平。

关键词： 社会治安综合治理　体制机制创新　立体化防控体系

2021年我国社会治安防控体系建设不断推进，社会治安治理能力得到进一步强化和提升。社会治安综合治理的显著成效为经济社会大局持续稳定提供了有力保障，进一步增强了人民群众的获得感、幸福感和安全感，为"十四五"开好局、起好步奠定了良好基础。

2021年，人民群众对平安建设的满意度达98.62%。其中在"青年群体作为中国人感到最自豪的事项"中，"社会安全稳定"居于首位①。国家统

* 张超，博士，安徽省委党校（安徽行政学院）社会和生态文明教研部主任、教授，主要研究方向为社会治理、"三农"问题；王凤，硕士，安徽省委党校（安徽行政学院）乡村振兴教研部讲师，主要研究方向为社会治理、社会工作。

① 董凡超：《2021年人民群众对平安建设满意度达98.62%》，《法治日报》2022年1月17日。

计局调查也显示，2020 年我国群众安全感达 98.4%，2021 年上半年达 98.56%，呈逐年上升态势。15 个主要民生领域现状满意度调查中，全国居民对社会治安满意度最高。美国权威民调机构盖洛普发布 2021 年全球法律与秩序报告，中国在报告所列的国家和地区中排名第 2 位。

一　2021年社会治安综合治理改革进展

本文从法规政策、体制职能、工作机制等方面，分析 2021 年我国社会治安综合治理改革进展情况。

（一）法规政策方面

2021 年社会治安综合治理改革围绕统筹安全和发展，以高质量法治和政策供给引领经济社会高质量发展。

全面推进依法治国，充分发挥法治引领规范保障作用。一是深入贯彻落实《中国共产党政法工作条例》《中华人民共和国民法典》《中华人民共和国香港特别行政区维护国家安全法》等党内法规和国家法律。二是健全相关领域法律制度。2021 年 12 月 24 日，《中华人民共和国反有组织犯罪法》被表决通过，法律条文共 9 章 77 条，包括总则、预防和治理、案件办理等内容，为常态化开展扫黑除恶工作提供了法治保障。此外，注重预防性、前瞻性立法。例如有关部门密集出台一系列切实维护农民工劳动报酬权益的法规，解决拖欠农民工工资问题。2021 年 7 月，人社部等 10 部门联合印发《工程建设领域农民工工资专用账户管理暂行办法》；2021 年 8 月，人社部等 7 部门联合出台《工程建设领域农民工工资保证金规定》；2022 年 1 月，《拖欠农民工工资失信联合惩戒对象名单管理暂行办法》正式实施，开展欠薪失信联合惩戒名单管理、实施失信约束有了法律依据，拖欠农民工工资信用约束进入法治化新阶段。[①] 三是推动科学执法和公正司法。围绕营造市场

① 人力资源和社会保障部：《2021 年全国化解欠薪近 80 亿元》，http：//www.chinapeace.gov.cn/chinapeace/c100007/2022-01/28/content_ 12589731.shtml（2022-01-28）。

化、法治化、国际化营商环境，加强反垄断和反不正当竞争执法司法。围绕优化政法公共服务，准确贯彻《民法典》。围绕加快涉外法治工作战略布局，整合立法、执法、司法、法律服务等各方资源。

2021 年 8 月，《关于加强新时代检察机关法律监督工作的意见》出台，要求全面提升法律监督质量和效果，在推进全面依法治国、建设社会主义法治国家中更好地发挥检察机关法律监督的重要作用。2021 年 12 月 15 日，平安中国建设表彰大会在京召开，会议为推进更高水平的平安中国建设，规划出一条科学明晰的路径，会议对“统筹发展和安全”作了重点阐释，要求在认识上自觉增强统筹发展和安全的意识，在实践中落实发展和安全的一体化部署，在效果上实现发展和安全良性互动。

（二）体制职能方面

1. 加强党对政法工作的绝对领导

贯彻《中国共产党政法工作条例》，健全党领导政法工作体系。完善做到“两个维护”的制度机制，完善习近平总书记重要指示和党中央重大决策部署贯彻落实的督查问责机制，推动完善党委、政法委“协管”“协查”机制，健全完善执法检查、案件评查、纪律作风督查巡查等制度机制。截至 2021 年底，全国 3.9 万多个乡、镇（街道）已配齐配强政法委员 3.8 万多名。

2. 全面深化政法领域改革

2021 年 7 月 24 日，政法领域全面深化改革推进会在京召开，聚焦“责任体系”，研究推进执法司法责任体系改革和建设工作，着力提升执法司法质效和公信力。特别是结合党史学习教育，中央政法机关深入推进“我为群众办实事”“我为基层群众解难题”实践活动，推出重点项目 222 项，解决群众急难愁盼问题 326 万余件，出台为群众办实事项目 11.3 万余项。从部门来看，2021 年公安系统推出一系列改革和便民利民措施，包括开展机动车驾驶证电子化、优化驾驶证考试内容和程序等 12 项交管便民利企措施。司法行政部门开展志愿服务、普法宣传、法律咨询、护考护学、扶贫助学等“五进”活动，积极办理法律援助、法律咨询等。

3. 加强政法队伍建设

一是深入开展全国政法队伍教育整顿。运用“四种形态”处理处分违法违纪政法干警23万人；下大力气整治“六大顽瘴痼疾”；研究制定24项制度机制，中央政法机关出台指导政策和制度150余项，建章立制成效显著。二是健全社会治安综治机构职能体系。完善“综治中心+网格化+信息化”的基层社会治理体系。2021年底新增各级综治中心58.3万余个，当前共有网格员450万名。已基本实现网格化服务管理全覆盖，更多优势资源正向基层传导倾斜。[①] 三是开展区域社会治安联防联控。例如，2021年长三角区域警务一体化领导小组会议明确强化跨区域违法犯罪打击整治，探索建立远程办案协作机制，强化社会面整体防控，严格落实圈层防护，并探索建立水域治安防控和低空联防联控机制，深化省际道口查控协作，进一步健全完善长三角区域“水陆空”立体防控体系；优化跨区域“110”警情接处警制度，建立长江禁渔“110”警情联动处置、基础数据和信息互通共享等工作机制。

（三）工作机制方面

1.“防未病”：建立诉求表达、风险动态防控和心理疏导机制

一是畅通和规范群众诉求表达、利益协调、权益保障通道。一些地方积极打造公共法律服务实体平台，畅通群众寻求法律服务的途径。如安徽省全省已建成公共法律服务中心123个、乡镇（街道）工作站1512个、村（社区）工作室13945个，17542个村（社区）实现法律顾问全覆盖。同时推动警力下沉，实现一村（社区）一警，驻村（社区）民警到村（社区）任职全覆盖。通过坚持和发展新时代“枫桥经验”，来正确处理新形势下人民内部矛盾。二是开展风险动态化防控，加快社会治理从“被动响应”向“主动预见”转变。一些地方发布“平安指数”，涵盖政治、社会、公共、经济、网络等领域突出影响群众安全感、满意度的工作，对社会治安状况进行动态监测，通过指数分值高低客观反映属地社会平安状况，实现对社会风险

① 董凡超：《平安中国建设表彰大会会议精神解读》，《法治日报》2021年12月18日。

的敏锐感知、及时预警、提前干预、专项治理。三是健全社会心理服务体系和危机干预机制。国家将心理危机干预纳入疫情防控整体部署，明确针对不同人群的心理危机干预要点，这在2021年常态化疫情防控中发挥了重要作用。如济南市依托12345平台开通心理援助热线，提供心理咨询和心理危机干预服务。

2.“治轻病”：健全完善矛盾纠纷多元化解工作机制

2021年有关部门坚持和发展新时代“枫桥经验”，深入开展矛盾纠纷“大排查、大化解”专项行动，推动社会治安综合治理向基层倾斜，真正把问题解决在基层、把矛盾化解在萌芽状态，将非诉讼纠纷解决机制挺在前面。

分部门看，公安机关深化创建“枫桥式公安派出所”活动，积极推行“两队一室”“一村一警”等警务模式，不断提升基础防范和基层治理水平。铁路、民航公安机关持续强化治安问题源头治理，严厉打击霸座占座等违法犯罪活动，排查整治安全隐患。最高人民法院于2021年12月印发了《最高人民法院关于进一步推进行政争议多元化解工作的意见》，共五个部分24条，对人民法院在行政审判工作中参与诉源治理，推动矛盾纠纷多元化解的源头预防、前端化解等内容作出了规定。地方在实践中也特别注重源头预防化解矛盾纠纷。例如贵州省针对电信网络诈骗等违法犯罪，从斩断实施渠道入手，严把银行卡、电话卡“开卡关”。该省互联网反诈系统建成后，实现了对涉诈信息和涉诈电话的全网拦截，封堵诈骗网址330万个，拦截诈骗电话748万次，关停或限制功能涉诈号码259.4万个。

3.“控大病”：创新协同推进机制

一是稳步推进市域治理现代化试点。2021年8月20日，第二次市域社会治理现代化试点工作交流会在北京召开，研究部署了试点工作分类指导问题，明确科学实施“五分法”（地区分类、项目分解、任务分领、经验分创、责任分担），加强市域社会治理现代化试点分类指导。二是推进社会治安防控体系建设。如2021年公安机关以“示范城市”创建活动为牵引，深入推进社会治安防控体系建设，累计建成街面警务站1.6万个，日均投入50万警力开展巡逻防控，着力加强圈层查控、单元防控、要素管控。三是完善群防群治工作机制。坚持专群结合、群防群治，发动和依靠群众。

4. “打击犯罪”：扫黑除恶斗争行动常态化

2021 年，扫黑除恶工作从“专项斗争”转向“常态化打击”。公安机关打掉涉黑组织 195 个、恶势力犯罪集团 1086 个。紧盯人民群众最关切的违法犯罪问题，深入开展“云剑”“净边”“净网”“昆仑”“断卡”“猎狐”“团圆”等专项行动。其中，“团圆”行动已找回历年失踪被拐儿童 10932 名。有关部门加强社会治安重点领域、重点行业排查整治，依法严厉打击盗抢骗、黄赌毒、食药环、电信网络诈骗、涉枪涉爆、跨境赌博等影响群众安全感的违法犯罪，取得显著成效。其中，全国侦破食药环和知识产权领域刑事案件 6.6 万起，抓获犯罪嫌疑人 8.8 万名；实施禁毒“清源断流”战略，破获毒品案件 5.4 万起，缴获各类毒品 27 吨；自 2021 年 6 月以来电信网络诈骗犯罪案件连续 6 个月同比下降。全力打好网络犯罪歼灭战和网络空间生态治理战，共侦办侵犯公民个人信息、网络黑灰产等网络犯罪案件 6.2 万起。

总之，2021 年社会治安综合治理重在从风险防控角度深化平安建设，将传统“打、防、管、控”工作模式有效转化为“防、管、控、打”工作机制，打造矛盾风险防范、疏导、处置的全周期链条，纵深推进了社会治安工作，全面提升治安综合治理现代化水平，确保人民安居乐业、社会安定有序、国家长治久安。

二　2022年社会治安综合治理改革展望

2022 年 1 月，习近平总书记对政法工作作出重要指示，强调 2022 年要提升防范化解重大风险能力，完善执法司法政策措施，全面深化政法改革，巩固深化政法队伍教育整顿成果。当前全球不稳定不确定因素增多，我国社会治安面临新的情况、新的风险挑战。2022 年社会治安综合治理改革要围绕统筹推进疫情防控与经济社会发展、统筹发展和安全，包括如下重点任务。

（一）保重点：高质量围绕中心服务大局

一是做好冬奥会服务保障工作，并且为党的二十大胜利召开创造安全稳定的政治社会环境。二是统筹疫情防控和经济社会发展。严格落实“外防输入、内防反弹”要求，严密边境口岸管理防控措施，配合有关部门及时处置局部地区聚集性疫情。在疫情常态化背景下，科学、依法、精准做好防控。三是围绕构建新发展格局、美丽中国建设、国家实施重大发展战略等，助推打破行业垄断和地方保护以打通经济循环堵点，推动落实环境公益诉讼，对接发展需求，在重大项目风险评估、执法司法协同、完善法律服务等方面持续发力。四是推进相关领域全面深化改革。以执法司法权运行机制改革和建设为主题，健全完善政法机构职能体系、执法司法制约监督体系和责任体系、诉讼制度体系、政法公共服务体系；进一步巩固拓展党史学习教育成果，深化为群众办实事解难事，深化“放管服”改革、“互联网+社会治安综治”等改革，推进严格规范公正文明执法司法。

（二）防风险：深入推进平安中国建设

当前和今后一个时期是我国各类矛盾和风险易发期，各种可以预见和难以预见的风险矛盾明显增多。一是防范化解社会稳定领域矛盾风险。开展重大决策社会稳定风险评估，完善征地拆迁、涉法涉诉、涉疫、社会民生、家庭邻里等领域社会矛盾纠纷多元预防调处化解机制。推进领导干部接访下访，深化重复信访和信访积案攻坚化解，深入推进市域社会治理现代化。同时，工作重心下移、资源下投、力量下沉，坚持和发展新时代“枫桥经验”，努力把大矛盾大风险化解在市域、小矛盾小风险化解在基层、苗头性问题隐患解决在网格。二是防范化解公共安全领域重大风险。完善社会心理服务体系和危机干预机制。落实公安武警联勤武装巡逻和“1、3、5 分钟”快速响应机制，严格落实交通、消防等安全管理措施，强化人员密集重点场所和铁路沿线治安防控。三是推进新技术新业态风险防范化解。提高对新型风险识别预警防控能力，推动完善新技术新业态的事前事中事后监管机制。

完善相关法律法规，推动互联网平台企业依法规范发展。完善政法机关与金融机构、行业监管部门协同配合机制，高度警惕疫情影响下私募基金、网贷平台、长租公寓、资本无序扩张等风险。

（三）重协同：完善一体化防控机制

一是强化源头治理。未雨绸缪做好重点领域风险防范化解工作，完善人民调解、行政调解、司法调解等各类调解联动工作体系和衔接联动工作机制，推动建立“综合性”“一站式”调解工作平台。二是坚持依法治理。2022 年 1 月 24 日中央政治局审议通过《信访工作条例》，进一步规范和加强新时代信访工作，理顺信访工作体制机制。此外，着力提升法治服务能力，强化执法司法供给，以法治化优化营商环境。三是强化系统治理。横向上进一步强化区域联动、联防联动，纵向上优化“防管控打”综治工作机制。四是坚持综合治理。巩固扫黑除恶斗争成果，将人民群众生命财产安全放在首位，常态化开展打击黄赌毒、食药环、盗抢骗等违法犯罪，严防个人极端暴力事件，有效治理新型网络犯罪、侵犯公民个人信息犯罪等。巩固拓展党史学习教育成果和深化巩固政法队伍教育整顿成果，打造一支政治强、本领高、作风硬的政法工作队伍，围绕人民群众急难愁盼的问题，健全“我为群众办实事”长效机制。

（四）夯基础：提升立体化防控体系建设

打造以社会化、法治化、专业化、智能化为方向的社会治安防控体系升级版。

一是在主体上，坚持专群结合、群防群治。重视自治、法治、德治“三治融合”，推动资源下沉，加强城乡社区综合警务工作，联动公安、城管、物业、社区（村委会）、志愿者、社会组织等群体，充实专职治安巡查、警务辅助人员、平安志愿服务等队伍，形成多元参与格局。二是在方式方法上，继续完善“综治中心+网格化+信息化”基层社会治理体系。在此基础上，开展人防物防技防，善于将大数据等现代信息技术运用到风险预警、提前干预、矛盾化解、打击犯罪以及公共安全管理等基础工作中，与综治中心等部门信息互联互通，不断提升社会治安防控专业化、智能化水平。

（五）强基层：加强和创新基层综治

树立大抓基层的导向，推动更多力量向引导和疏导端发力，健全乡镇（街道）政法委员统筹协调工作机制，构建以管理网格化、服务精细化、信息化为支撑，开放共享的基层管理服务平台。一是补齐农村综治短板。应以平安中国战略和实施乡村振兴战略为契机，建立农村人员集聚场所安全风险监测平台，整合行业领域涉农安全监管资源，加强对包括农产品加工点在内的小微企业安全扶持。二是整合基层各类治理资源。推动开展矛盾纠纷大排查大化解专项行动，推行领导干部下基层接访，充分发挥群众、社会组织、市场作用，动员社会各方力量广泛参与平安建设，将矛盾纠纷解决在基层、化解在萌芽状态。

总之，2022 年社会治安综合治理改革要通过保重点、防风险、重协同、夯基础、强基层等举措，服务经济社会发展、防范化解重点领域矛盾风险、提升立体化防控体系建设水平、加强和创新基层综治，不断提升社会治安综合治理现代化水平，建设更高水平的平安中国、法治中国。

参考文献

刘超：《展现政法担当作为　书写合格履职答卷——2021 年我省政法工作综述》，《安徽法制报》2022 年 1 月 25 日。

韩俊杰：《促进公平正义　筑牢平安防线》，《人民日报》2022 年 1 月 25 日。

李光明、范天娇：《江淮大地劲吹“平安风”》，《法治日报》2022 年 1 月 25 日。

本书编写组编著《党的十九届五中全会〈建议〉学习辅导百问》，学习出版社、党建读物出版社，2020。

B.24
后　记

本书是中国行政体制改革研究会行政改革研究基金自 2013 年以来连续资助的第 10 本中国社会体制改革报告，从 2020 年起被纳入中共中央党校（国家行政学院）国家高端智库皮书系列，也纳入北京师范大学社会治理智库丛书。中国行政体制改革研究会首任会长、学术委员会主任，北京师范大学中国社会管理研究院/社会学院创始院长魏礼群教授一直关心和支持蓝皮书的编写与出版。中共中央党校（国家行政学院）公共管理教研部主任、中国行政体制改革研究会副会长兼秘书长王满传教授，中共中央党校（国家行政学院）科研部主任林振义和智库办主任王君琦对本书的编写和出版给予了指导与支持。

本书是集体合作的成果。主编龚维斌教授设计全书框架，并统修全部书稿。副主编赵秋雁教授协助设计框架和统校书稿。陈鹏副教授负责社会治理篇，李志明教授负责基本公共服务篇，杨丽副教授负责现代社会组织体制篇，胡颖廉教授负责公共安全与应急管理篇。每一位专题负责人都高度负责，与作者主动沟通联系，负责文稿的初审和前期编校工作；每一位作者都认真写作、积极配合、精益求精。本着文责自负的原则，编委会尊重每一位作者的研究成果，只是对文字和篇章结构进行一些必要的校订。因此，全书中有些方面的观点和数据可能在不同的报告中不尽一致。陈鹏等同志配合做了大量的沟通协调和服务保障工作。

社会科学文献出版社邓泳红女士、陈颖女士一如既往地对本书的编辑出版倾注了大量心血。

编委会

2022 年 6 月

Abstract

This book consists of five parts: General Report, Social Governance System, Basic Public Services, Modern Social Organization System, and Public Safety and Emergency Management. This book mainly reviews and summarizes the social system reform in 2021, analyzes the trend of the social system reform in 2022, and puts forward relevant policy recommendations.

2021 is a milestone year in China's historical development process. This year, we warmly celebrated the Centennial birthday of the Communist Party of China and successfully achieved the first Centennial goal of building a moderately prosperous society in all respects. This year is also the beginning of the 14th five year plan and the second Centennial goal. In the face of changes in the century and the epidemic situation in the century, China has made overall planning for development and security, maintained its "double global leading" position in economic development and epidemic prevention and control, successfully completed the expected goals at the beginning of the year, and achieved a good start in the 14th five year plan. In the field of social construction and social system reform, people's livelihood has been effectively guaranteed, and people's sense of gain, happiness and security has remained high; The social governance system has been continuously improved, and the social security and stability situation has continued to improve. First, social construction has progressed steadily, and the level of people's livelihood security has reached a new level. We will build a moderately prosperous society in all respects, push forward social development at a new starting point, make people's lives more prosperous, and make society more harmonious and stable. Second, we actively promoted reform in the social field, made new progress in social undertakings, achieved positive results in ensuring employment, continued to deepen education reform, improved the social security system, readjusted population policies in line with time and circumstances, and further improved the social assistance system and mechanism. Third, we will continue to promote the modernization of grass-roots governance and consolidate the foundation of national governance. In July, 2021, the Central Committee of the Communist Party of China and the State Council issued the opinions on strengthening the modernization of grass-roots governance system and governance capacity, proposing to strive to basically realize the modernization of grass-roots governance system and governance capacity in about 15 years, and the advantages of grass-roots governance system with Chinese characteristics have been fully demonstrated. The election of village (neighborhood) committees was successfully held, the management and service of social organizations entered the stage of improving quality and efficiency, the care and service system for special groups was continuously improved, and new progress was made in network governance. Fourth, we continued to promote the reform of emergency management system and mechanism, paid close attention to all aspects of work safety, and the work safety situation remained stable. Fifth, do a good job in the normal prevention and control of the COVID-19 to provide a stable environment for economic and social development. China adheres to the principle of people first and life first, and implements the "dynamic clearing" prevention and control policy for the prevention and control of the COVID-19, ensuring that the epidemic can be prevented and controlled accurately.

In 2021, in the examination of the century changing situation and the epidemic situation in the century, we handed over the beautiful answer sheet of "the scenery is unique here". But at the same time, in the face of new challenges and new situations, some problems in China's social field have been more clearly exposed. Imbalanced social construction, high financial pressure on people's livelihood investment, poor social self-organization ability, and unstable social mood and mentality have not been cured for a long time, and there are still risks of further aggravation under new conditions. Among them, the most prominent performance is in the following three aspects. First, the level of rural infrastructure construction and equalization of basic public services still needs to be improved, and the protection of vulnerable groups is not satisfactory. Second, the social normal governance system has not been fully straightened out, and the weaknesses of abnormal governance are more obvious. Third, the construction of social psychological service system lags far behind social needs, and social negative emotions may rise rapidly and spread continuously.

In the face of complex and severe domestic and international situations, social construction and social system reform should focus on the people, do everything possible to ensure people's livelihood, further strengthen and innovate social governance, effectively control risks in various fields of economy and society, and effectively safeguard the overall development situation and social security. First, we should scientifically define and clarify the relationship between economic and social development, take multiple measures to stabilize and expand employment in promoting economic growth, and do everything possible to ensure and improve people's livelihood. Second, we should take co-construction-governance-sharing as the main line to promote the modernization of grass-roots governance system and governance capacity. Under the leadership of the party, we should respect the dominant position of the people, firmly grasp the main line of co-construction-governance-sharing, improve the grass-roots governance system and enhance the grass-roots governance capacity. Third, we should speed up the construction of the social psychological service system and promote the governance of social mentality. Fourth, we should continue to promote the strategy of Rural Revitalization and accelerate the process of agricultural and rural modernization.

Contents

I General Report

Abstract: In 2021, China's social construction will make steady progress. First, build a well-off society in an all-round way and promote social construction to move forward at a new starting point; 2. Actively promoting reform in the social sphere, making new progress in social undertakings; Third, we will continue to promote the modernization of grass-roots governance and consolidate the foundation of national governance; Fourth, new steps have been taken in emergency management, and the situation of work safety is basically stable; Fifth, do a good job in the normal prevention and control of the COVID−19 to provide a stable environment for economic and social development. At the same time, in the face of new challenges and new situations, some problems in China's social field have become more obvious. First, rural infrastructure construction and basic public services still need to be improved, and the protection of vulnerable groups is not satisfactory; Second, the social normal governance system has not been fully straightened out, and the weaknesses of emergency management are more obvious; Third, the construction of social psychological service system lags far behind social needs, and there is a risk that social negative emotions will rise rapidly and spread continuously. Therefore, we need to do everything possible to ensure people's livelihood and social governance, so as to provide a more stable and strong social foundation for high-quality development. First, scientifically define and clarify the relationship between economic construction and social construction; The second is to promote the modernization of grass-roots governance system and governance capacity with co-construction-governance-sharing as the main line; Third, accelerate the construction of social psychological service system and promote the governance of social mentality; Fourth, continue to promote the strategy of Rural Revitalization and accelerate the process of agricultural and rural modernization.

Keywords: Social System Reform; Social Construction; Livelihood Security; Social Governance

Ⅱ Social Governance System

Abstract: In 2021, the legalization of social governance has made positive progress. However, there is still a certain distance between the level of legalization of social governance and the actual needs of the people in the new era for a better life, and the requirements of modernization of social governance. In 2022, the task of comprehensively improving the level of rule of law in social governance is still arduous. It is necessary to further improve the quality of legislation in the social field, improve the law enforcement level of "inter provincial general office" in the social field, promote the organic unity of judicial justice and efficiency, and enhance the people's respect for the law.

Keywords: Xi Jinping's Thought on Rule of Law; Society Ruled by Law; Modernization of Rule of Law

Abstract: In 2021, China's urban social governance has made positive progress, showing some new features and trends, which are mainly reflected in: the construction of the metropolitan area has become a new strategic space for urbanization, urban renewal has begun to become an important direction for the construction of new urbanization, the separation of urban social migrants has become more prominent, the urban social structure has shown diversified differentiation, and the urban social governance mechanism has become more agile. At the same time, China's urban social governance still faces many difficulties and challenges, which are mainly reflected in the following aspects: the coordinated development of large, medium and small cities needs to be strengthened in the process of urbanization, the construction of supporting laws and policies for urban renewal needs to be accelerated, the rapid flow of population brings challenges to the urban public service system, and the complex and changeable social risks bring many challenges to urban governance. Facing the future, the reform of urban social governance should adhere to the basic concept of taking the people as the center, focus on strengthening the construction of cultural cities, consumer cities, healthy cities and digital cities, constantly enhance the humanity, service, security and intelligence of urban governance, and promote the realization of high-quality development, efficient governance and high-quality life in cities.

Keywords: Metropolitan Area; Urban Renewal; Urban Structure; Urban Governance

Abstract: After more than 40 years of development, China's property management has grown from scratch, from small to large, and has become an important part of real estate management and modern urban management, as well as an important part of grass-roots social governance. However, there are still many problems in China's property management. It is necessary to constantly improve the legal system of property management, establish and improve the mediation mechanism of property management disputes, strengthen the supervision of the property market, improve the property service level, and promote the high-quality development of property management.

Keywords: Property Management; Property Management Enterprise; Property Owner's Committee

Abstract: In 2021, China won an all-round victory in overcoming poverty and built a well-off society in an all-round way; All localities have launched projects to improve the rural living environment, and remarkable achievements have been made in the construction of rural civilization; Innovative methods and cases of rural governance continue to emerge, and the construction of rural governance system and governance capacity continues to advance. However, compared with the full implementation of the requirements of Rural Revitalization and the farmers' expectations for a better life, there are still some areas that need to be improved and perfected in rural governance. In 2022, we will continue to effectively link poverty alleviation and rural revitalization, continue to improve the rural governance system under the guidance of rural Party organizations, vigorously promote the list system and other innovative methods of rural governance, drive big data enabled rural governance through digital rural construction, promote the integrated development of cities and towns at the county level, improve the level of rural public services, and constantly stimulate the endogenous momentum of farmers' participation in rural governance.

Keywords: Rural Governance; Multi Subject; List System; Digital Governance

Abstract: 2021 is the first year of China's 'fourteenth five year plan'. According to the deployment of the 14th five year plan for national economic and social development and the outline of long-term goals for 2035, China has embarked on a new journey of 'Digital China'. The information infrastructure has been further upgraded and optimized, the application environment has become more perfect, the cyberspace has become clearer, and the supporting laws, regulations, standards and specifications have been further improved. In the future, we need to make overall planning based on the fundamental interests of the people, take the localization of technology as the foundation of development, manage according to law and regulations, and promote the construction of social digitalization.

Keywords: New Infrastructure; Network Ecology; Information Security; Big Data; Rule Intern-net by Law

Abstract: Based on the analysis of public concerns in the field of social governance by Baidu Index in 2021, it is found that due to the impact of the epidemic and economic and social development, the problems of the public in the fields of people's livelihood, social undertakings, social participation, grass-roots governance, social mentality, etc. in 2021 have changed significantly compared with 2020, which is highlighted by the rapid recovery of public confidence after the phased achievements in epidemic prevention and control, Having a positive attitude towards the achievements in economic and social development has laid a solid foundation for sustainable economic and social development under the normalization of epidemic prevention and control. In this regard, it is of positive significance for the effective implementation of the "fourteenth five year plan" and the promotion of sustained and rapid economic and social development to further strengthen relevant measures in economic and social development and guide and strengthen the public's good social mentality.

Keywords: Social Problem; People's Livelihood Need; Social Governance; Baidu Index

Ⅲ Basic Public Services

Abstract: Significant progress has been made in China's education system reform in 2021, such as the 'double reduction', the introduction of new measures to promote the high-quality development of vocational education, the promulgation of the family education promotion law, and the implementation of the promotion project to build a strong educational country. Consolidating and expanding the achievements of ' double reduction ', promoting the development of rural education, improving the talent training system of higher education, reforming the employment system for college graduates, and supporting and standardizing the development of private education will become the focus of the education system reform in 2022.

Keywords: Educational System Reform; Double Reduction; Family Education; Powerful Nation of Education; Rural Education

Abstract: More full and high-quality employment plays an important role in the prosperity and stable development of economy and society, and is an important way to realize the common prosperity of all people. In 2021, China will continue to promote employment from three aspects: Deepening the reform of the employment system, strengthening the employment priority policy, and improving the public service system for employment, ensuring the overall stability of employment. In the future, we should further deepen the reform of systems and mechanisms, strengthen the driving role of economic growth in employment, stimulate the vitality of market players, improve workers' skills, build harmonious labor relations, improve the employment statistical index system, constantly promote the expansion and quality of employment, and achieve fuller and higher quality employment.

Keywords: Employment System; Employment Priority; Social Security

Abstract: In 2021, while improving the social security development plan during the 14th Five Year Plan period, China also made new progress in many fields, such as pension and childcare, medical security, protection of the rights and interests of servicemen and military related personnel, affordable rental housing, labor security rights and interests of workers in New forms of employment, and social welfare. Looking forward to 2022, under the guidance of relevant plans, China will continue to further promote reform and development in various main systems of social insurance, population service system, housing security and other fields.

Keywords: Social Security; System Construction; Reform Measures

Abstract: 2021 is the new starting point of the historical intersection of ' two centenaries' and the beginning of the 14th five year plan. China has strengthened the top-level design of elderly care services and made systematic deployment for the construction of elderly care service system in the new era; We will vigorously promote the development of basic elderly care services and strive to make all the elderly enjoy basic elderly care services; Continue to promote the pilot reform in key areas and enhance the supply capacity of elderly care services; We will promote the development of mutual assistance for the elderly in rural areas and make up for the shortcomings of elderly care services. Looking forward to 2022, we need to comprehensively promote the construction of the basic elderly care service system, improve the comprehensive elderly care services, further promote the high-quality development of home-based and community elderly care services, and focus on building the elderly health support system to better meet the health elderly care service needs of the elderly.

Keywords: Elderly Care Service; Aging; Home-based Elderly Care; Mutual Assistance Elderly Care; Healthy Aging

Abstract: 2021 is the first year of the 'fourteenth five year plan', and the trend of improving the quality and efficiency of medical and health system reform is becoming more and more obvious. This year, the reform made significant progress in promoting the high-quality development of public hospitals, promoting the work experience of Sanming medical reform, strengthening the construction of public health service system, and promoting the normalization of centralized drug purchase. The balanced distribution of high-quality medical resources, the reform of medical insurance system, and the development of traditional Chinese medicine also made steady progress. However, the recurrence of the COVID-19 has also had a significant impact on the continuous deepening of the reform. In the new stage of high-quality development, the reform of the medical and health system still needs to continue to make efforts on the road of healthy China, and constantly promote the development of high-quality and efficient integrated medical and health service system.

Keywords: High Quality Development; Sanming Medical Reform; Public Health; Centralized Purchase of Drugs

Abstract: in 2021, China's early childhood care service policy will further develop. The policy objectives mainly focus on providing positive reproductive support, and focus on promoting the systematization, implementation, refinement and innovation of early childhood care services. In terms of service development, development continues to accelerate, but there is still a gap between supply and demand; With the further adjustment of policy space, the development of independent market-oriented childcare service institutions, integrated childcare services, home-based childcare, and the transformation of early education institutions is facing opportunities and challenges; The development of family scientific parenting guidance service is still in the exploratory stage. There are relatively few public support projects, and there are deficiencies in service form, object, frequency, content and so on. In the future, it is necessary to further establish the concept of social investment, continue to increase the supply of childcare services and develop inclusive services; Give play to the leading role of policies and build a positive and healthy care service system; We will explore ways to provide full coverage and public welfare oriented scientific parenting guidance services for families.

Keywords: Early Childhood Care Services; Childcare Services; Family Science Parenting Guidance

B.14 Develop Security Rental Houses

Ma Xiulian, *Wei Yiqing* / 174

Abstract: in 2021, China launched affordable rental houses to solve the housing difficulties of new citizens and young people in big cities. The form of affordable housing will have an important impact on improving the housing rental system to help new citizens and young people achieve the goal of housing. This paper focuses on the background, main contents, current implementation and the status of the actual housing system. On the one hand, the government has encouraged more market players to participate through a number of supporting policies, especially using the stock land and housing to increase supply, so as to reduce costs and promote the balance between jobs and housing. On the other hand, although the security lease planned to be constructed can cover most of the new demand and provide short-term and medium-term services, it is still mainly in the form of support rather than intermediate lease for the general new city residents and young people.

Keywords: Security Rental Houses; Youth Houses; New City Residents Housing Policy

Ⅳ Modern Social Organization System

Abstract: The rapid development of information technology has spawned a large number of new economies, new technologies, new industries, and new forms of business, and a large number of new employment forms have emerged. The problems caused by the weakness of the fulfillments of their rights and interests have also attracted great attention from parties concerned. Fulfilling the law, protecting the legitimate rights of employees and accomplishing the duty of serving the workers and the people, thus Federation of Trade unions at all levels earnestly implement the important instructions of General Secretary Xi Jinping and the decisions and arrangements of the Party Central Committee. Flexible employment groups such as couriers, food delivery workers, and truck drivers together with various platform employment groups have been attracted, organized and stabilized. At present, the work of safeguarding the rights and interests of workers in the new employment forms have achieved certain positive results, whereas many shortcomings still remain. It is necessary for all walks of life to coordinate together to build a safety net and protective umbrella.

Keywords: Workers in New Employment Forms; New Forms of Business; Federation of Trade Unions

Abstract: With the central government's proposal of three distributions, philanthropy has risen to the national strategic level, and the importance and urgency of strengthening the non-profit supervision of social organizations have become prominent. The 'fourteenth five year plan' for the development of Civil Affairs emphasizes the need to implement policies on finance, accounting, bills, taxation and asset management, improve the non-profit regulatory system of social organizations, and standardize the collection of fees, foreign investment, related party transactions, fund-raising and donation of social organizations. The non-profit behaviors of social organizations mainly focus on the three links of resource acquisition, use and distribution. The reasons include the temptation of realistic interests, the lack of external supervision and the lack of internal governance. It is suggested that in the next step, we should continue to strengthen the separation of government and society, establish a sound selection mechanism for the survival of the fittest, strengthen the weak links of external supervision, force internal governance norms Give full play to the supervision and leading role of grass-roots party organizations.

Keywords: Social Organization; Nonprofit Supervision; Separation of Government and Society; External Supervision; Internal Governance

Abstract: In recent years, based on their own characteristics, national trade associations and chambers of Commerce and local trade associations have actively practiced the 'going out' strategy, with frequent external activities, extensive cooperation fields, continuous extension of activity fields, continuous expansion of the scope of external activities, and diversification of activity forms. However, the participation of Chinese industry associations and chambers of Commerce in global economic governance is in its infancy. There are many problems and challenges, such as changes in the international political and economic environment, lack of top-level design and legal system support. To promote the participation of Chinese industry associations and chambers of Commerce in global governance, it is necessary to improve the top-level design of industry associations and chambers of Commerce in global economic governance and establish a development support system; Promote the organizational governance of industry associations and chambers of Commerce, and improve their own development capacity and governance level; Give full play to the functions of trade associations and chambers of Commerce, and promote the deep connection of domestic and international double circulation.

Keywords: Industry Association; Chamber of Commerce; Global Economic Governance; Global Governance

V Public Safety and Emergency Management

Abstract: In 2021, China made positive progress in risk governance. The state has formulated and revised laws and regulations on data security, biosafety, production safety, etc. it has incorporated the overall national security concept, the concept of overall development and safety into the 'fourteenth five year plan', successfully completed phased tasks such as the national comprehensive risk survey of natural disasters and the three-year action plan for work safety, and achieved good results in coordinating epidemic prevention and control and economic and social development. In the future, China needs to further improve risk governance, coordinate development and security at a higher level, and effectively respond to various extreme risk challenges.

Keywords: Risk Management; System Construction; Overall Development Safety and Security; China Risk Survey

B.19 Progress of China's Work Safety Reform in 2021

Wang Yongming / 246

Abstract: In 2021, the effect of the special rectification of work safety will gradually appear, which is mainly reflected in the fact that the frequent occurrence of major events in the hazardous chemical field has been curbed, and the work safety situation continues to improve. In general, China's reform in the field of work safety has shifted from "structural adjustment" to 'precise fine-tuning'. The future work safety is more about the persistence, continuation and implementation of the preliminary reform work. In view of the new situation, the work safety in the next step also needs to be adjusted and improved in a timely manner.

Keywords: Work Safety Situation; Special Rectification; Social System Reform

B.20 Reform of China's Disaster Prevention, Mitigation and Relief System in 2021: Progress and Prospects

Sun Jinyang, Zhang Wenjie and Yang Aidong / 256

Abstract: China's disaster prevention, mitigation and relief work made remarkable progress during the 13th Five Year Plan period. Not only did the number of people who died and disappeared due to disasters, the number of collapsed houses and the proportion of direct economic losses in GDP decline significantly, but also the capacity of disaster prevention, early warning, disposal and post disaster reconstruction was greatly improved. 2021 is the first year of the 14th five year plan. China's disaster prevention, mitigation and relief system reform takes the first national comprehensive risk survey of natural disasters as an opportunity to strengthen the top-level design, promote grass-roots innovation, basic information collection and disaster mechanism research, and effectively connect research with practice. This provides a scientific and effective practice path for the next step to continuously optimize the governance mode and working mechanism, and cultivate a new ecology of good governance.

Keywords: Disaster Prevention; Mitigation and Relief; Social Governance Modernization; Social System Reform

Abstract: Drug safety is a major livelihood issue, which concerns the vital interests of the people, and has always been highly valued by the Party Central Committee and the State Council. Focusing on the goal of ' scientific, unified, efficient and authoritative ', China has carried out several rounds of drug regulatory system reform, and accelerated the improvement of scientific, legal, international and modern drug regulation. In 2021, China's drug regulatory system reform made important progress in the construction of legal system, evaluation system and inspection system. Looking forward to the future, the reform and innovation of the drug regulatory system need to optimize the drug governance system, make every effort to promote the high-quality development of the pharmaceutical industry, comprehensively strengthen the drug emergency system and capacity-building, build an inspector team system that meets regulatory requirements, and further promote drug safety and social co governance.

Keywords: Drug Safety; Supervision System; Governance System; High Quality Development

Abstract: In 2021, the reform of China's food safety supervision system showed the characteristics of keeping safety, ensuring supply, promoting development and establishing fashion, and made progress in the coordinated management of food safety, the revision of food safety standards, the supervision of new food safety issues and the construction of food education system. With the opening of the new journey of building a modern socialist country in an all-round way, the reform of the food safety supervision system will also enter a new stage of efficient governance and high-quality development.

Keywords: Food Safety Supervision; Regulatory System Reform; Food Safety Standards; Collaborative Governance

Abstract: In 2021, the comprehensive management reform of social security in China has achieved remarkable results. In terms of system, we should strengthen the party's absolute leadership, comprehensively deepen reform and strengthen self-development. In practice, efforts have been made to build operational mechanisms such as 'preventing diseases before they occur', 'treating mild diseases', 'controlling serious diseases' and 'cracking down on crimes'. In 2022, the comprehensive management of social security should serve economic and social development, prevent and resolve contradictions and risks in key areas, and improve the three-dimensional prevention and control system, so as to continuously improve the modernization level of the comprehensive management of social security.

Keywords: Comprehensive Management of Social Security; System and Mechanism Innovation; Three-dimensional Prevention and Control System

皮 书

智库成果出版与传播平台

皮书定义

皮书是对中国与世界发展状况和热点问题进行年度监测，以专业的角度、专家的视野和实证研究方法，针对某一领域或区域现状与发展态势展开分析和预测，具备前沿性、原创性、实证性、连续性、时效性等特点的公开出版物，由一系列权威研究报告组成。

皮书作者

皮书系列报告作者以国内外一流研究机构、知名高校等重点智库的研究人员为主，多为相关领域一流专家学者，他们的观点代表了当下学界对中国与世界的现实和未来最高水平的解读与分析。截至 2021 年底，皮书研创机构逾千家，报告作者累计超过 10 万人。

皮书荣誉

皮书作为中国社会科学院基础理论研究与应用对策研究融合发展的代表性成果，不仅是哲学社会科学工作者服务中国特色社会主义现代化建设的重要成果，更是助力中国特色新型智库建设、构建中国特色哲学社会科学“三大体系”的重要平台。皮书系列先后被列入“十二五”“十三五”“十四五”时期国家重点出版物出版专项规划项目；2013~2022 年，重点皮书列入中国社会科学院国家哲学社会科学创新工程项目。

S 基本子库
UB DATABASE

中国社会发展数据库（下设 12 个专题子库）

紧扣人口、政治、外交、法律、教育、医疗卫生、资源环境等 12 个社会发展领域的前沿和热点，全面整合专业著作、智库报告、学术资讯、调研数据等类型资源，帮助用户追踪中国社会发展动态、研究社会发展战略与政策、了解社会热点问题、分析社会发展趋势。

中国经济发展数据库（下设 12 专题子库）

内容涵盖宏观经济、产业经济、工业经济、农业经济、财政金融、房地产经济、城市经济、商业贸易等12个重点经济领域，为把握经济运行态势、洞察经济发展规律、研判经济发展趋势、进行经济调控决策提供参考和依据。

中国行业发展数据库（下设 17 个专题子库）

以中国国民经济行业分类为依据，覆盖金融业、旅游业、交通运输业、能源矿产业、制造业等 100 多个行业，跟踪分析国民经济相关行业市场运行状况和政策导向，汇集行业发展前沿资讯，为投资、从业及各种经济决策提供理论支撑和实践指导。

中国区域发展数据库（下设 4 个专题子库）

对中国特定区域内的经济、社会、文化等领域现状与发展情况进行深度分析和预测，涉及省级行政区、城市群、城市、农村等不同维度，研究层级至县及县以下行政区，为学者研究地方经济社会宏观态势、经验模式、发展案例提供支撑，为地方政府决策提供参考。

中国文化传媒数据库（下设 18 个专题子库）

内容覆盖文化产业、新闻传播、电影娱乐、文学艺术、群众文化、图书情报等 18 个重点研究领域，聚焦文化传媒领域发展前沿、热点话题、行业实践，服务用户的教学科研、文化投资、企业规划等需要。

世界经济与国际关系数据库（下设 6 个专题子库）

整合世界经济、国际政治、世界文化与科技、全球性问题、国际组织与国际法、区域研究 6 大领域研究成果，对世界经济形势、国际形势进行连续性深度分析，对年度热点问题进行专题解读，为研判全球发展趋势提供事实和数据支持。